Netzwerk neu

B1 | Übungsbuch
mit Audios

Stefanie Dengler
Paul Rusch
Helen Schmitz
Tanja Sieber

Ernst Klett Sprachen
Stuttgart

Autoren: Stefanie Dengler, Paul Rusch, Helen Schmitz, Tanja Sieber

Redaktion: Felice Lembeck und Annerose Remus
Herstellung: Alexandra Veigel
Gestaltungskonzept: Petra Zimmerer, Nürnberg; Anna Wanner; Alexandra Veigel
Layoutkonzeption: Petra Zimmerer, Nürnberg
Umschlaggestaltung: Anna Wanner

Illustrationen: Florence Dailleux, Frankfurt
Satz: Holger Müller, Satzkasten, Stuttgart
Reproduktion: Meyle + Müller GmbH + Co. KG, Pforzheim
Titelbild: Dieter Mayr, München

Netzwerk neu B1

Kursbuch mit Audios und Videos	607172
Übungsbuch mit Audios	607173
Kurs- und Übungsbuch mit Audios und Videos B1.1	607170
Kurs- und Übungsbuch mit Audios und Videos B1.2	607171
Lehrerhandbuch mit Audio-CDs und Video-DVD	607176
Intensivtrainer	607174
Testheft mit Audios	607175
Digitales Unterrichtspaket zum Download	NP00860717601

Lösungen, Transkripte u.v.m. zum Download unter **www.klett-sprachen.de/netzwerk-neu**

Audiodateien zum Download unter **www.klett-sprachen.de/netzwerk-neu/medienB1**
Code Audios zu Kapitel 1–6: NWn1u*2
Code Audios zu Kapitel 7–12: NWn6,6F

Zu diesem Buch gibt es Audios, die mit der Klett-Augmented-App geladen und abgespielt werden können.

| Klett-Augmented-App kostenlos downloaden und öffnen | **Seiten mit Audios** scannen | Audios laden, direkt nutzen oder speichern |

Scannen Sie diese Seite für weitere Komponenten zu diesem Titel.

Apple und das Apple-Logo sind Marken der Apple Inc., die in den USA und weiteren Ländern eingetragen sind. App Store ist eine Dienstleistungsmarke der Apple Inc. | Google Play und das Google Play-Logo sind Marken der Google Inc.

1. Auflage 1 ⁴ ³ ² | 2024 23 22

© Ernst Klett Sprachen GmbH, Rotebühlstraße 77, 70178 Stuttgart, 2021. Alle Rechte vorbehalten.
www.klett-sprachen.de

Das Werk und seine Teile sind urheberrechtlich geschützt. Jede Nutzung in anderen als den gesetzlich zugelassenen Fällen bedarf der vorherigen schriftlichen Einwilligung des Verlags.

Druck und Bindung: Elanders GmbH, Waiblingen

ISBN 978-3-12-607173-4

Netzwerk neu B1

1	Aufgabe im Kursbuch	💬	Vergleichen Sie Deutsch mit anderen Sprachen.
1	passende Übung im Übungsbuch	→•←	Sie haben zwei Möglichkeiten, wie Sie die Aufgabe lösen.
🔊	Hören Sie den Text.	❗	Hier lernen Sie eine Strategie oder bekommen Tipps.
🔊❓	Hören Sie und üben Sie die Aussprache.		
✏️	Schreiben Sie einen Text.	P Z B1/ ZD/DTZ	Diese Aufgabe bereitet Sie auf die Prüfungen *Zertifikat B1*, *Zertifikat Deutsch* oder *Deutsch-Test für Zuwanderer* vor.
🟧	Hier lernen Sie Grammatik.		
📄	Hier lernen Sie mehr Wörter zum Thema.	↻	Hier wiederholen Sie Grammatik.
W	Hier lernen Sie Regeln zur Wortbildung.		

1 Gute Reise! 6

Nachrichten aus dem Urlaub verstehen | Informationen über Urlaubsverhalten verstehen | Gespräche über die Reiseplanung verstehen | über Vorlieben und Abneigungen sprechen | Details zu Urlaubsanzeigen erfragen | Informationen zu Reisezielen verstehen | Gründe und Gegengründe ausdrücken | eine Geschichte schreiben | eine Radioumfrage verstehen
Wortbildung – Infinitiv als Nomen

2 Das ist ja praktisch! 18

einen Kommentar über Techniknutzung schreiben | Ansagen auf dem Anrufbeantworter verstehen | über Dienstleistungen sprechen | Folgen ausdrücken | eine E-Mail verstehen | etwas reklamieren | über Wohnen sprechen | Gründe und Gegengründe ausdrücken | eine Radiosendung verstehen | über Werbung sprechen und schreiben | einen Text über Werbung verstehen und darüber sprechen
Wortbildung – Nomen mit *-er* und *-erin*

3 Veränderungen 30

Texte über Veränderungen verstehen | über Veränderungen berichten | Berichte über Veränderungen im Leben verstehen | über Vergangenes berichten | über Vergangenes schreiben | über Glück sprechen | Zeitangaben machen | eine Radiosendung verstehen | gemeinsam etwas planen | eine Umfrage über Lieblingsdinge verstehen | über gutes Benehmen sprechen
Wortbildung – Komposita I

4 Arbeitswelt 42

über Berufe sprechen und schreiben | ein Interview verstehen | einen Zeitungsartikel verstehen | Gespräche bei der Arbeit verstehen | Irreales ausdrücken | sich entschuldigen | auf Entschuldigungen reagieren | einen Lebenslauf schreiben | auf Personen oder Dinge Bezug nehmen | über die Arbeit oder Bewerbungen sprechen | am Telefon nach Informationen fragen
Wortbildung – Komposita II

5 Umweltfreundlich? 54

über Umwelt und Ressourcen sprechen | Informationen über den ökologischen Fußabdruck verstehen | Kommentare verstehen und einen Kommentar schreiben | etwas näher beschreiben | ein Gespräch über Stromsparen verstehen | einen Text über umweltfreundliche Geschäftsideen verstehen | Ansagen im Radio verstehen | Ziele ausdrücken | über Ideen zum Umweltschutz diskutieren | eine Diskussion verstehen | über das Wetter sprechen | eine Mail beantworten | Kommentare verstehen und schreiben
Wortbildung – Nomen mit *-ung*

6 Blick nach vorn 66

über Zukunftsvorstellungen sprechen und schreiben | Aussagen über Pläne und Vorsätze verstehen | über Pläne und Vorsätze sprechen und schreiben | Ratschläge verstehen | einen längeren Zeitungstext verstehen | eine Stadtführung verstehen | über Städte sprechen | etwas genauer beschreiben | über Musik sprechen
Wortbildung – Nomen mit *-heit* und *-keit*

7 Zwischenmenschliches — 78

Chatnachrichten verstehen | eine persönliche E-Mail schreiben | von Freundschaften erzählen | gemeinsam etwas planen | zeitliche Abfolgen ausdrücken | Zeitangaben machen | eine persönliche E-Mail lesen | die eigene Meinung sagen | Konfliktgespräche verstehen | einen Artikel verstehen | wichtige Informationen in Alltagsgesprächen verstehen | über Fabeln sprechen | einen Text lebendig vorlesen
Wortbildung – Adjektive mit *-ig* und *-lich*

8 Rund um Körper und Geist — 90

über Gesundheit sprechen und schreiben | Informationen in einem Infotext finden | über Kranksein sprechen | Hilfe anbieten und annehmen oder ablehnen | jemanden warnen | jemandem etwas erklären | über das Krankenhaus sprechen | eine Entschuldigung schreiben | ein Gespräch über Musik verstehen | über Musik sprechen | über Lernen sprechen | Lerntipps geben | besondere Orte vorstellen
Wortbildung – Verben mit *mit-*, *vorbei-*, *weg-*, *weiter-*, *zusammen-* und *zurück-*

9 Kunststücke — 102

einen Blogbeitrag verstehen und kommentieren | eine Radioumfrage verstehen | nachfragen | etwas verneinen | über Bilder sprechen | sagen, wie einem etwas gefällt | eine E-Mail verstehen | Gespräche und Texte über Kunst verstehen | bestimmte Informationen in Anzeigen finden | Personen oder Dinge genauer beschreiben | über einen Film / ein Theaterstück schreiben | ein Interview und eine Impro-Geschichte verstehen | improvisieren | über Musik sprechen
Wortbildung – zusammengesetzte Adjektive

10 Miteinander — 114

über die Gesellschaft sprechen | eine private E-Mail verstehen | Texte über soziales Engagement verstehen | eine Auswahl treffen | Vorgänge beschreiben | über Veränderungen sprechen | eine Radiodiskussion verstehen | auf eine Anzeige antworten | über Institutionen und Projekte in der Stadt sprechen | Informationen über die EU verstehen | Rückmeldung geben | eine kurze Präsentation halten
Wortbildung – Adjektive mit *-los* und *-bar*

11 Stadt, Land, Fluss — 126

über das Leben in der Stadt sprechen | Übersichtstafeln verstehen | über bereits Genanntes sprechen | Ansagen verstehen | über das Leben in der Stadt schreiben | etwas näher beschreiben | in einer Diskussion vermitteln | ein Programm für einen Stadtbesuch erstellen | kurze Nachrichten verstehen | eine formelle E-Mail schreiben
Wortbildung – Adverbien mit *-einander*

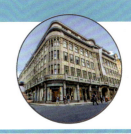

12 Geld regiert die Welt? — 138

über Kosten und Geld sprechen und schreiben | Ausdrücke zum Thema Geld, Wirtschaft und Banken verstehen | Bankgespräche verstehen und führen | Hinweise in einer Informationsbroschüre verstehen | Hinweise geben | eine Umfrage über Globalisierung verstehen | über Globalisierung sprechen | Argumente äußern | Personen, Dinge und Situationen genauer beschreiben | eine Geschichte schreiben und kommentieren | einen informativen Text verstehen
Wortbildung – Verben mit *her-* und *hin-*

Anhang alphabetische Wortliste **150** | Quellenverzeichnis **159** | Prüfungsvorbereitung **160**

1 Nachrichten aus dem Urlaub verstehen

Gute Reise!

1 a Urlaub in der Natur. Ergänzen Sie die Wörter.

der Pilz, -e / giftig / das Insekt, -en / im Freien übernachten / das Netz, -e / der Himmel (Sg.) / faulenzen

Ich bin gern draußen. Im Sommer kann man wunderbar (1) _faulenzen_ und es genießen, wenn die Sonne vom (2) _der Himmel_ scheint. Noch schöner finde ich die Nacht, deshalb (3) _übernachte_ ich manchmal auch _im Freien_. Oft zelte ich. Aber man braucht unbedingt einen Schutz gegen (4) _Insekten_. Am besten hilft ein (5) _Netz_ vor dem Eingang ins Zelt. Im Herbst kann man im Wald auch (6) _Pilze_ sammeln. Lecker! Aber man muss aufpassen, dass sie nicht (7) _giftig_ sind.

b Was brauchen die Personen für ihren Urlaub? Hören Sie die Gespräche und notieren Sie je fünf Dinge.
1.1–2

eine Bootstour machen	Surfen an der Ostsee
Schutz gegen Insekten,	Surfbrett,

2 Berichte aus dem Urlaub. Welches Wort passt? Kreuzen Sie an.

„Es gibt kein schlechtes Wetter, es gibt nur schlechte Kleidung." Naja, ich weiß nicht. Das (1) ☑ stimmt ☐ klingt jedenfalls nicht, wenn man hier in Norwegen (2) ☑ unterwegs ☐ überall ist. Der dritte Tag mit Wind und Regen, das kann doch nicht (3) ☐ klar ☐ wahr sein. Am ersten Tag haben wir noch (4) ☑ gedacht ☐ gelacht, aber heute ist die (5) ☑ Entscheidung ☐ Enttäuschung schon groß. Noch eine Nacht im Zelt, das (6) ☐ dürfen ☑ wollen wir nicht. Heute (7) ☐ essen ☑ übernachten wir in einem netten, kleinen Hotel. Aber (8) ☑ der Wetterbericht ☐ die Nachricht für morgen ist gut. Kein Regen!

Ein toller Urlaub! Seit drei Tagen fahren wir mit dem Boot durch Mecklenburg-Vorpommern. Wir finden das (9) ☐ langweilig ☑ entspannend: drei Tage lang nur Wasser und (10) ☐ Umgebung ☑ Natur. Im Urlaub ist diese Ruhe (11) ☐ einsam ☑ wunderbar. Gestern Abend waren wir in einem (12) ☑ gemütlichen ☐ gemeinsamen Restaurant: Das Essen hat super geschmeckt und wir haben nette Leute (13) ☑ getroffen ☐ gefunden, die schon mal hier waren. Morgen fahren wir die gleiche Strecke wie sie. Sie wollen uns ein paar besonders schöne Orte (14) ☐ helfen ☑ zeigen.

Informationen über das Urlaubsverhalten verstehen

3 Rund um den Urlaub. Lesen Sie die Überschriften (A–J) und die Texte (1–5). Suchen Sie dann zu jedem Text die passende Überschrift und schreiben Sie den Buchstaben in die Tabelle. Sie können jede Überschrift nur einmal benutzen. Pro Text gibt es nur eine richtige Lösung.

A Neun Tage Urlaub im Jahr sind genug
B Immer weniger Deutsche fahren nach Mallorca
C Kinder erleben Alltag auf dem Bauernhof
D Urlaub im eigenen Land ist am beliebtesten
E Frühes Buchen ist am billigsten
F Lieber mehr kürzere Urlaube als einen langen
G Mit Schulkindern wird der Urlaub teurer
H Kinder lernen alles über Tiere
I Wer früh bucht, der hat die Wahl
J Billig reisen auch in der Hauptsaison

1 „Viele Kinder wissen nicht, woher die Milch kommt", hört man immer wieder. Ob das stimmt? Dass 80 % aller Kinder keinen oder nur wenig Kontakt zur Landwirtschaft haben, das ist richtig. Im Urlaub auf dem Bauernhof können sie erleben, wie das Leben auf dem Land ist. Sie sehen die Tiere aus der Nähe und erfahren, dass die Arbeit hart und anstrengend ist. Aber nicht nur Kinder genießen den Urlaub auf dem Bauernhof.

2 2019 war der „richtige Urlaub" im Durchschnitt nur noch 9 Tage lang. Weniger als 20 % der Österreicher waren 14 Tage oder länger unterwegs. Experten nennen drei Gründe, warum der Haupturlaub immer kürzer wird. Erstens genehmigen viele Firmen ihren Angestellten nicht mehr als zwei Wochen Urlaub auf einmal. Zweitens wollen viele auch Winterurlaub machen und sparen deshalb Urlaubstage. Der dritte und wichtigste Grund: Jede/r Zweite hat für einen längeren Urlaub einfach zu wenig Geld.

3 Wann buchen Sie Ihre Reise? Reisebüros bieten spezielle Rabatte an, wenn man den Sommerurlaub schon im Winter vorher bucht. Die sogenannten „Frühbucher" bezahlen aber meist mehr als Last-Minute-Reisende, die erst ganz kurz vor dem Urlaub buchen. Dafür ist das Angebot für Frühbucher viel größer. Wer lieber Last-Minute-Reisen bucht, muss bei Reisezeit und Reiseziel sehr flexibel sein.

4 Hauptsaison für den Sommerurlaub ist im Juli und August, dann sind am meisten Touristen unterwegs. Bis Ende Juni und ab Anfang September ist der Urlaub aber genauso schön, in den beliebten Urlaubsländern ist es angenehm warm und noch dazu billiger. Familien mit Schulkindern können diese Vorteile leider nicht nutzen: Wenn die Kinder Schulferien haben, ist überall Hochsaison mit den höchsten Preisen. Eltern mit Kleinkindern oder kinderlose Personen buchen ihre Urlaube lieber in der Nebensaison.

5 Wo machen die Deutschen am liebsten Urlaub? Sofort denken viele an Mallorca, die Türkei oder Österreich. Aber das beliebteste Ziel der Deutschen ist – Deutschland! Ungefähr ein Viertel der Deutschen macht Urlaub im eigenen Land. Der erste Grund ist, dass die Reisekosten niedriger sind. Und der zweite, dass die Sprache vertraut ist und der Service stimmt.

Text	1	2	3	4	5
Überschrift	C	A	E	G	D

1 Gespräche über die Reiseplanung verstehen

Die Urlaubsplanung

4 a Lesen Sie das Gespräch und markieren Sie die Modalverben.

○ Komm mal her! Ich möchte dir was zeigen. Ist das nicht cool?
● Was denn? Muss ich das jetzt sofort sehen? Kannst du es mir nicht einfach sagen?
○ Nein, komm schon. Das musst du dir selbst genauer ansehen.
● Also gut, gib mir das Tablet ... Aber das ist doch nur ein Leuchtturm!
○ Und ein Hotel! Mit nur einem Zimmer ganz oben. Und du kannst dich freuen, denn da fahren wir hin! Ein langes Wochenende von Donnerstag bis Sonntag!
● Ich weiß nicht, ob das den Kindern gefällt. Die können da ja nichts machen.
○ Wir fahren allein. Kinder unter 15 Jahren dürfen gar nicht mitkommen. In zwei Wochen sind wir dort.
● Na, das ist ja super! Ich kann es noch gar nicht glauben! Sollen wir gleich mal deine Eltern fragen, ob sie die Kinder nehmen?
○ Alles schon erledigt. Sie machen das gern und wir können zu zweit fahren.

b Was haben Anna und Paula gemacht? Ergänzen Sie ein passendes Modalverb im Präteritum und das Verb.

1. planen — Anna und Paula __wollten__ ihren Urlaub __planen__.
2. finden — Anna und Paula __haben wollten__ keine gemeinsame Lösung __finden__.
3. erholen — Paula __wollten__ sich im Urlaub einfach nur __erholen__.
4. unternehmen — Anna __wollt__ lieber ganz viel: __unternehmen__ Kultur, Ausgehen, Sport
5. entscheiden — Aber sie _____ sich _____, weil sie schon bald Urlaub hatte.
6. helfen — Der Mann im Reisebüro _____ ihnen mit guten Tipps _____.
7. suchen — Aber er _____ lange nach einem passenden Angebot _____.

c Lesen Sie noch einmal den Chat von Anna und Paula im Kursbuch, Aufgabe 4a. Welcher Ausdruck passt? Kreuzen Sie an.

1. [a] ✓ Anna und Paula haben keine Lust,
   [b] Anna und Paula finden es schwer,
   ... einen gemeinsamen Urlaub zu planen.

2. [a] ✓ Für Anna ist es wichtig,
   [b] Anna findet es total anstrengend,
   ... im Urlaub viel zu unternehmen.

3. [a] Paula macht es keinen Spaß,
   [b] Paula hat vor allem vor,
   ... sich im Urlaub gut zu erholen.

4. [a] Die beiden Freundinnen versuchen,
   [b] Für Anna und Paula ist es nicht wichtig,
   ... ein Angebot für beide zu finden.

5. [a] Anna hat erst am nächsten Tag Zeit,
   [b] Anna hat vergessen,
   ... mit Paula ins Reisebüro zu gehen.

über Vorlieben und Abneigungen sprechen — 1

d Ergänzen Sie die Verben in der richtigen Form. Markieren Sie dann den Infinitiv + *zu*.

anfangen | freuen | hoffen | verbieten | versuchen | ~~vorhaben~~

- Ich (1) _habe vor_, heute um 7 ins Fitness-Studio **zu gehen**. Kommst du mit?
- Super Idee. Ich (2) _versuche_, auch zu kommen. Geht halb 8 auch?
- Was machen wir? Es (3) _fangt an_, zu regnen. Fahren wir trotzdem an den See?
- Mist! Ich habe mich so (4) _vor_, in der Sonne zu liegen und zu faulenzen.
- Nicht vergessen, morgen um 8 ist Training. Ich (5) _freue mich_, dich zu sehen.
- Leider kann ich diese Woche nicht. Der Arzt hat mir (6) _verbietet_, Sport zu machen. 😫

> **!** Nach bestimmten Verben steht der **Infinitiv + zu**. Lernen Sie diese Verben mit einem kurzen Satz.
> Ich **habe vor**, ins Kino **zu gehen**. Ich **fange an zu arbeiten**.

5 a Familie Wieser fährt in den Urlaub. Wählen Sie.

A Ergänzen Sie passende Adjektive. Die Wörter unten helfen.

B Ergänzen Sie passende Adjektive.

○ Was, ihr seid schon zurück? Gestern wart ihr doch noch in Spanien. Seid ihr geflogen?

● Nein, mit drei Kindern ist es zu (1) _teuer_, in den Urlaub zu fliegen. Für uns ist es völlig (2) _normal_, an einem Tag über 1.000 km zu fahren. Wir machen das eigentlich immer, wenn wir in den Urlaub fahren. Es ist einfach (3) _notwendig_, am Urlaubsort das Auto zu haben.

○ Aber ist es nicht (4) ~~langweilig~~ _gut_, so lange Auto zu fahren? Man wird doch total müde …

● Na ja, wir machen schon zwei, drei kurze Pausen. Und wir wechseln uns beim Fahren ab, deshalb ist es nicht (5) _gefährlich_ zu übernachten. Es stimmt schon, für die Kinder ist es (6) _langweilig_, so lange im Auto zu sitzen. Aber sie können ja Musik hören oder schlafen.

gefährlich | gut | langweilig | normal | notwendig | ~~teuer~~

b Was denken die Personen? Ergänzen Sie die Sätze mit Infinitiv + *zu*.

1. Alexandra findet es normal, _sehr früh aufzustehen._ (sehr früh / aufstehen)
2. Per hat heute keine Lust, _so lange zu arbeiten_ (lange / arbeiten)
3. Janine freut sich, _am Abend auszugehen_ (am Abend / ausgehen)
4. Ivan darf nicht vergessen, _Obst einzukaufen_ (Obst / einkaufen)
5. Nino hat vor, _mehr Sport zu machen_ (mehr Sport / machen)

> **!** Bei trennbaren Verben steht *zu* zwischen Präfix und Verbstamm.
> Ich habe vor, meine Freunde **ein**zu**laden**.
> Wir planen, im Sommer **weg**zu**fahren**.

1 über Vorlieben und Abneigungen sprechen, Gespräche über die Reiseplanung verstehen

c Sie und Ihr Urlaub. Setzen Sie die Sätze fort.

1. Mir macht es einfach Spaß, …
2. Im Urlaub ist es für mich wichtig, …
3. Ich habe keine Lust, …
4. Ich möchte dieses Jahr im Urlaub anfangen, …
5. Ich finde es interessant, …
6. Deshalb habe ich vor, …

d Jans Urlaub: Formulieren Sie die Sätze um. Achten Sie auf Infinitiv oder Infinitiv + zu.

Ich fahre nach Berchtesgaden.	1. Jan wollte _nach Berchtesgaden fahren._
Ich mache jeden Tag eine Bergtour.	2. Er hatte vor, _jeden Tag eine Bergtour zu machen._
Wow! 6 Stunden lang wandern!	3. Es war sehr anstrengend, _____
Ich gehe noch ein bisschen aus.	4. Am Abend hatte er Lust, _____
Ich stehe früh auf!	5. Am Morgen hat er versucht, _____
Ich schlafe lieber aus.	6. Aber er war so müde und wollte _____
Einfach nur faulenzen!	7. Er fand es besser, _____
Morgen besichtige ich Salzburg.	8. Am nächsten Tag wollte er _____
In die Stadt fahren? – Nein!	9. Aber er hatte keine Lust, _____

> **!**
> Nach Modalverben steht der Infinitiv (ohne *zu*):
> *Sie kann nicht **mitkommen**.*   *Sie möchte nicht **wegfahren**.*
> *Es ist für sie nicht möglich **mitzukommen**.*   *Sie hat nicht vor **wegzufahren**.*

Im Reisebüro

🔊 1.3 →•←

6 Wegfahren oder nicht? Wählen Sie.

A Hören Sie das Gespräch. Ordnen Sie dann zu.

1. In der ersten Mai-Woche habe ich frei. Da möchte ich ein paar Tage wegfahren. Kommst du mit? ___
2. Ich möchte gern nach Spanien, vielleicht nach Málaga. Was meinst du? ___
3. Ja, Moment. … Ne, es gibt keine direkten Verbindungen, da müssen wir in Madrid umsteigen. ___
4. Sevilla? Das ist eine sehr gute Idee. Warte mal. Ich muss noch schnell googeln … So ein Glück. ___
5. Am 8. Mai hat der FC Sevilla ein Spiel. Die Mannschaft wollte ich schon immer mal live sehen. Da können wir doch ins Stadion. ___
6. Natürlich, Stadt und Fußball und Meer, perfekt. Ich checke, wie wir Tickets für das Stadion bekommen. Und die Angebote für Flug und Hotels. ___

B Ordnen Sie das Gespräch. Hören Sie dann zur Kontrolle.

A Ach, dann dauert das ewig lang. Wie wäre es mit Sevilla? Da kann man direkt hinfliegen, da weiß ich.
B Was ist ein Glück? Was hast du gefunden?
C Super, danke! Und ich frage gleich morgen, ob ich Urlaub bekomme.
D Das klingt gut. Ich muss aber zuerst meine Chefin fragen, ob ich da freinehmen kann. Hast du denn schon etwas geplant?
E Ja, wenn's nicht zu teuer ist. Aber ein paar Tag fahren wir auch ans Meer, okay? Das ist ja nich so weit.
F Warum nicht? Málaga klingt gut. Aber sieh doch mal nach, wie man da am besten hinkommt.

Gespräche über die Reiseplanung verstehen, Details zu Urlaubsanzeigen erfragen

1

7 a Fragen und Antworten. Was passt zusammen? Ordnen Sie zu.

1. Was können Sie mir empfehlen? ___
2. Wo liegt das Hotel? ___
3. Was ist im Preis inklusive? ___
4. Kann ich auch nur mit Frühstück buchen, ohne Halbpension? ___
5. Wann möchten Sie denn fahren? ___
6. Wann müssen Sie zurück sein? ___

A Am besten am Samstag, den 6. April. Früher geht es nicht.
B Zugfahrt, Übernachtung und Halbpension.
C Etwa 300 m vom Strand, aber wirklich sehr ruhig.
D Ich muss spätestens am 21. April wieder zu Hause sein.
E Waren Sie schon mal in Wismar? Da gefällt es Ihnen bestimmt.
F Bei diesem Angebot sind leider keine Änderungen möglich.

b Noch mal nachgefragt. Schreiben Sie zu jeder Markierung eine passende Frage.

Neudorf im Harz – Ferienhaus „Waldruh"
Ruhige Lage am Waldrand, 3 km vom Ort entfernt, max. 4 Personen, Preis pro Woche ab 495,- € je nach Saison. Bettwäsche inklusive. Nichtraucher, keine Haustiere, Aufenthalt mindestens 4 Tage. Endreinigung 40,- €
www.tourismusimharz.de

Husum an der Nordsee – Hotel Marthe *
Alle Zimmer gemütlich, mit Du/WC, TV und W-LAN. Freundlicher Gastraum für Frühstück und Abendessen!
Preis pro Person:
• EZ 50–65 € mit Frühstück
• DZ 35–45 € mit Frühstück
• Halbpension 15 € Zuschlag
Haustiere auf Anfrage.

Im Zentrum von Leipzig – Hostel Faustritt
9 Doppelzimmer in Altbau, Nähe Hauptbahnhof. Große Küche mit Waschmaschine und Geschirrspüler für alle Gäste. Dusche und WC für alle Gäste auf dem Flur.
Preis pro Person: 35–54 €.
www.faustritt.de

A 1. Wie weit ist das Ferienhaus vom Ort entfernt?

Reiseziele

8 a Lesen Sie den Text. Was findet Jeff an seinem Urlaubsort positiv, was negativ? Markieren Sie mit zwei Farben.

Ich habe diesen Sommer mit Freunden eine Radtour in der Schweiz gemacht und war zum ersten Mal in Aarburg. Das ist ein schöner kleiner Ort 60 km westlich von Zürich. Es gibt eine sehr romantische Altstadt und die Lage am Fluss ist toll. Besonders beeindruckend ist die Aussicht auf die Burg, obwohl man sie leider nicht besichtigen kann. Aber wir hatten Glück, weil wir noch Karten für das Open-Air-Theater auf dem Platz vor der Burg bekommen haben. Mir hat der Ort sehr gut gefallen, obwohl ein bisschen zu viele Touristen da waren, aber das ist an schönen Orten ja fast immer so.

elf 11

1 Informationen zu Reisezielen verstehen, Gründe und Gegengründe ausdrücken

b *weil/da* oder *obwohl*? Kreuzen Sie an.

1. Mir gefällt Aarburg, ☐ weil ☐ obwohl ich die Altstadt sehr romantisch finde.
2. ☐ Da ☐ Obwohl viele Leute den Ort zu voll finden, fahre ich immer wieder gerne hin.
3. Dieses Jahr suche ich eine Unterkunft für zwei Nächte, ☐ weil ☐ obwohl ich mich dort mit Freunden treffen will.
4. Wir wollen uns für ein ganzes Wochenende treffen, ☐ weil ☐ obwohl wir alle wenig Zeit haben.
5. ☐ Da ☐ Obwohl wir vor 10 Jahren unseren Schulabschluss gemacht haben, muss das Treffen dieses Jahr endlich klappen!
6. ☐ Da ☐ Obwohl ich schon viel recherchiert habe, habe ich noch nicht das Richtige gefunden. Aber zum Glück habe ich noch ein bisschen Zeit.

c Schreiben Sie Sätze mit *obwohl*.

1. Der Urlaub an der Nordsee war schön. Es hat viel geregnet.
2. Das Hotel hat uns sehr gut gefallen. Die Zimmer waren klein.
3. Wir sind oft in ein Fischrestaurant gegangen. Wir hatten ein gutes Restaurant im Hotel.
4. Der Strand war auch sehr schön. Es waren immer viele Leute dort.
5. Wir sind fast jeden Tag Fahrrad gefahren. Es war immer windig.

1. Der Urlaub an der Nordsee war schön, obwohl es viel geregnet hat.

d Schreiben Sie zu den Bildern Sätze mit *obwohl*.

Herr Kruse — Selina — Frau Donati — Herr Montens

1. Herr Kruse schwimmt im Meer, obwohl ...

e Was passt? Kreuzen Sie an.

	weil/da	obwohl	trotzdem	deshalb	
1. Jan will nicht schon wieder nach Rügen,	✓	☐	☐	☐	er schon oft dort war.
2. Ich habe nur noch zwei Tage Urlaub,	☐	☐	✓	☐	will ich dieses Jahr noch n verreisen.
3. Ich bin gern in der Natur,	✓	☐	☐	☐	ich die Ruhe mag.
4. Wir wollen Geld sparen,	☐	☐	☐	✓	bleiben wir dieses Jahr zu Hause.
5. Ich will in die Schweiz fahren,	✓	☐	☐	☐	lese ich viele Reiseberichte
6. Lena will keinen Wanderurlaub machen,	☐	✓	☐	☐	sie sehr sportlich ist.

> **!** Achten Sie auf die Verbposition.
> **Hauptsatz mit *trotzdem/deshalb*:** Ich habe nicht viel Urlaub, **trotzdem fahre** ich in die Schweiz.
> **Nebensatz mit *weil/da/obwohl*:** Ich fahre in die Schweiz, **obwohl** ich nicht viel Urlaub **habe**.

Gründe und Gegengründe ausdrücken

1

f Ergänzen Sie *weil*, *obwohl*, *denn*, *trotzdem* oder *deshalb*.

Ich habe ein Fotobuch von unserem Urlaub gemacht, (1) __weil__ ich mir die Bilder so gerne ansehe. Die Fotos konnte man auf einer Webseite hochladen und das Buch dort erstellen. Es ist erst gestern angekommen, (2) __obwohl__ ich es schon vor fünf Wochen bestellt habe. Ich habe so lange gewartet, (3) __deshalb__ war ich wirklich froh, als es endlich da war. Ich habe es sofort ausgepackt, (4) __weil__ ich war sehr neugierig. Es ist eigentlich schön geworden, (5) _____ bin ich nicht ganz zufrieden. Ich bin enttäuscht, (6) _____ die Farben nicht natürlich aussehen. Ich habe die Fotos noch mal geprüft: Eigentlich sind alle in Ordnung, (7) _____ sind manche Fotos im Buch nicht scharf. (8) _____ habe ich das Fotobuch zurückgeschickt.

9 Finden Sie das Gegenteil. Ordnen Sie zu.

1. verzweifelt sein __H__
2. ein Abenteuer erleben __G__
3. ankommen __A__
4. genervt sein __C__
5. kaputt machen __F__
6. schlechte Stimmung __D__
7. einpacken __B__
8. funktionieren __E__

A abfahren
B auspacken
C entspannt sein
D gute Laune
E kaputt sein
F reparieren
G sich langweilen
H glücklich/zufrieden sein

10 a Aussprache: *n*, *ng* oder *nk*. Was hören Sie? Kreuzen Sie an.

1. [n] [ng] [nk]   2. [n] [ng] [nk]   3. [n] [ng] [nk]   4. [n] [ng] [nk]   5. [n] [ng] [nk]   6. [n] [ng] [nk]

_____   _____   _____   _____   _____   _____

b Hören Sie noch einmal und notieren Sie das Wort in 10a.

c Hören Sie und ergänzen Sie die Buchstaben. Hören Sie dann noch einmal zur Kontrolle und sprechen Sie nach.

1. Viele__ Da__ __, lieber I__ __o, für dei__e Gesche__ __e.
2. I__ __a begi__ __t mit ihren Freundi__ __en zu si__ __en.
3. A__ __e und A__ __e sind seit La__ __em Freundi__ __en.
4. Die kra__ __e Frau Fra__ __e tri__ __t viel Tee.

Unterwegs: Ohren auf!

11 Welches Wort passt nicht? Streichen Sie.

1. der Bahnhof – der Schalter – der Fahrgast – das Gleis
2. der Zug – das Gepäck – das Fahrrad – die Straßenbahn
3. die Ankunft – die Abfahrt – die Vorsicht – die Weiterfahrt
4. die Verspätung – die Durchsage – der Anschluss – das Bordbistro

1

eine Geschichte schreiben, eine Radioumfrage verstehen

12 Liz macht eine Reise. Ordnen Sie die Ausdrücke in eine für Sie passende Reihenfolge. Schreiben Sie dan eine Geschichte.

____ den Anschluss in Hamburg verpassen | ____ in Köln den Zug nach Hamburg nehmen |
____ mit 20 Minuten Verspätung ankommen | ____ mit dem Taxi direkt zum Konzert fahren |
____ gerade noch geschafft haben | _2_ nach Kiel fahren | _1_ ihre Freundin Sara besuchen |
____ Sara anrufen | ____ Ankunft eine Stunde später sein | ____ Sara Karten für ein Konzert haben |
____ Nachricht von Sara bekommen: „Überraschung!"

Liz wollte ihre Freundin Sara besuchen und ist am Freitag nach Kiel gefahren.

Urlaub oder Arbeit?

13 Sie hören Aussagen zu einem Thema. Welcher der Sätze a–f passt zu den Aussagen 1–3? Lesen Sie jetzt die Sätze a–f. Dazu haben Sie eine Minute Zeit. Danach hören Sie die Aussagen.

> **!** In der Prüfung hören Sie alle Aussa direkt nacheinander. Zum Üben kör Sie sie auch einzeln hören.

1.6–9

[P] DTZ

a Ich wollte im Urlaub Geld verdienen, weil ich nächstes Jahr weit weg fahren will.
b Ich habe nur ein paar Tage Urlaub gemacht und dann wieder in der Firma gearbeitet.
c Ich helfe gern eine Woche in einem Projekt, weil es mir selbst sehr gut geht.
d Eine Woche lang bin ich bei meinen Eltern und helfe ihnen.
e Ich bleibe im Urlaub gern zu Hause und mache nichts. Wegfahren ist auch Stress.
f Ich fahre weg, weil sonst immer jemand etwas von mir will, und zu Hause wartet auch viel Arbeit.

Nummer	Beispiel	1	2	3
Lösung	d			

Wortbildung – Infinitiv als Nomen

A Suchen Sie die Verben in den Aussagen. Was ist anders? Markieren Sie.

zelten | erholen | fliegen | grillen | kochen | reisen

*Mir macht das **R**eisen einfach keinen Spaß und beim Fliegen habe ich ein bisschen Angst. Zum Erholen bleibe ich lieber zu Hause. Da kann ich machen, was ich will.*

> **W** Infinitive kann man auch als Nome verwenden: reisen – das Reisen Diese Nomen sind immer neutrum (Artikel: *das*). Oft verwendet man s mit den Präpositionen *bei* (*beim Fl* = wenn ich fliege) oder *zu* (*zum Erh* = weil ich mich erholen will).

Ich habe so viel Spaß beim Zelten! Man kann alles im Freien machen. Da macht sogar mir das Kochen Spaß – oder besser gesagt das Grillen.

B Was macht Henning nach der Arbeit? Bilden Sie Nomen aus dem Verb.

1. er will entspannen — Henning geht _zum Entspannen_ am liebsten schwimmen.
2. wenn er schwimmt — Henning vergisst _____ die Arbeit.
3. trainieren — Nach _____ ist er müde und hungrig.
4. kochen, abwaschen — _____ macht Henning Spaß, aber _____ nicht!
5. wenn er putzt — Er hört _____ immer Musik.

Das kann ich nach Kapitel 1

R1 Sich über Urlaub unterhalten. Ergänzen Sie die Fragen und machen Sie ein Interview zu zweit.

1. Macht es dir Spaß, _____?
2. Ist es für dich wichtig, _____?
3. Findest du es interessant, _____?
4. Hast du im Urlaub vor, _____?
5. Versuchst du im Urlaub auch, _____?

Macht es dir Spaß, im Urlaub zu zelten?   *Nicht wirklich. Ich finde Zelten …*

	☺☺ ☺ ☹ ☹☹	KB	ÜB
Ich kann beim Thema Urlaub über meine Vorlieben und Abneigungen sprechen.	☐ ☐ ☐ ☐	4a–b, 5	4b–c, 5c

R2 Was ist passiert? Ordnen Sie die Ausdrücke und erzählen Sie die Geschichte.

das Ticket scannen und mailen ___ | mit dem Zug nach Berlin fahren ___ | einen schönen Abend haben ___ | das Ticket zu Hause vergessen ___ | ein Konzert besuchen wollen ___ | beim Ticketservice das Problem erklären ___ | einen Freund anrufen ___ | das Konzert besuchen können ___

	☺☺ ☺ ☹ ☹☹	KB	ÜB
Ich kann eine Geschichte erzählen.	☐ ☐ ☐ ☐	9	12

R3 Hören Sie die Durchsage. Was sollen die Reisenden tun? Kreuzen Sie an.

1. Die Reisenden sollen am Hauptbahnhof in die S-Bahn umsteigen. ☐
2. Die Reisenden sollen vom Hauptbahnhof bis zum Marktplatz mit der U-Bahn fahren. ☐
3. Die Reisenden müssen am Hauptbahnhof aussteigen und zu Fuß zum Marktplatz gehen. ☐

	☺☺ ☺ ☹ ☹☹	KB	ÜB
Ich kann Durchsagen verstehen.	☐ ☐ ☐ ☐	11, 12	

Außerdem kann ich …

	☺☺ ☺ ☹ ☹☹	KB	ÜB
… Nachrichten aus dem Urlaub verstehen.	☐ ☐ ☐ ☐	2	2
… Informationen über das Urlaubsverhalten verstehen.	☐ ☐ ☐ ☐	3	3
… Gespräche über die Reiseplanung verstehen und führen.	☐ ☐ ☐ ☐	6, 7	4a, 6, 7a
… Details zu Urlaubsanzeigen erfragen.	☐ ☐ ☐ ☐		7b
… Informationen zu Reisezielen verstehen.	☐ ☐ ☐ ☐	8b–c	8a–b
… einen Blogeintrag verstehen.	☐ ☐ ☐ ☐	13a–b	
… eine Radioumfrage verstehen.	☐ ☐ ☐ ☐		13

1 Lernwortschatz

Urlaubsformen
der Winterurlaub, -e
das Skigebiet, -e
der (Ski-)Lift, -e
der Strandurlaub, -e
die Küste, -n
der Sand (Sg.)
die Strandpromenade, -n
der Urlaubsgruß, ⸚e

Urlaubsplanung
der Zeitpunkt (Sg.)
der Terminkalender, -
rechtzeitig
gründlich
buchen *(ein schickes Hotel buchen)*
sich entschließen, er entschließt, hat entschlossen
die Halbpension (Sg.)
die Vollpension (Sg.)
höchstens
enthalten sein *(Frühstück ist im Preis enthalten.)*
der Kompromiss, -e
meinetwegen
dabei sein *(Dann ist für jeden etwas dabei.)*
der Einfall, ⸚e *(Das ist ein guter Einfall.)*
ein|packen
aus|packen
der Mitarbeiter, -
die Mitarbeiterin, -nen

Unterkünfte
das Ferienhaus, ⸚er
das Wellnesshotel, -s
die Hütte, -n
die Badewanne, -n
im Freien übernachten

zelten
auf|bauen *(das Zelt aufbauen)*
der Ausblick, -e
die Aussicht, -en
herrlich
schick
der Aufenthalt, -e
vorbei sein *(Der Aufenthalt ist fast vorbei.)*

Reisen
das Urlaubsziel, -e
die Entfernung, -en
die Fahrtzeit, -en
gegen *(gegen acht Uhr)*
der Hauptbahnhof, ⸚e
der ICE, -s
der Kofferraum, ⸚e
die Schifffahrt, -en
das Boot, -e

Urlaub in der Natur
die Alm, -en
die Kuh, ⸚e
der Wanderer, -
das Gebirge, -
der Himmel (Sg.)
die Wiese, -n
die Traube, -n
reif
brennen, es brennt, hat gebrannt *(Ein Feuer brennt.)*
giftig
das Insekt, -en
der Schutz (Sg.) *(einen Insektenschutz verwenden)*
das Netz, -e
die Einsamkeit (Sg.)
einsam

Lernwortschatz 1

der Empfang (Sg.)
(Das Handy hat keinen Empfang.) _____

weg sein *(Die Stadt ist weit weg.)* _____

das Heimweh (Sg.) _____

sich erkälten _____

Urlaubsaktivitäten

das Abenteuer, - *(ein Abenteuer erleben)* _____

das Erlebnis, -se _____

entspannend _____

angenehm _____

sich erholen _____

faulenzen _____

spazieren _____

der Pilz, -e *(Pilze sammeln)* _____

mit|arbeiten _____

vorbei|kommen, er kommt vorbei, ist vorbeigekommen _____

Stimmung (nicht nur) im Urlaub

begeistert sein _____

gut/schlecht gelaunt sein _____

zufrieden sein _____

genervt sein _____

enttäuscht sein _____

verzweifelt sein _____

Andere wichtige Wörter und Wendungen

beinahe *(Ich war beinahe drei Monate auf der Alm.)* _____

auf *(Ohren auf!)* _____

drüben _____

hierher _____

momentan _____

eher *(Auf der Alm ist es eher einsam.)* _____

jedenfalls _____

ca. (= circa) _____

falls *(Falls ihr Lust habt, meldet euch.)* _____

offenbar *(Offenbar hatten auch andere diese Idee.)* _____

der Typ, -en _____

der Chat, -s _____

erfahren, er erfährt, hat erfahren _____

die Neuigkeit, -en _____

der Rückblick, -e _____

solche *(Wir kennen solche Listen.)* _____

tragen, er trägt, hat getragen _____

vorne liegen *(Berlin liegt in dieser Liste ganz vorne.)* _____

wieso *(Wieso fahren wir nicht an die Ostsee?)* _____

das Zeug (Sg.) _____

da *(Da die Stadt sehr bekannt ist, gibt es viele Touristen.)* _____

obwohl *(Obwohl es geregnet hat, waren wir gut gelaunt.)* _____

zu *(Ich habe keine Lust, lange nach einer Unterkunft zu suchen.)* _____

Wichtig für mich:

_____

_____

Welches Verb passt? Ergänzen Sie.

das Zelt _____   ein Abenteuer _____   Pilze _____

siebzehn **17**

2 einen Kommentar über Techniknutzung schreiben

Das ist ja praktisch!

1 a Markieren Sie dreizehn Wörter zum Thema Technik. Wie heißen die Wörter in Ihrer Sprache? Welche Wörter sind ähnlich?

U	H	B	J	Ü	X	M	A	W	Q	I	R	C	V	L
S	L	I	C	M	K	O	P	F	H	Ö	R	E	R	Ä
B	Ä	L	P	P	A	T	V	M	Z	G	L	A	D	F
S	F	D	R	J	B	O	C	O	M	P	U	T	E	R
T	U	S	B	O	E	R	R	F	D	X	U	T	Y	G
I	E	C	E	L	L	H	I	M	R	Ü	N	A	D	E
C	A	H	A	N	D	Y	G	H	X	C	U	S	Ä	R
K	P	I	B	A	T	T	E	R	I	E	D	T	B	Ä
S	P	R	A	C	H	A	S	S	I	S	T	E	N	T
I	V	M	L	A	U	T	S	P	R	E	C	H	E	R

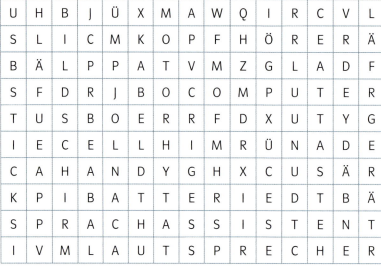

b Notieren Sie die Wörter aus 1a mit Artikel. Welche Verben passen zu den Wörtern? Ergänzen Sie. Manchmal gibt es mehrere Möglichkeiten.

aufladen | installieren | anschließen | anmachen | reparieren | anklicken | speichern | herunterladen | stumm schalten | ausschalten | bedienen | einsetzen | einstecken

die Batterie: aufladen, …

c Welches Alltagsgerät ist für Sie am wichtigsten? Schreiben Sie einen kurzen Kommentar für ein Forum.

2 Mein Handy. Wählen Sie.

A Ergänzen Sie die Verben. Die Wörter unten helfen.　　**B** Ergänzen Sie die Verben.

1. Ich _____ meine Eltern sehr oft _____ und dann sprechen wir ewig.
2. Ich _____ nicht viel. Ich _____ meinen Freunden lieber Nachrichten.
3. Ich habe viele Apps auf meinem Handy. Wenn ich irgendwo warten muss, _____ ich etwas oder mache ein Quiz.
4. Ich _____ viel mit meinem Handy, am liebsten Tiere. Gestern habe ich ein paar Bilder _____ und viele Likes bekommen.
5. In der U-Bahn _____ ich immer Musik. Mit den Kopfhörern störe ich niemanden.
6. Wenn mir langweilig ist, dann _____ ich auch Filme oder Serien.
7. Oft _____ ich für das Studium im Internet und _____ nach Informationen.

anrufen | fotografieren | hören | posten | recherchieren | schicken | sehen | spielen | suchen | telefonieren

Ich lasse alles reparieren

3 a Sie hören drei Ansagen. Zu jeder Ansage gibt es eine Aufgabe. Welche Lösung (a, b oder c) passt am besten?

1. Was soll Herr Smirnov im Handyshop machen?
   - [a] Sein repariertes Handy abholen.
   - [b] Seinen Vertrag verlängern.
   - [c] Ein neues Handy kaufen.

2. Wann möchte der Hausmeister in die Wohnung?
   - [a] Am Montagvormittag.
   - [b] Am Montagabend.
   - [c] Am Freitagvormittag.

3. Was bietet der Stadtteiltreff monatlich?
   - [a] Einen Flohmarkt.
   - [b] Einen Reparaturtag.
   - [c] Ein Treffen.

> ! In der Prüfung hören Sie zuerst ein Beispiel, dann lösen Sie vier Aufgaben.

b Das Verb *lassen*. Kreuzen Sie die richtige Form an und ergänzen Sie dann die Regel.

1. ○ Wo kaufst du denn neue Geräte? ☐ Lasse ☐ Lässt ☐ Lasst ☐ Lassen du dich lieber beraten oder bestellst du im Internet?
   ● Ach, ich bestelle lieber und ☐ lasse ☐ lässt ☐ lasst ☐ lassen mir die Ware schicken. Mein Freund ☐ lasse ☐ lässt ☐ lasst ☐ lassen sich aber lieber beraten. Meine Eltern kaufen nur ganz selten neue Sachen. Sie ☐ lasse ☐ lässt ☐ lasst ☐ lassen lieber die alten Sachen reparieren.
2. ○ Ich habe heute keine Lust zum Kochen. Und du?
   ● Ich auch nicht. ☐ Lasse ☐ Lässt ☐ Lasst ☐ Lassen wir uns doch etwas bringen – der neue Italiener hat ein tolles Angebot und ist günstig.

G lassen
- ich _____
- du _____
- er/es/sie _____
- wir _____
- ihr *lasst*
- sie/Sie _____

c Was machen die Leute selbst, was lassen sie machen? Schreiben Sie je zwei Sätze.

1. (sich) die Haare waschen und schneiden
   Adrian wäscht sich die Haare selbst. Aber er
   _____

2. das Auto putzen und reparieren
   Herr Mair _____

3. die Präsentation halten und vorbereiten
   Frau Pawlowski _____

d Dafür hatte ich keine Zeit. Was haben die Personen machen lassen? Schreiben Sie Sätze.

1. *Wir haben am Wochenende die Fenster putzen lassen.*
   (lassen / wir / am Wochenende / die Fenster putzen)

2. _____
   (lassen / ich / auf dem Laptop / ein Virenprogramm installieren)

3. _____
   (lassen / meine Schwester / ein Kleid nähen)

4. _____
   (lassen / meine Eltern / vor dem Urlaub / ihre Fahrräder reparieren)

2 Folgen ausdrücken

e Mach das doch selbst! Schreiben Sie Sätze im Imperativ wie im Beispiel.

1. ○ Du, hast du morgen Zeit? Willst du meine Fenster putzen?
   ● Nein, dafür habe ich keine Zeit. *Putz deine Fenster bitte selbst!*
2. ○ Herr Groß, könnten Sie bitte die Dokumente für mich ausdrucken?
   ● Tut mir leid, mein Drucker ist kaputt. _____
3. ○ Wir müssen noch die Reise vorbereiten. Könntet ihr das Auto waschen und ich packe die Koffer?
   ● Nein, die Koffer packe ich lieber selbst. _____
4. ○ Wir müssen dringend unsere Küche renovieren lassen, aber der Maler ist so teuer.
   ● _____. Dann müsst ihr nur die Farbe kaufen.

Ich möchte das umtauschen

4 a Folgen ausdrücken mit *deshalb/deswegen/darum/daher*. Schreiben Sie Sätze.

1. Handy alt sein
2. das Fahrrad selbst reparieren
3. mehr Informationen brauchen
4. den Schlüssel vergessen haben
5. mehr trainieren wollen
6. niemanden stören wollen

deshalb
deswegen
darum
daher

ein neues kaufen wollen
ein Videotutorial ansehen
im Internet recherchieren
beim Nachbarn klingeln
Fitness-App herunterladen
Musik mit Kopfhörer hören

! Die vier Konnekt… *daher, darum, de… deswegen* habe… gleiche Bedeutu…

1. Mein Handy ist alt, darum will ich ein neues kaufen.

b *sodass* oder *so … dass*? Ordnen Sie zu.

1. Pias Freunde hatten keine Zeit, ____
2. Das Zentrum war so weit weg, ____
3. In der Stadt waren so viele Menschen, ____
4. Pia hat dann zufällig eine Freundin getroffen, ____
5. Nächsten Samstag muss Pia arbeiten, ____

A dass Pia bald keine Lust mehr hatte.
B sodass sie doch noch Spaß hatte.
C dass Pia den Bus genommen hat.
D sodass sie keine Zeit für ihre Freunde hat.
E sodass sie allein in die Stadt gefahren ist.

c Folgen ausdrücken: Schreiben Sie Sätze mit *sodass / so … dass*.

Essen bestellen müssen | fast täglich dort bestellen | die Kellner sie schon kennen | ein neues Gerät im Internet kaufen

1. Marias Herd ist so alt, …
2. Sie kann nicht mehr zu Hause kochen, …
3. Das Essen schmeckt so super, …
4. Sie holt das Essen immer selbst ab, …

d Kreuzen Sie den passenden Konnektor an.

1. Ich gehe gern einkaufen, ☐ sodass ☐ deshalb gehe ich am Wochenende oft in die Stadt.
2. Leider weiß ich wenig über technische Geräte, ☐ sodass ☐ daher ich Beratung brauche.
3. In der Stadt ist dann oft so viel los, ☐ darum ☐ dass die Verkäufer keine Zeit haben.
4. Das Zentrum ist nur zwei Kilometer entfernt, ☐ deshalb ☐ dass gehe ich meistens zu Fuß.
5. Mein Bruder wohnt auf dem Weg, ☐ sodass ☐ deswegen besuche ich ihn manchmal.

2 Folgen ausdrücken, eine E-Mail verstehen, etwas reklamieren

e Wählen Sie und schreiben Sie die Sätze. Verwenden Sie *daher*, *deshalb*, *so ... dass* und *sodass*.

am Wochenende arbeiten müssen | Sportschuhe mitnehmen | oft treffen | Lieder herunterladen | Hilfe brauchen | am Wochenende etwas unternehmen | auf Konzerte gehen | Wanderurlaub machen | …

1. Ich höre gern Musik, …
2. Im Urlaub mache ich gern Sport, …
3. Manchmal habe ich so viel Arbeit, …
4. Ich bin gern mit Freunden zusammen, …

5 a Lesen Sie die E-Mail und ergänzen Sie die Wörter.

Geheimzahl | Kauf | Rechnung | EC-Karte | gratis | Portemonnaie | Geldautomat | kaputt | Sonderangebot | Gebrauchsanweisung

Liebe Caro,

letzte Woche habe ich mir endlich das neue Tablet gekauft. Es ist ja eigentlich sehr teuer, aber es war ein (1) _____ – 30 % Rabatt! Aber der (2) _____ war ein kleines Abenteuer. Es hat so angefangen, dass ich ohne Geld in die Stadt gefahren bin – ich habe mein (3) _____ zu Hause vergessen. Es war reines Glück, dass ich die Jacke von meinem Bruder anhatte und dort war seine (4) _____. 🙂 Ich habe ihn schnell angerufen und er hat mir die (5) _____ verraten. Zum Glück war gleich in der Nähe ein (6) _____. Dort habe ich Geld von seinem Girokonto abgehoben (das zahle ich ihm natürlich gleich wieder zurück) und konnte endlich das Tablet kaufen. Zu Hause habe ich gemerkt, dass es (7) _____ war – ich konnte es einfach nicht anschalten! Also bin ich wieder zum Geschäft zurückgegangen und diesmal hatte ich das Portemonnaie dabei, aber leider die (8) _____ vergessen. 😟 Der Verkäufer hat mich erkannt und war auch ohne Kassenzettel sehr hilfsbereit. Er hat erst einmal in der (9) _____ nachgesehen, ein paar Tasten gedrückt, aber es hat nichts geholfen. Dann habe ich ein neues Tablet bekommen und wir haben es gleich ausprobiert. Außerdem hat er mir noch eine Tastatur für das Tablet (10) _____ gegeben. Jetzt funktioniert alles super und die Mail an dich schreibe ich gerade mit dem Tablet!
Melde dich bald und liebe Grüße
Mark

b Wer sagt das? Notieren Sie K für Kunde/Kundin oder V für Verkäufer/in.

1. Kann ich den Drucker umtauschen? ____
2. Ich kann verstehen, dass Sie unzufrieden sind. ____
3. Mein Drucker funktioniert nicht richtig. ____
4. Ich bin wirklich nicht zufrieden. ____
5. Was ist denn das Problem? ____
6. Haben Sie den Drucker an den Computer angeschlossen? ____
7. Was kann man da jetzt machen? ____
8. Kann ich das Gerät bitte mal sehen? ____
9. Kann ich Ihnen helfen? ____
10. Ich möchte das Gerät zurückgeben. ____

einundzwanzig 21

2
etwas reklamieren, über Wohnen sprechen

c Ordnen Sie das Gespräch und hören Sie zur Kontrolle.

___ ● Natürlich, hier. Ich bin mit dem Gerät wirklich nicht zufrieden und möchte es umtauschen.

___ ● Na gut, das hier ist meine Nummer …

___ ○ Das wundert mich. Kann ich das Gerät bitte mal sehen?

___ ○ Das entscheidet der Kundenservice. Sie lassen einfach Ihre Telefonnummer hier und wir rufen Sie an, wenn wir mehr wissen.

___ ○ Was ist denn das Problem?

___ ● Wenn ich etwas herunterladen will, funktioniert plötzlich gar nichts mehr. Und der Akku ist auch immer nach zwei Stunden leer.

___ ● Ja, mein Tablet funktioniert nicht richtig, obwohl es ganz neu ist.

___ ● Können Sie mir nicht ein neues Gerät geben? Oder kann ich das Tablet zurückgeben und Geld bekommen?

___ ○ Ich kann verstehen, dass Sie unzufrieden sind. Aber wir schicken das Gerät an unseren Kundenservice.

_1_ ○ Guten Tag, kann ich Ihnen helfen?

d Sie haben vor drei Monaten bei der Firma Computech einen neuen Laptop gekauft. Jetzt ist er kaputt. Sie erreichen bei der Firma telefonisch niemanden, deshalb schreiben Sie eine E-Mail.

Schreiben Sie etwas über folgende Punkte. Vergessen Sie nicht die Anrede und den Gruß.
- Grund für Ihr Schreiben
- Garantie
- Reparatur oder neuer Laptop
- wie Sie erreichbar sind

Smart wohnen

6 a Was passt zusammen? Ordnen Sie zu.

1. den Bildschirm ___   A aufnehmen
2. Informationen ___   B öffnen
3. die Haustür ___   C austauschen
4. eine Nachricht ___   D steuern
5. die Heizung ___   E berühren
6. das Licht ___   F anpassen

b Bilden Sie mit den Ausdrücken in 6a Sätze.

Wenn man den Bildschirm berührt, kann man die Tür öffnen.

über Wohnen sprechen

c Ein schönes Haus. Formulieren Sie die markierten Ausdrücke um und verwenden Sie den Genitiv.

1. Die Lage vom Haus ist toll. — *die Lage des Hauses*
2. Ich mag die Form vom Sofa. _____
3. Mir gefällt die Farbe von den Wänden. _____
4. Die Größe vom Garten ist perfekt. _____
5. Die Form von der Küche ist ideal. _____
6. Das Licht vom Zimmer ist angenehm. _____

! Genitiv: -s oder -es?
- Feminine Nomen haben kein -(e)s.
- mehrsilbige Nomen → meistens **-s**
  der Garten – des Garten**s**
- Nomen mit Endung -s, -ß, -(t)z, -sch, -st und einsilbige Nomen → meistens **-es**
  das Bild – des Bild**es**

d Wo und wie wohnen Sie? Lesen Sie die Aussagen und markieren Sie die Artikel im Genitiv. Ergänzen Sie dann die Tabelle.

Wir möchten gern am Rand einer kleinen Stadt wohnen.

Das Ferienhaus meiner Großeltern liegt direkt am Meer. Da würde ich gern wohnen.

Die Wohnung meines Freundes ist toll. So würde ich auch gern wohnen.

In der Stadt ist es oft laut, deshalb genieße ich am Wochenende gern die Ruhe eines schönen Parks.

Mir gefällt die Atmosphäre dieses Zimmers.

Ich will in Berlin wohnen. Die Leute keiner anderen Stadt sind so cool.

Genitiv	bestimmter Artikel	Demonstrativ-artikel	unbestimmter Artikel	Negations-artikel	Possessiv-artikel
der	des	dieses		keines	
das	des		eines	keines	meines
die	der	dieser			meiner
die (Pl.)	der	dieser	–	keiner	

e Ergänzen Sie die Artikel im Genitiv.

1. Die Atmosphäre _____ (eine) Wohnung hängt oft vom Licht ab.
2. Das Haus _____ (meine) Eltern ist nicht sehr modern.
3. Er würde gern den Inhalt _____ (sein) Kühlschranks per Handy kontrollieren.
4. Die Familie _____ (ein) Freundes von mir hat ein Hightech-Haus.
5. Die Lage _____ (ein) Gebäudes finde ich wichtiger als moderne Technik im Haus.

f Bilden Sie die passenden Fragen mit *wessen*.

1. *Wessen Handy ist das?* — Das ist Marias Handy.
2. _____ — Das ist die Kamera von Frau Miller.
3. _____ — Die Fotos gehören mir.
4. _____ — Ich glaube, das ist Sams Laptop.

2 Gründe und Gegengründe ausdrücken, eine Radiosendung verstehen

7 a *wegen* oder *trotz*? Lesen Sie die Kommentare zum Hightech-Haus und kreuzen Sie an.

tec2051	Ich bin Informatikerin und ☐ wegen ☐ trotz meines Berufs ist eine Hightech-Wohnung für mich natürlich interessant. So würde ich gerne wohnen!
Benno K.	Es ist teuer, aber so ein Haus suche ich! ☐ Wegen ☐ Trotz des hohen Preises würde ich sofort einziehen.
SusanC	Also, für mich ist das nichts. Ich habe viele Tiere und will ☐ wegen ☐ trotz ihnen auf dem Land wohnen und ganz einfach leben. So viel moderne Technik brauche ich nicht.
Franka67	Das ist mir alles zu viel. Ich bleibe ☐ wegen ☐ trotz der technischen Möglichkeiten dieses Hauses lieber in meiner gemütlichen, alten Wohnung.

! wegen/trotz
In der gesprochenen S[prache] verwendet man *wegen* und *trotz* oft mit Dativ:
Wegen den niedrigen P[reisen] wohnen wir auf dem L[and].
Trotz dem Regen feiern wir im Garten.
Bei Personalpronomen steht immer der Dativ:
Wegen dir kommen wir zu spät.

b Ergänzen Sie die Sätze.

die moderne Technik | unsere schöne Terrasse | die höhere Sicherheit | die teure Miete | die gute Lage | ~~der ständige Lärm~~

1. Trotz *des ständigen Lärms* wohnen viele Leute gern in der Stadt.
2. Ich wohne direkt am Park. Die Wohnung gefällt mir wegen _____
3. Wegen _____ ist das Hightech-Haus sehr praktisch.
4. Trotz _____ haben viele keine Alarmanlage im Haus.
5. Wegen _____ kommen uns oft Freunde besuchen.
6. Trotz _____ will ich nicht umziehen, lieber arbeite ich meh[r]

🔊 1.15 **c** Hören Sie die Radiosendung. Welche Geräte der Zukunft wünschen sich Marco, Franz und Linda? Warum[?] Machen Sie Notizen.

A   B   C

Marco: Freundi[n] wohnt weit weg

🔊💬 1.16 **8 a** Aussprache: *ts* und *tst*. Hören Sie die Wörter und sprechen Sie nach.

1. letzte 3. der Platz 5. gleichzeitig 7. nutzen 9. die Anzeige
2. der Zettel 4. die Freizeit 6. sitzt 8. geputzt 10. zufrieden

🔊💬 1.17 **b** Lesen Sie die Sätze laut. Hören Sie zur Kontrolle.

1. Zwischen den zwei Pflanzen sitzt eine Katze.
2. Im Wohnzimmer ist es trotz der Zentralheizung meistens kalt.
3. Letztes Wochenende haben wir zusammen unser ganzes Zuhause geputzt.
4. Abends waren wir total zufrieden mit unserer Putzaktion.

über Werbung sprechen und schreiben 2

Schöne bunte Werbung?

9 a Über Werbung sprechen. Ordnen Sie die Redemittel.

1. witzigsten / Werbung / Ich / am / finde / diese
   Ich finde diese Werbung am witzigsten.

2. mir / Die / wenigsten / gefällt / am / Werbung

3. Foto / nicht / dieser / Ich / bei / mag / das / Werbung

4. den / mag / Text / dieser / Werbung / Am / ich / liebsten

5. die / sehr / aktuell / Idee / Werbung / von / dieser / finde / Ich

b Lesen Sie die Werbeanzeige. Wählen Sie.

Ihr Traum – schneller als alle? Cooler als die meisten?

Dann kommen Sie zum Autohaus „Raser" und informieren Sie sich über die neuen Modelle!

Wir beraten Sie von Montag bis Samstag von 8 bis 20 Uhr.

A Ergänzen Sie den Kommentar zur Werbeanzeige. Die Redemittel aus dem Kursbuch helfen.

Ich finde die Werbung _____,

weil _____.

Das Bild gefällt mir _____.

So ein Auto würde ich _____.

B Schreiben Sie einen Kommentar zur Werbeanzeige. Die Redemittel aus dem Kursbuch helfen.

Die Werbung vom Autohaus Raser gefällt mir ...

10 In der Werbung verwendet man oft positive Adjektive. Wie heißen die Gegenteile? Notieren Sie.

1. _____ – schlecht
2. _____ – schwierig
3. _____ – ungesund
4. _____ – passiv
5. _____ – traurig
6. _____ – altmodisch
7. _____ – teuer
8. _____ – langweilig
9. _____ – alt
10. _____ – langsam
11. _____ – gefährlich
12. _____ – schrecklich

2 einen Text über Werbung verstehen und darüber sprechen

11 Notizen machen. Lesen Sie den Text und notieren Sie Stichworte. Diskutieren Sie dann mit einem Partner / einer Partnerin über das Thema.

> **Stichpunkte notieren**
> Verwenden Sie Zeichen
> Pfeile →
> Doppelpunkt :
> Ausrufezeichen !
> Gleichheitszeichen =
> Striche –
> Smiley ☺

Werbung und Kinder

Im Alltag treffen wir eigentlich immer und überall auf Werbung: im Internet oder im Fernsehen, auf Plakaten oder im öffentlichen Verkehr. Wir können uns selbst nicht vor Werbung schützen und auch unsere Kinder kommen ständig in Berührung mit Werbung. Ihnen diesen Kontakt ganz
5 zu verbieten, wäre auch nicht sinnvoll. Denn was verboten ist, ist natürlich besonders interessant. Aber schon Erwachsenen fällt es schwer, die Tricks der Werbung zu erkennen. Kindern fällt das noch schwerer und oft glauben sie, was die Werbung ihnen präsentiert. Im Durchschnitt verbringen Kinder fast 1,5 Stunden täglich vor dem Bildschirm und konsumieren so eine riesige Zahl an Werbespots.
10 „Ich bin doch nicht blöd …", „Quadratisch. Praktisch. Gut.", „Die zarteste Versuchung, seit es Schokolade gibt" – diese Werbeslogans kennt jedes Kind. Die Wirkung von Werbung hängt vom Alter und der Lebensphase ab, also denkt sich die Werbeindustrie für jede Zielgruppe etwas Passendes aus. Bei Werbeprofis sind besonders die 3- bis 13-Jährigen beliebt, deshalb produzieren sie Werbung gezielt für sie. Das
15 bedeutet, dass zum Beispiel Sportler und Sportlerinnen oder populäre Helden aus Serien und Filmen eine wichtige Rolle in Werbeclips spielen. Nicht immer können die Kinder unterscheiden, was Werbung ist und was nicht. So werden Kinder schon früh zu jungen Kunden. Und ganz
20 wichtig: Kinder haben großen Einfluss auf das Kaufverhalten ihrer Eltern. Kinder sind also für die Werbung aus verschiedenen Gründen interessant.

Werbung → überall

Wortbildung – Nomen mit *-er* und *-erin*

A Wer macht das? Ergänzen Sie die Wörter.

Käufer | Leser*innen | Besucher/innen | Fahrerin

1. Zu der Messe sind eine Million _____ gekommen.
2. Ach, der Fernseher ist schon weg! Hat der _____ ihn schon abgeholt?
3. Wir haben am Bahnhof ein Taxi genommen. Die _____ hat uns direkt zum Hotel gebracht.
4. Die Zeitschrift macht viel Werbung, weil sie mehr _____ gewinnen möchte.

> **W**
> Bei manchen Verben kann man mit *-er/* Personen bezeichnen:
> *fahren – der Fahrer / die Fahrerin*
> Manche Wörter bekommen einen Umlaut:
> *kaufen – der Käufer / die Käuferin*
> In Texten schreibt man auch neutral
> *Fahrer*in, Fahrer/in oder FahrerIn*

B Markieren Sie das Verb im Satz. Wie heißt die Person, die das macht? Schreiben Sie.

1. Er berät Kunden bei der Bank, er ist _____.
2. Jana schwimmt gern, sie ist eine sehr gute _____.
3. Hannes läuft oft, er ist ein schneller _____.
4. Sie verkauft Sachen in einem Geschäft, ihr Beruf ist _____.

Das kann ich nach Kapitel 2

R1 **Ergänzen Sie die Sätze.**

1. Ich will ein neues Handy, daher _____.
2. Wir fahren wegen _____ nicht in die Stadt.
3. Das Gerät ist kaputt, deswegen _____.
4. Pia geht so oft einkaufen, dass _____.
5. Trotz _____ kauft er das teuerste Gerät.
6. Unsere Wohnung ist wegen _____ endlich sicher.
7. Wir haben ein Lastenfahrrad gekauft, sodass _____.

	☺☺	☺	😐	☹	KB	ÜB
Ich kann Folgen, Gründe und Gegengründe ausdrücken.	☐	☐	☐	☐	4b–d, 7b–c	4, 7a–b

R2 **Die Reklamation. Arbeiten Sie zu zweit. Schreiben Sie einen passenden Dialog und spielen Sie ihn vor.**

	☺☺	☺	😐	☹	KB	ÜB
Ich kann etwas reklamieren.	☐	☐	☐	☐	5	5b–d

R3 **Lesen Sie den Beitrag und schreiben Sie einen Kommentar.**

> **Robbi** Wir wohnen seit zwei Jahren in einer „smarten" Wohnung, aber mich nervt die Technik langsam. Ich habe das Gefühl, dass wir nur über die Apps kommunizieren und weniger miteinander sprechen. Früher haben mein Mann und ich oft telefoniert, auch wegen kleiner Dinge wie Einkaufen. Heute erledigt das die Maschine. Bin ich zu undankbar? Was denkt ihr?

	☺☺	☺	😐	☹	KB	ÜB
Ich kann einen Kommentar schreiben.	☐	☐	☐	☐	7d	1c

Außerdem kann ich …	☺☺	☺	😐	☹	KB	ÜB
… eine Radiosendung über praktische technische Geräte verstehen.	☐	☐	☐	☐	1c	7c
… Ansagen auf dem Anrufbeantworter verstehen.	☐	☐	☐	☐		3a
… über Kaufverhalten und Dienstleistungen sprechen.	☐	☐	☐	☐	3	3b–e
… eine E-Mail verstehen.	☐	☐	☐	☐		5a
… Informationen über neue Technik verstehen.	☐	☐	☐	☐	6b–c	
… über Wohnen sprechen.	☐	☐	☐	☐		6
… über Werbung sprechen und schreiben und meine Meinung dazu äußern.	☐	☐	☐	☐	9, 10, 11	9, 10, 11

2 Lernwortschatz

Geräte und Zubehör

der Staubsauger, -
die Waschmaschine, -n
der Kopfhörer, -
die Powerbank, -s
der USB-Stick, -s
der Knopf, ⸚e
die Taste, -n
der Monitor, -e
ein|schalten *(den Monitor einschalten)*
installieren
das Ladekabel, -
an|schließen, er schließt an, hat angeschlossen *(ein Kabel anschließen)*
der Handyakku, -s
auf|laden, er lädt auf, hat aufgeladen *(den Akku aufladen)*
laden, er lädt, hat geladen *(das Handy laden)*
sparsam
stumm schalten *(das Handy stumm schalten)*
(sich) an|schaffen *(sich ein neues Handy anschaffen)*
dabei|haben, er hat dabei, hat dabeigehabt

reparieren und reklamieren

reklamieren
um|tauschen
zurück|geben, er gibt zurück, hat zurückgegeben
die Garantie, -n
die Quittung, -en
kaputt|gehen, er geht kaputt, ist kaputt gegangen
reparieren
zufrieden
testen
benötigen

die Anleitung, -en
die Gebrauchsanweisung, -en

smartes Wohnen

automatisch
bedienen *(etwas von Hand bedienen)*
steuern
an|passen (an + A.) *(das Licht an die Stimmung anpassen)*
berühren
reinigen
technisch
die Technologie, -n
smart
machen (zu + D.) *(Die Wohnung zu einem Smart Home machen.)*
die Alarmanlage, -n
der Einbruch, ⸚e
die Gefahr, -en
sicher
der Neubau, -ten
die Haustür, -en
der Fingerabdruck, ⸚e
der Sprachassistent, -en
auf|nehmen, nimmt auf, hat aufgenommen
gleichzeitig
der Tagesablauf, ⸚e

Werbung

das Produkt, -e
auf den Markt kommen
das Kaufverhalten, -
das Verhalten, -
der Slogan, -s
an|sprechen, er spricht an, hat angesprochen *(Werbung spricht Gefühle an.)*

Lernwortschatz

auf|fallen, er fällt auf, ist aufgefallen _____
wirken (auf + A.) _____
wecken *(Wünsche wecken)* _____
beeinflussen _____
der Rabatt, -e _____
das Sonderangebot, -e _____
das Merkmal, -e _____
frech _____
ausgezeichnet _____
bemerken _____
verbieten, er verbietet, hat verboten _____
vertrauen _____
reichen *(Das reicht schon.)* _____
aufmerksam _____
interessiert _____
die Erinnerung, -en _____
das Magazin, -e _____
die Vorstellung, -en _____

Geld und Banken

die EC-Karte, -n _____
die Geheimzahl, -en _____
der Geldautomat, -en _____
das Girokonto, -konten _____
gratis _____
genügen _____
sich lohnen *(Das lohnt sich nicht.)* _____

sich leisten _____
das Portemonnaie, -s _____

andere wichtige Wörter und Wendungen

an|haben, er hat an, hat angehabt _____
die Ausnahme, -n _____
bereits _____
bloß *(Das kostet bloß 10 Euro.)* _____
diesmal _____
daher/darum/deswegen _____
sodass _____
ebenfalls _____
vor einer Frage stehen _____
geschehen, es geschieht, ist geschehen _____
merkwürdig _____
seltsam _____
nähen _____
rein *(reines Glück)* _____
sich Sorgen machen _____
das Taschentuch, ¨-er _____
der Transport, -e _____
verraten, er verrät, hat verraten _____
die Wand, ¨-e _____
streichen, er streicht, hat gestrichen *(eine Wand streichen)* _____
wegen _____
trotz _____

Wichtig für mich:

_____
_____

Welche Geräte benutzen Sie wann? Ergänzen Sie.

(auf Reisen) (zu Hause) (beim Sport) (in der Arbeit)

Ein typischer Tag mit „Ihren" Geräten. Was machen Sie? Schreiben Sie sechs Sätze.

Am Morgen schalte ich mein Handy ein. Dann …

Veränderungen

1 a War früher alles besser? Ergänzen Sie die Wörter in den Kommentaren.

Angst | Bedingungen | Betrieben | Diagnose | Disziplin | heilen | Konkurrenz | Medien | medizinischen | Pflegekraft | Strafen | Tätigkeiten

User r2d2

Ich bin froh, dass sich die Arbeitswelt verändert hat. Früher haben viele Leute unter sehr schlechter (1) _____ gearbeitet. In vielen (2) _____ war es laut, die Arbeit war schwer und häufig auch gefährlich. Heute erledigen oft Roboter die monotonen (3) _____. Aber die (4) _____ zwischen den Betrieben und der Stress für die Arbeiterinnen und Arbeiter sind auch größer geworden.

User Dodo

Im Bereich Gesundheit hat sich sehr viel getan. Die Möglichkeiten für die (5) _____ von Krankheiten sind viel besser geworden – genauso wie die (6) _____ Geräte. Aber es gibt immer noch viele Krankheiten, die man nicht (7) _____ kann. Das ist oft sehr traurig, aber insgesamt arbeite ich gern als (8) _____.

User nada08

Als ich zur Schule gegangen bin, da war (9) _____ sehr wichtig und wir Schülerinnen und Schüler haben auch noch (10) _____ bekommen. Heute können Schülerinnen und Schüler im Unterricht und zum Lernen (11) _____ nutzen und selbstständiger sein. Ich hatte vor strengen Lehrern und Strafen (12) _____ die Schülerinnen und Schüler heute vor schlechten Noten.

b Lesen Sie die Kommentare in 1a noch einmal. Welche Überschrift passt zu welchem Kommentar? Notieren Sie die Nummer. Zwei Überschriften passen nicht.

1. Die moderne Medizin hilft vielen
2. Keine Angst vor der Schule
3. Weniger Stress bei der Arbeit
4. Sind Jobs heute leichter?
5. Schüler können mehr entscheide

c Früher und heute. Was denken Sie? Schreiben Sie die Sätze zu Ende.

1. Im Vergleich zu früher gibt es heute _____
2. Zum Glück hat sich _____
3. Leider _____
4. Im Gegensatz zu heute _____
5. Ich finde, früher war _____

3 Berichte über Veränderungen im Leben verstehen

2 Lesen Sie den Text. Welche Wörter kennen Sie aus Ihrer oder anderen Sprachen? Markieren Sie. Lesen Sie dann den Text noch einmal und kreuzen Sie die passenden Ausdrücke an.

Wenn man über Veränderungen spricht, darf man die (1) ☐ Ernährung ☐ Erklärung nicht vergessen. Viele achten beim Einkauf bewusst auf frische (2) ☐ Speisen ☐ Nahrungsmittel, denn die haben mehr (3) ☐ Vitamine ☐ Inhalt. Und es gibt noch einen (4) ☐ Trend ☐ Traum: Es kommen immer mehr (5) ☐ logisch ☐ biologisch produzierte Lebensmittel auf den Tisch. Immer mehr Leute verzichten auch auf Fleisch und ernähren sich (6) ☐ vegetarisch ☐ gesund. Andere essen gar nichts, was von einem Tier kommt: keine Eier, keinen Honig, keine Milch usw. Sie ernähren sich ausschließlich (7) ☐ vegan ☐ einfach und essen gern frische (8) ☐ Eier ☐ Früchte. Zur veganen Ernährung gehören auch Säfte aus (9) ☐ Karotten ☐ Kartoffeln und anderem Gemüse. Dazu kommt, dass viele Leute eine bestimmte (10) ☐ Diät ☐ Form halten wollen oder müssen. Viele, die sich gesund ernähren, achten auch auf ihre (11) ☐ Fitness ☐ Freiheit und machen täglich ihr (12) ☐ Frühstück ☐ Workout.

Plötzlich war alles anders

3 a Würden Sie Ihr Leben gern ändern? Sie hören fünf kurze Texte. Sie hören die Texte nur einmal. Dazu lösen Sie fünf Aufgaben. Entscheiden Sie beim Hören, ob die Sätze 1–5 richtig (+) oder falsch (–) sind. Lesen Sie jetzt die Aufgaben 1–5. Sie haben dazu 30 Sekunden Zeit.

1. Der Sprecher ist mit seinem Leben unzufrieden. ☐+ ☐–
2. Die Sprecherin hätte gerne mehr Gehalt. ☐+ ☐–
3. Der Sprecher möchte mehr Freizeit haben. ☐+ ☐–
4. Die Sprecherin macht bald eine Weltreise. ☐+ ☐–
5. Der Sprecher hat seinen Traum realisiert. ☐+ ☐–

! In der Prüfung hören Sie alle Aussagen direkt nacheinander. Zum Üben können Sie sie auch einzeln hören.

b Was heißt das? Ordnen Sie die Beschreibungen zu.

1. eine Krisensituation _____
2. eine Trennung _____
3. ein Todesfall _____
4. ein Wendepunkt _____
5. die Lebensgeschichte _____

A Jemand ist gestorben.
B Es ist etwas passiert. Nach diesem Ereignis ist alles anders.
C Alle wichtigen Ereignisse, die es bisher im Leben einer Person gab.
D Es gibt ein großes Problem.
E Zwei Personen, die ein Paar waren, verstehen sich nicht mehr gut und gehen wieder eigene Wege.

c Ein neuer Lebensweg. Wählen Sie.

A Lesen Sie den Text zu Sebastian Hilpert im im Kursbuch, Aufgabe 3c. Ergänzen Sie dann die passenden Verben.

B Ergänzen Sie passende Verben. Kontrollieren Sie dann mit dem Text zu Sebastian Hilpert im Kursbuch, Aufgabe 3c.

1. sich nicht mehr glücklich *fühlen*
2. andere berufliche Herausforderungen _____
3. einen Bericht über ein Projekt _____
4. das Leben aus einer anderen Perspektive _____
5. ein Studium _____, aber nicht abschließen
6. Erfahrungen mit Wildtieren _____
7. anderen Menschen Mut _____

3 über Vergangenes berichten

d Ein schrecklicher Unfall. Lesen Sie den Text zu Kristina Vogel im Kursbuch, Aufgabe 3c noch einmal. Was ist richtig? Kreuzen Sie an. Es können auch zwei Aussagen richtig sein.

1. Kristina Vogel …
   - a war oft Erste bei großen Wettkämpfen.
   - b hatte einen schweren Unfall mit dem Auto.
   - c trainierte, als ein schwerer Unfall passierte.

2. Seit ihrem Unfall …
   - a braucht sie einen Rollstuhl.
   - b kann sie wieder viele Dinge allein machen.
   - c arbeitet sie im Krankenhaus.

3. Schon ein Jahr später …
   - a hat sie mit ihrem Mann ein Kind bekommen.
   - b war sie neben ihrem Beruf auch Politikerin.
   - c arbeitete sie trotz ihres Unfalls in vielen Projekten mit.

4 a Das neue Leben auf dem Land. Was steht in der E-Mail? Notieren Sie die Verben im Perfekt.

beginnen | bekommen | denken | einziehen | helfen | kündigen | leben | passieren | renovieren | ~~schreiben~~ | umziehen

Liebe Greta,

entschuldige, dass ich so lange nicht (1) $$$$$$$$ $$$$.
In meinem Leben (2) $$$$$$$$ so viel $$$$$$$$ und ich hatte nie Zeit. Ich (3) $$$$$$$$ immer gern in Berlin $$$$$$$$, das weißt du ja. Ich (4) $$$$$$$$ nie $$$$$$$$, dass ich einmal aus Berlin wegziehe … bis letzten Mai. Da (5) $$$$$$$$ ich tatsächlich $$$$$$$$$$$$, von meiner Wohnung mitten in der Stadt raus aufs Land. Wirklich!
Eine Tante hatte dort ein Haus, das ich nun von ihr (6) $$$$$$$$$$$$ $$$$$$$$. Meine Eltern und ich (7) $$$$$$$$ das Haus komplett $$$$$$$$$$$$. Mein Bruder (8) $$$$$$$$ auch viel $$$$$$$$$$$$, das war natürlich super. Vor vier Wochen (9) $$$$$$$$ ich in das Haus $$$$$$$$$$$$. Das Leben hier ist sehr ruhig. Meine Stelle in Berlin (10) $$$$$$$$ ich $$$$$$$$$$$$. Aber ausruhen kann ich mich jetzt nicht. Gestern (11) $$$$$$$$ ich hier schon einen neuen Job $$$$$$$$$$.
Wann kommst du mich besuchen?
Liebe Grüße
Anna

1. *geschrieben habe*
2. _____
3. _____
4. _____
5. _____
6. _____
7. _____
8. _____
9. _____
10. _____
11. _____

über Vergangenes berichten

3

b Lebenswende. Was ist richtig? Kreuzen Sie an.

1. Bernd Huller ☐ hatte ☐ war Sportler, er ☐ hatte ☐ war eine erfolgreiche Karriere.
2. Aber dann wurde er schwer krank und ☐ hatte ☐ war lang im Krankenhaus.
3. Nach seiner Krankheit ☐ konnte ☐ musste er vieles in seinem Leben anders machen.
4. Herr Huller ☐ durfte ☐ wollte schnell wieder so selbstständig wie möglich sein.
5. Ein Jahr später ☐ konnte ☐ sollte er schon wieder Auto fahren und in Projekten arbeiten.
6. Er ☐ durfte ☐ wollte sich auch in einem Verein engagieren und ist dort sehr aktiv.

c Welche Präteritumsform passt zum Infinitiv? Ordnen Sie zu. Ergänzen Sie dann die Präteritumsformen im Text.

anbieten ☐   arbeiten ☐   kündigen ☐   beginnen ☐   A fuhr   D buchte   G bot … an   J blieb

fahren ☐   besuchen ☐   treffen ☐   bleiben ☐   B begann   E traf   H kündigte   K flog

fliegen ☐   buchen ☐   sich entscheiden [C]   C entschied sich   F besuchte   I arbeitete

Susanne Bergner (1) _entschied sich_ an einem ganz normalen Tag im Herbst, ihr Leben zu ändern. Sie (2) _____, so viel Geld wie möglich zu sparen. Damals (3) _____ sie als Event-Managerin in einer großen Agentur. Ein Jahr später (4) _____ sie ihren stressigen Job und (5) _____ ein Ticket für eine lange Reise. Sie (6) _____ nach Australien, wo sie zuerst für ein paar Wochen alte Schulfreunde (7) _____. Von dort (8) _____ sie dann mit einem Auto quer durch das Land. Sie (9) _____ fast ein Jahr in Australien. Zurück in Deutschland (10) _____ sie zufällig einen alten Freund. Er (11) _____ ihr einen interessanten Job _____. Heute verdient Susanne weniger Geld, aber sie hat mehr Zeit als früher.

d Markieren Sie im Text alle Verben im Präteritum. Notieren Sie die Verben dann in einer Tabelle mit Infinitiv, Präteritum und Perfekt. Ergänzen Sie auch die Verben aus 4c.

> **!** Notieren und lernen Sie unregelmäßige Verben immer zusammen mit den Formen für das Präteritum und das Perfekt:
> *fahren – fuhr – ist gefahren*

Die Schauspielerin Jella Haase kam 1992 in Berlin zur Welt. Dort ging sie auch zur Schule und schloss diese mit dem Abitur ab. Schon als Kind begann sie, Theater zu spielen, und machte schnell Karriere. Bereits mit 17 Jahren stand sie im Fernsehfilm „Mama kommt" vor der Kamera. 2011 spielte sie in ihrem ersten Kinofilm „Lollipop Monster". In diesem Jahr erhielt sie auch den Bayerischen Filmpreis als beste Nachwuchsschauspielerin. Zwei Jahre später bekam sie im Film „Fack ju Göthe" die weibliche Hauptrolle. Durch diesen Film wurde sie berühmt.
In den nächsten 10 Jahren folgten 20 weitere Kinofilme mit Jella Haase und es gab wichtige Preise für sie. Sie hatte nie Angst vor schwierigen Rollen. Auf Instagram hat sie sehr viele Follower, aber über ihr Privatleben gibt sie auch dort keine Auskunft. Das schützt sie vor der Öffentlichkeit.

regelmäßige Verben	unregelmäßige Verben
	kommen – kam – ist gekommen

3 über Vergangenes schreiben, über Glück sprechen

e Das Leben von Wotan Wilke Möhring. Schreiben Sie aus den Stichpunkten eine Biografie im Präteritum. Verwenden Sie auch Satzverbindungen wie *zuerst, dann, danach, später* ...

Wotan Wilke Möhring

1. am 23. Mai 1967 in Detmold zur Welt kommen
2. die Schule in Herne besuchen
3. nach dem Abitur längere Zeit Soldat sein
4. malen und in mehreren Bands Musik machen
5. in dieser Zeit Musik für Filme produzieren
6. 1997 die erste Rolle in einem Film bekommen
7. im Film „Das Experiment" 2011 eine Hauptrolle spielen
8. 2017 Preis „Bester deutscher Schauspieler" gewinnen
9. bisher Rollen in ca. 60 Filmen haben
10. zehn Jahre lang mit Anna Theis zusammenleben
11. 2014 sich von seiner Partnerin trennen

f Schreiben Sie eine Biografie über eine/n Schauspieler/in, Musiker/in ... Ihrer Wahl.

g Ordnen Sie die Nachrichten zu. Markieren Sie dann die Verben im Präteritum.

> ! Einige Verben verwendet man auch mündlich und in kurzen Nachrichten häufig im Präteritum: *Das Training **lief** heute super!*

1.  Sind sie nicht schön, die roten Wolken? — Ich wusste gar nicht, dass du so gut fotografieren kannst.
2. Wo bist du? Wir warten auf dich. ___ — Mist! Ich dachte, dass wir uns morgen sehen.
3. Vorgestern bestellt, heute angekommen! Sieht gut aus. ___ — Das ging ja schnell!
4. Der Bus kam nicht und ich war eine Stunde zu spät! ___ — Und was hat die Chefin gesagt?
5. Warst du bei der Hochzeit von Andrea und Chris? ___ — Ja, die beiden sahen so glücklich aus.

Die Sache mit dem Glück

5 a Glück. Woran denken Sie? Schreiben Sie wie im Beispiel.

```
     UR L AUB           F              G
       MUS I K           R              L
    HAUSTI E R           E              Ü
         B LUMEN         U              C
       SCHN E E          N              K
                         D
```

b Lesen Sie die Aussagen. Welchen Aussagen stimmen Sie zu? Kreuzen Sie an.

☐ 1 Es macht die Menschen glücklich, wenn die Sonne scheint. Zeile ___
☐ 2. Ein hohes Einkommen macht glücklich. Zeile ___
☐ 3 Um glücklich zu sein, sollte man Sport machen. Zeile ___
☐ 4. Für das Glück ist es wichtig, Freundschaften zu pflegen. Zeile ___
☐ 5. Man braucht auch eine gute Wohnung, wenn man glücklich sein möchte. Zeile ___
☐ 6. Genug Schlafen hilft beim Glücklichsein. Zeile ___

3 Zeitangaben machen

c Lesen Sie den Artikel. Wo finden Sie Informationen zu den Aussagen in 5b? Notieren Sie dort die Zeilenangaben.

Was macht glücklich?

Was macht uns glücklich? Diese Frage hat wohl jeder schon einmal diskutiert. Ist es Geld? Die Familie? Das Wetter? Wie kann man am besten auf „Wolke sieben" landen? Google liefert dazu fast 3,5 Millionen Treffer. Besonders im verregneten Norden freuen wir uns über Sonnentage. „Das macht tatsächlich glücklich", sagt die Glücksforscherin Hilke Brockmann von der Bremer Jacobs University. Aber nur, wenn die Sonne nicht immer scheint. Denn, so erklärt sie, „man kann sich auch sehr an die Sonne gewöhnen". Das Glücksgefühl wird dadurch schnell kleiner. Genauso ist es bei Geld. „Ein hohes Einkommen garantiert auf Dauer kein Glücklichsein", erklärt Brockmann. Was aber macht glücklich? Die Wissenschaftler von der Ja- cobs University haben eine Formel aufgestellt: Glück = Haben + Lieben + Sein. Dazu gehört z. B. eine gute Wohnung, das Pflegen von sozialen Beziehungen und Aktivitäten wie soziales Engagement. Auf die Frage, was man noch für das Glück tun kann, antwortet Brockmann: „Sport treiben und ausreichend schlafen. Außerdem hilft auch mal der Blick nach unten und nicht immer nur nach oben."

d Präpositionen mit Dativ. Ergänzen Sie die Sätze.

1. ○ Hast du Elisa wieder mal gesehen?
   ● Ja, Ungefähr _vor einem Monat_. Es geht ihr gut. (vor / ein Monat)

2. ○ Wann hast du Arian kennengelernt?
   ● Das war letztes Jahr _____. (in / der Urlaub)

3. ○ Komm doch wieder mal zu einem gemütlichen Abendessen zu uns.
   ● Ja, gern. Am besten _____. (nach / die Feiertage)

4. ○ Wann treffen wir uns?
   ● Wie wäre es _____? (an / dieses Wochenende)

5. ○ Wie lange wohnst du schon in Bern?
   ● Noch nicht lange. Erst _____. (seit / einige Monate)

6. ○ Wir machen am Freitag eine Radtour. Kommst du mit?
   ● Schade! Ich muss _____ ein Projekt fertig machen. Es geht leider nicht. (bis zu / das Wochenende)

7. ○ Wann besuchst du mich wieder mal?
   ● Bald. _____ habe ich frei. (ab / die nächste Woche)

e Was passt: *während*, *innerhalb* oder *außerhalb*? Ergänzen Sie die Informationen.

1. Praxis Dr. Zengin. Sie rufen _____ (unsere Sprechzeiten) an. Wir sind von 8:30 bis 11:30 Uhr und von 14:00 bis 17:00 Uhr für Sie da.

2. Achtung, eine wichtige Information: Sie müssen Ihren Antrag auf Unterstützung _____ (ein Monat) stellen.

3. Wir haben bis 21. Juli geschlossen. Bitte vereinbaren Sie _____ (diese Zeit) Termine bei unserer Vertretung unter 0851 / 7342841.

3 eine Radiosendung verstehen, gemeinsam etwas planen

f Welche Zeitangabe stimmt? Kreuzen Sie an.

1. Davide und seine Frau lernten sich ☐ vor fünf Jahren ☐ seit fünf Jahren kennen.
2. Sie verliebten sich ☐ ab ihrem Urlaub ☐ während ihres Urlaubs.
3. ☐ In den nächsten Jahren ☐ Nach den nächsten Jahren konnten sie sich nicht oft sehen.
4. Aber ☐ vor zwei Jahren ☐ innerhalb von zwei Jahren zog Davide zu seiner Frau.

6 a Davide Romano lebt jetzt in Leipzig. Wählen Sie.

A Hören Sie das Gespräch aus dem Kursbuch, Aufgabe 6b noch einmal. Was passt zusammen? Ordnen Sie zu.

1. Davide Romano zog vor zwei Jahren von Italien nach Deutschland, _F_
2. Die erste Zeit nach dem Umzug war schwer, ___
3. Er lebte schon ein Jahr bei seiner Frau, ___
4. Für Davide Romano war es sehr wichtig, ___
5. Davide hat viel Kontakt zu seinen Freunden, ___
6. Er fährt zwei bis drei Mal pro Jahr nach Italien, ___
7. Am Anfang fand er vieles interessant, ___
8. Nach einigen Monaten vermisste er seine Heimat und fühlte sich nicht so gut, ___

B Was passt zusammen? Ordnen Sie zu. Kontrollieren Sie dann mit dem Gespräch aus dem Kursbuch, Aufgabe 6b.

A obwohl er sie nur noch selten sehen kann
B weil die erste Begeisterung für das neue Leben vorbei war.
C weil er in einer neuen Stadt lebte und täglich neues erlebte.
D weil er seine Eltern besuchen möchte.
E dass er arbeiten und unabhängig sein konnte.
F weil er sich in eine Frau verliebt hat.
G als er endlich eine feste Stelle fand.
H weil er zu Hause viele Freunde und seine Arbeit hatte. Hier kannte er nur seine Frau

b Sie bekommen Besuch von Freunden, die Sie im Urlaub kennengelernt haben. Sie haben die Aufgabe, zusammen mit Ihrem Gesprächspartner / Ihrer Gesprächspartnerin ein Fest für die Freunde zu planen. Überlegen Sie sich, was Sie machen müssen und wer welche Aufgaben übernimmt. Sie haben sich schon eine Liste gemacht.

> Fest
> • Wann?
> • Wo?
> • Einladungen? Wie viele Personen?
> • Essen/Getränke?
> • Wer bezahlt was?
> • ...

c Welches Wort passt? Ergänzen Sie die Wörter.

die Botschaft | die Grenze | das Konsulat | das Visum | der Zoll

1. Wenn man von einem Staat in einen anderen fährt, überquert man eine ... _ _ _ _ _ _
2. Für manche Länder braucht man nicht nur einen Reisepass, man braucht auch ein ... _ _ _ _ _ _
3. Staaten haben in anderen Ländern, meistens in der Hauptstadt, eine ... _ _ _ _ _ _
4. Wenn man im Ausland den Pass verliert oder ein Problem hat, kann man hier Hilfe bekommen: ... _ _ _ _ _ _
5. Es kann sein, dass man ... bezahlen muss, wenn man Produkte in ein anderes Land bringt. _ _ _ _ _

eine Umfrage über Lieblingsdinge verstehen

3

7 a Aussprache: mehrere Konsonanten hintereinander. Hören Sie und markieren Sie die Wortgrenze. Lesen Sie die Wörter dann laut.

1. die Lebe**nsw**ende
2. die Staa**tsgr**enze
3. der Wor**tsch**atz
4. die Deu**tschl**ehrerin
5. die Ar**ztpr**axis
6. der Si**tzpl**atz

b Lesen Sie die Sätze mehrmals – erst langsam, dann schneller.

1. Kristina Vogel stürzte beim Training und war gelähmt, eine plötzliche Lebenswende.
2. Stefan Hilpert hat ein Studium ausprobiert, aber er wollte doch lieber Hilfsprojekte unterstützen.
3. Der Journalist sitzt während der Arbeitszeit vor dem Bildschirm und schreibt Zeitungsberichte.

Und dann hat sich viel verändert ...

8 Welches Verb passt? Notieren Sie. Manchmal gibt es mehrere Möglichkeiten.

brauchen | bringen | finden | wegfahren

1. beim Aufräumen den Autoschlüssel _____
2. für die Arbeit ein Auto _____
3. am Samstag mit dem Auto _____
4. das Kind zur Musikschule _____

bekommen | einladen | machen | nehmen

5. gern noch einen Kaffee _____
6. jemanden zum Kaffee _____
7. sich schnell einen Kaffee _____
8. einen wirklich guten Kaffee _____

9 Lesen Sie den Text. Sind die Sätze 1–6 richtig oder falsch? Kreuzen Sie an.

Das ist mir wichtig

Stell dir vor, du kannst nur zwei Dinge aus deiner Wohnung mitnehmen. Wofür entscheidest du dich? Wir fragten unsere Leserinnen und Leser, was sie einpacken würden. Hier ein paar Antworten.

„Meine Eltern haben viele Fotos von mir gemacht, als ich klein war. Und zum Geburtstag haben sie mir ein Album mit diesen Fotos geschenkt. Das nehme ich mit, denn diese Fotos habe ich nur einmal. Die waren noch nicht digital. Wenn ich die Fotos sehe, dann bin ich immer überrascht: So habe ich ausgesehen? Das habe ich gemacht? Ohne die Fotos fehlen mir viele Erinnerungen." So begründet der 22-jährige Elias seine Wahl. „Und natürlich auch mein Handy."
Die 19-jährige Vanessa ist schnell entschlossen: „Ich nehme meinen Hund Schnuffel – ein Kuscheltier – mit und die alten Sportschuhe. Diese Sportschuhe haben mein persönliches Design, das habe ich vor ungefähr fünf Jahren im Online-Shop selbst gemacht. Mit diesen Schuhen habe ich auch ein wichtiges Spiel gewonnen. Sie sind jetzt kaputt, aber das macht nichts."
„Die alte Lederjacke muss mit", stellt Mensur (22) schnell klar. „Die hatte schon mein Vater und ich finde sie einfach schön und sie ist so praktisch. Mein Vater ist leider schon gestorben, die Jacke erinnert mich an ihn. Und dann ist da noch eine Box mit Tickets von Konzerten und kleinen Dingen, die ich von meinen Reisen mitgebracht habe. Nur Krimskrams."
Alle diese Gegenstände erzählen glückliche oder auch traurige Geschichten. An ihnen hängen Gefühle und Erinnerungen, deshalb sind sie so wichtig.

	richtig	falsch
1. Elias hat die Fotos seiner Eltern gespeichert.	☐	☐
2. Elias findet es interessant, wie er ausgesehen hat.	☐	☐
3. Vanessa hatte einen Hund, der „Schnuffel" hieß.	☐	☐
4. Vanessa trägt ihre alten Sportschuhe immer noch.	☐	☐
5. Mensurs Vater hat ihm eine Lederjacke gekauft.	☐	☐
6. Mensur sammelt Reisesouvenirs.	☐	☐

siebenunddreißig 37

3 über gutes Benehmen sprechen

Höflich, höflich

10 a Ergänzen Sie die Verben in der richtigen Form.

ansprechen | aufhalten | begrüßen | bleiben | ignorieren | ~~verändern~~ | verhalten | wechseln

1. Die Regeln für gutes Benehmen haben sich __verändert__.
2. Es ist gar nicht so einfach zu wissen, wie man sich im Alltag richtig _____.
3. In manchen Situationen weiß man nicht genau, wen man zuerst _____ soll.
4. Es ist unhöflich, wenn man der Person hinter sich nicht die Tür _____.
5. Man empfiehlt, dass man das Niesen einer anderen Person am besten _____
   Aber die alte Gewohnheit, „Gesundheit!" zu sagen, ist _____.
6. Es ist am besten, erwachsene Personen, die man nicht kennt, mit „Sie" _____
7. Wenn Beziehungen zwischen Personen vertraut werden, _____ man zum Du

b Was kann man in diesen Situationen sagen? Ordnen Sie zu. Manchmal passen mehrere.

_____ 1. ○ Gesundheit!
      ● Danke!
_____ 2. ○ Sie können gern Du zu mir sagen. Ich bin Liz.
      ● Gerne, Liz. Stefan.

_____ 3. ○ Bitte nach Ihnen.
      ● Vielen Dank!
_____ 4. ○ Ich sage einfach mal Hallo in die Runde.
      ● Hallo!

_____ 5. ○ Das ist nett von Ihnen
      ● Gern.
_____ 6. ○ Wir können uns auch duzen.
      ● Ja, gern. Ich bin Stefan

Wortbildung – Komposita I

A Wie heißen die Nomen? Schreiben Sie und kontrollieren Sie mit dem Wörterbuch.

1. der Schlüssel für das Auto = __der Autoschlüssel__
2. die Tür ins Haus = _____
3. der Tag der Geburt = _____
4. die Fahrerin des Autos = _____
5. die Reise in den Urlaub = _____

Man kann zwei oder mehr Nomen zusammensetzen und so neue Wörte bilden. Das letzte Wort bestimmt der Artikel. Die Betonung liegt immer au dem ersten Wortteil.
das Haus + **die** *Tür* = **die** *H*u*asu*tür
die Haustür + **der** *Schlüssel* = **der** *H*u*asu*türschlüssel
Manchmal steht zwischen den Wörtern ein *-(e)s*: *das Glück**s**gefühl, die Bund**es**republik*

B Wie heißen die Nomen? Schreiben Sie und kontrollieren Sie mit dem Wörterbuch.

1. die Ärztin, die im Krankenhaus arbeitet
2. der Schlüssel für die Kellertür
3. das Ziel der Urlaubsreise
4. das Krankenhaus für Kinder
5. die Torte, die man zum Geburtstag bekommt

38 achtunddreißig

Das kann ich nach Kapitel 3

R1 **Hören Sie. Sind die Aussagen richtig oder falsch? Kreuzen Sie an.**

	richtig	falsch
1. Die Schule hat Fabio richtig Spaß gemacht.	☐	☐
2. Nach der Schule wusste er genau, was er machen wollte.	☐	☐
3. Der Nachbar seiner Oma hat ihm die Möglichkeit zu einem Praktikum gegeben.	☐	☐
4. Durch das Praktikum und die Lehre hat sich Fabios Leben geändert.	☐	☐
5. Jetzt möchte er in einer anderen Werkstatt arbeiten.	☐	☐

Ich kann Berichte über Veränderungen im Leben verstehen. KB 2, 3b-d ÜB 1a-b, 2, 3

R2 **Schreiben Sie die Biografie einer bekannten Person oder einer Fantasiefigur im Präteritum.**
- Wo geboren?
- Schule: Wo? Wie lange?
- Ausbildung/Universität?
- Beziehung/Familie?
- Aufenthalte im Ausland?
- Erfolge und Preise?

Ich kann über Vergangenes berichten. KB 4 ÜB 4

R3 **Fragen und antworten Sie abwechselnd.**

A
1. wann / Urlaub haben / du / ?
2. seit / drei Monate
3. wann / essen gehen / wir / ?
4. in / der Urlaub
5. wann / zum Abendessen kommen / ihr / ?
6. vor / die Ferien

B
1. ab / nächste Woche
2. wie lange / hier wohnen / du / ?
3. an / das Wochenende
4. wann / eine Radtour machen / wir / ?
5. nach / die Arbeit
6. wann / das Projekt fertig sein / ?

Ich kann Zeitangaben machen. KB 5c-e ÜB 5d-f

Außerdem kann ich ...

	KB	ÜB
... über Veränderungen berichten.	1, 2c, 6d	1c
... eine Radiosendung verstehen.	2a-b, 6b-c	3a, 6a
... über Glück sprechen und schreiben.	5a-b	5a-c
... gemeinsam etwas planen.		6b
... einen Gegenstand oder ein Ereignis beschreiben.	8, 9	
... eine Umfrage über Lieblingsdinge verstehen.		9
... über gutes Benehmen sprechen.	10	10

3 Lernwortschatz

Veränderungen
die Gewohnheit, -en
gewohnt
raus *(raus aus dem gewohnten Alltag)*
üblich
historisch
die Krise, -n
die Trennung, -en
die Rückkehr (Sg.)
verschwinden, er verschwindet, verschwand, ist verschwunden
verursachen
führen (zu + D.) *(Das führt zu Veränderungen.)*
der Prozess, -e
der Gegensatz, ¨-e *(im Gegensatz zu früher)*
minimal ↔ radikal *(Das Leben hat sich minimal/radikal verändert.)*

über Zeit sprechen
während
mittlerweile
schließlich
seitdem
von … auf *(von einem Tag auf den anderen)*
jahrelang

Arbeitswelt
die Arbeiterin, -nen
der Lehrling, -e
das Personal (Sg.)
die Handarbeit, -en
die Bedingung, -en
die Konkurrenz (Sg.)

Arbeitswelt
die Schulbildung (Sg.)
die Disziplin (Sg.)

tolerant
die Strafe, -n *(eine Strafe bekommen)*

Sportunfall
die Fitness (Sg.) *(auf die Fitness achten)*
die Form, -en *(sich in Form halten)*
der Trend, -s *(Fitness liegt im Trend.)*
der Weltmeister, -
-fach *(eine fünffache Weltmeisterin)*
sich ereignen
stürzen
die Wirbelsäule, -n *(sich an der Wirbelsäule verletzen)*
abwärts *(vom Oberkörper abwärts gelähmt sein)*
auf|geben, er gibt auf, gab auf, hat aufgegeben
der Mut (Sg.) *(jemandem Mut machen)*

sich beruflich engagieren
die Herausforderung, -en
sich ein|setzen (für + A.)
politisch *(politisch engagiert sein)*
die Wahl, -en
kämpfen (für + A.) *(für die Selbstständigkeit kämpfen)*
die Heldin, -nen
ehren

Essgewohnheiten
die Ernährung (Sg.)
sich ernähren *(sich bewusst gesund ernähren)*
die Diät, -en
halten, er hält, hielt, hat gehalten *(Diät halten)*
das Nahrungsmittel, -

Lernwortschatz 3

die Speise, -n
die Frucht, ⸚e
die Karotte, -n
das Vitamin, -e
der Nachtisch, -e
biologisch
frisch
vegetarisch

Reise-Dokumente

der Reisepass, ⸚e
das Visum, Visa
überqueren *(eine Grenze überqueren)*
die Botschaft, -en
das Konsulat, -e
der Zoll, ⸚e

Beziehungen zwischen Menschen

die Beziehung, -en
das Verhältnis, -se
sich verlieben (in + A.)
die Schwiegereltern (Pl.)
das Benehmen (Sg.)
sich verhalten, er verhält, verhielt, hat verhalten
sich begrüßen
sich umarmen
siezen ↔ duzen
unter *(Unter Studierenden duzt man sich.)*
der Kuss, ⸚e
umgekehrt

andere wichtige Wörter und Wendungen

ausschließlich
wesentlich *(Die Situation ist wesentlich besser.)*
anwesend
nachher
das Fach, ⸚er *(Die Tasche hat viele Fächer.)*
das Camping (Sg.)
die Reihe, -n *(der Reihe nach)*
der Lift, -e
die Struktur, -en
zufällig
der Sonnabend, -e
gucken
auf|wachen
erstellen *(eine Liste erstellen)*
veröffentlichen
aus|suchen
auf|halten, er hält auf, hielt auf, hat aufgehalten *(Sie hält mir die Tür auf.)*
operieren
klagen
relativ
beziehungsweise *(bzw.)*
schwach
theoretisch
innerhalb ↔ außerhalb
Weshalb?

Wichtig für mich:

Wie heißen die Ereignisse? Notieren Sie die Nomen mit Artikel.

NTRNGUN _____   SEKIR _____   CKRÜKERH _____

einundvierzig **41**

4 über Berufe sprechen und schreiben

Arbeitswelt

1 a Berufe. Welche Beschreibung passt zu welchem Beruf? Ordnen Sie zu.

A ☐ der Bauer / die Bäuerin

1 Ich arbeite am Gericht und beschäftige mich viel mit Verbrechen. Vor den Gerichtsverhandlungen muss ich immer viele Akten lesen. Ich spreche viel mit den Rechtsanwälten und den Angeklagten. Meistens ist die Situation kompliziert, aber mein Ziel ist es, immer fair und gerecht zu sein, wenn ich mein Urteil spreche. In meinem Beruf muss man eine gute Menschenkenntnis haben.

2 Ich arbeite für einen Fernsehsender, manchmal schreibe ich auch für Zeitungen. Meine Aufgabe ist es, von Ereignissen zu berichten und andere Menschen durch meine Reportagen gut zu informieren.

3 Ich arbeite für die Gesellschaft und bin viel in der Öffentlichkeit. Die Leute haben mich und meine Partei gewählt. Ich diskutiere viel mit anderen Menschen, weil ich will, dass wir die richtigen politischen Entscheidungen treffen.

C ☐ der Handwerker / die Handwerkerin

4 Ich baue Gemüse an und habe siebzehn Kühe. Mein Arbeitstag beginnt morgens um halb fünf. Die Arbeit in der Landwirtschaft ist anstrengend, aber mir gefällt es.

B ☐ der Richter / die Richterin

5 Ich liebe Technik und arbeite in der Industrie. Mein Unternehmen stellt große Geräte und Anlagen her und ich plane und entwickle diese Geräte. Das macht mir viel Spaß und das Einkommen ist auch gut.

E ☐ der Politiker / die Politikerin

6 Wir arbeiten mit unseren Händen. Viele von uns haben eine eigene Werkstatt. Normalerweise machen wir Dinge selbst oder reparieren sie. Es gibt verschiedene Spezialisten, z. B. Schreiner, Maler usw.

D ☐ der Reporter / die Reporterin

F ☐ der Elektroingenieur / die Elektroingenieu...

b Lesen Sie die Beschreibungen in 1a noch einmal und notieren Sie wichtige Wörter. Vergleichen Sie dazu zu zweit: Haben Sie die gleichen Wörter notiert?

2 a Was passt zu welchem Beruf? Verbinden Sie. Manchmal gibt es mehrere Möglichkeiten.

der Kontakt mit Menschen   die Technik   körperlich anstrengend sein   eine Lösung finden

das Trinkgeld   Analysen machen   das Labor   das Studium   schmutzig werde...

Briefträger/in   **Taxifahrer/in**   **Chemiker/in**   **Mechatroniker/in**

früh aufstehen   nachmittags frei haben   sehr exakt arbeiten   Tests durchführen

b Wählen Sie zwei Berufe aus 2a. Beschreiben Sie die Berufe in vier bis fünf Sätzen.

ein Interview verstehen, einen Zeitungsartikel verstehen

4

3 a Meine Arbeit. Hören Sie den Ausschnitt aus einem Interview und notieren Sie.

- Beruf?
- Wo?
- Arbeitszeiten?
- Was macht man?
- Welche Eigenschaften sind wichtig?

b Notieren Sie Antworten auf die Interviewfragen. Wenn Sie noch keinen Beruf haben, dann antworten Sie für Ihren Traumberuf. Machen Sie dann ein Interview mit Ihrem Partner / Ihrer Partnerin.

1. Was sind Sie von Beruf?
2. Warum haben Sie diesen Beruf gewählt?
3. Welche Ausbildung braucht man dafür?
4. Was machen Sie die meiste Zeit?
5. Was gefällt Ihnen (nicht) daran?

Gespräche bei der Arbeit

4 a Lesen Sie den Text aus der Presse und die Aufgaben 1 bis 3 dazu. Wählen Sie bei jeder Aufgabe die richtige Lösung a, b oder c. Für jede Aufgabe gibt es nur eine richtige Lösung.

Ideen für die Arbeitswelt

Besonders junge Menschen wechseln häufig den Arbeitsplatz, aber auch ältere Arbeitnehmer und Arbeitnehmerinnen bleiben heute nicht mehr ihr Leben lang bei einer Firma. Für Unternehmen ist es allerdings teuer, immer neue Mitarbeiter und Mitarbeiterinnen zu suchen, denn das kostet Zeit und damit auch Geld. Deshalb sollten Arbeitgeber mehr dafür tun, dass ihre Angestellten gerne im Unternehmen arbeiten und dort bleiben.

Dabei spielt das Einkommen nicht die größte Rolle. Die meisten Mitarbeiter und Mitarbeiterinnen möchten zum Beispiel eigene Entscheidungen treffen und nicht nur machen, was der Chef oder die Chefin sagt. Und man sollte den Mitarbeitern und Mitarbeiterinnen immer wieder zeigen, dass man mit ihrer Arbeit zufrieden ist. Viele wünschen sich außerdem, dass sie nicht zu festen Zeiten im Büro sein müssen, denn der eine arbeitet am liebsten schon morgens um 7 Uhr und der andere bleibt gerne abends länger im Büro. Besonders für Angestellte mit Familie ist es gut, wenn sie einen oder mehrere Tage pro Woche von zu Hause arbeiten können.

Überhaupt ist Familienfreundlichkeit wichtig. Karla Schmidt, Personalbeauftragte bei der Firma Baumann, meint dazu: „Bei uns ist es kein Problem, wenn jemand seine Kinder mal früher vom Kindergarten abholen muss. Außerdem ist für uns die Gesundheit unserer Angestellten wichtig. Wir haben im Haus keinen Platz für ein Fitness-Studio, aber in der Pause kann man Tischtennis spielen oder mit einem Trainer Gymnastik machen. In der Kantine bieten wir jeden Tag günstige und gesunde Gerichte an. Und Obst ist für alle umsonst."

Die Firma Baumann fragt ihre Mitarbeiter und Mitarbeiterinnen regelmäßig, was sie verbessern kann. Das Unternehmen möchte, dass sich die Angestellten bei der Arbeit wohlfühlen.

1. In diesem Text geht es darum, …
   - a wie Firmen heutzutage neue Mitarbeiter finden.
   - b was Firmen für die Zufriedenheit von Mitarbeitern tun können.
   - c warum Angestellte eine neue Stelle suchen.

2. Angestellte …
   - a finden ein gutes Gehalt am wichtigsten.
   - b möchten klare Regeln vom Chef.
   - c wünschen sich flexible Arbeitszeiten.

3. In der Firma Baumann …
   - a gibt es jetzt auch einen Kindergarten.
   - b können die Mitarbeiter Sport machen.
   - c gibt es ein kostenloses Mittagessen.

Lesen Sie zuerst die Aufgaben. Lesen Sie dann den Text und markieren Sie die passenden Textstellen. Lesen Sie dann noch einmal genau.

4 Gespräche bei der Arbeit verstehen

b Im Büro. Markieren Sie die richtige Konjunktiv II-Form.

1. ○ Mein Computer ist so langsam. Ich wäre/**hätte**/würde wirklich gern einen neuen Computer.
   ● Ich auch. Dann wäre/hätte/**würde** die ganze Arbeit wirklich schneller gehen.

2. ○ Ich gehe jetzt in die Kantine. Kommst du mit?
   ● Ich wäre/hätte/**würde** gern mitkommen, aber ich habe gleich einen wichtigen Termin.

3. ○ Ach, ich **wäre**/hätte/würde jetzt gern im Urlaub.
   ● Ich auch, dann wären/hätten/**würden** wir einfach am Strand liegen und nichts tun.

4. ○ **Wärst**/Hättest/Würdest du kurz Zeit, mir bei der Präsentation zu helfen?
   ● In einer Stunde **wäre**/hätte/würde es besser. Dann könnte ich jetzt noch den Bericht fertig schreiben.
   ○ Okay, danke.

c Was passt wo? Ergänzenسie die Gespräche.

müsstest ✓ | müsste ✓ | können ✓ | könnten ✓ | könntest ✓ | könnte | wärst ✓ | wäre ✓ | würde ✓
würden ✓ | würdet ✓ | hättest ✓ | solltet ✓ | solltest ✓

Jaa yuhu, 100%

1. ○ Feierabend! Was machst du heute Abend? Wir (1) __könnten__ noch ins Kino gehen. Hast du Lust?

   ● Das (2) __wäre__ toll. Aber ich muss noch arbeiten.

   ○ Du (3) __solltest__ wirklich auch bald aufhören. Es ist schon spät.

   ● Ja, eine Stunde mache ich noch, dann gehe ich auch.

2. ○ Puh, ich weiß nicht, wie ich das schaffen soll.

   ● An deiner Stelle (4) __würde__ ich noch mal mit Frau Gessner sprechen. Sie (5) __könnte__ den Termin verschieben, dann (6) __hättest__ du mehr Zeit und (7) __wärst__ nicht so gestresst. Und du (8) __müsstest__ nicht immer Überstunden machen.

   ○ Du hast recht. Ich spreche später mit ihr.

3. ○ Hast du mit Paolo gesprochen? (9) __Würdet__ ihr auch bei der Organisation vom Sommerfest helfen?

   ● Ja, klar, wir (10) __würden__ gerne helfen. Der Chef hat da ja auch Geburtstag. Was (11) __könnten__ wir ihm denn schenken? Hast du eine Idee?

   ○ Nee, keine Ahnung. Man (12) __müsste__ vielleicht mal seinen Assistenten fragen.

4. ○ Ihr (13) __solltet__ jetzt wirklich kommen. Die Besprechung beginnt gleich.

   ● (14) __Könntest__ du Frau Korkmaz bitte sagen, dass wir ein bisschen später kommen?

Irreales ausdrücken

4

5 a Lesen Sie die Sätze und notieren Sie, was der Konjunktiv II ausdrückt.

höfliche Bitte: 1 (polite request)   Wunsch: 3 (wish)   Vorschlag: 4 (suggestion)   irreale Bedingung: 2 (condition)   Ratschlag: 5 (advice)

1. Könnten Sie mir helfen? Mein Drucker funktioniert nicht.
2. Wenn ich jetzt nicht arbeiten müsste, würde ich meinen Freund besuchen.
3. Frau Lennart hätte gern ein größeres Büro.
4. Wir könnten die Präsentation zusammen planen.
5. Du solltest mit deinem Kollegen reden. Er unterstützt dich bestimmt gern.

b Anja ist unzufrieden. Was passt zusammen? Ordnen Sie zu.   *irreale bedingsatze*

1. Wenn Anja mehr allein entscheiden dürfte, **E**
2. Wenn sie im Büro nicht so viel sitzen müsste, **B**
3. Anja könnte eine größere Wohnung mieten, **D**
4. Sie hätte schon längst gekündigt, **A** (quit)
5. Wenn Anja nicht so weit entfernt wohnen würde, **F**
6. Wenn sie nicht so früh aufstehen müsste, **C**

A wenn ihre Kollegen nicht so nett wären.
B würde sie sich fitter fühlen.
C würde sie abends öfters weggehen.
D wenn sie mehr Geld verdienen würde.
E würde ihr der Job mehr Spaß machen.
F könnte sie mit dem Rad zur Arbeit fahren.

c Antworten Sie mit irrealen Bedingungssätzen.

1. ○ Endlich Mittagspause. Kommst du mit in den Park?
   ● *Wenn ich Zeit hätte, würde ich mitkommen.*
   (Zeit haben / mitkommen)

2. ○ Ich würde so gerne Spanisch lernen.
   ● _____
   (entscheiden dürfen / einen Sprachkurs in Spanien machen)

3. ○ Schade, dass die Stimmung im Büro gerade so schlecht ist. (mood)
   ● *Wenn ich nicht (alle) so viel Stress hätten, würden die Stimmung besser sein.*
   (nicht alle so viel Stress haben / die Stimmung besser sein)

4. ○ Warum gehen Sie jetzt nicht nach Hause?
   ● *Wenn der Bericht schon fertig wäre, könnte ich auch jetzt gehen.*
   (der Bericht schon fertig sein / auch jetzt gehen können)

d Was würden die Personen machen? Schreiben Sie zu jedem Bild einen irrealen Bedingungssatz.

Pawel   Maria   Cem   Judith

1. *Wenn Pawel nicht arbeiten müsste, ...*

e Wie ist das in Ihrer Sprache? Schreiben Sie Satz 1 aus 5d in Ihrer Sprache und vergleichen Sie.

fünfundvierzig **45**

4 sich entschuldigen, auf Entschuldigungen reagieren

Wenn etwas schiefgeht …

6 a Berufsleben. Ordnen Sie das passende Thema zu.

Büro | Verpackung | Essen | Haare | Handwerker/in

1. schneiden, färben, die Bürste, der Kamm, föhnen _____
2. der Löffel, der Imbiss, das Besteck, die Gaststätte _____
3. die Schere, das Werkzeug, der Betrieb, der Hammer _____
4. der Monitor, der Kollege, das Gehalt, der Rechner _____
5. der Karton, die Kiste, das Paket, der Umschlag _____

b Arbeiten Sie zu zweit. Wählen Sie abwechselnd ein Wort aus 6a und erklären Sie es oder spielen Sie Pantomime. Ihr Partner / Ihre Partnerin rät.

c (1.27) Sie sind in einem Bus und hören, wie sich ein Mann und eine Frau über die Arbeit unterhalten. Sie hören das Gespräch einmal. Dazu lösen Sie sieben Aufgaben. Wählen Sie: Sind die Aussagen richtig oder falsch? Lesen Sie jetzt die Aufgaben 1 bis 7. Dazu haben Sie 60 Sekunden Zeit.

	richtig	falsch
1. Mario arbeitet seit Kurzem in einer anderen Firma.	☐	☐
2. Mario hatte bei der Präsentation ein technisches Problem.	☐	☐
3. Obwohl es heiß war, war Mario beim Termin warm angezogen.	☐	☐
4. Lydia hat auch schon Namen verwechselt.	☐	☐
5. Ein Kollege hat Mario geholfen.	☐	☐
6. Mario hat sich beim Kunden entschuldigt.	☐	☐
7. Der Kunde hat der Firma den Auftrag gegeben.	☐	☐

d (1.28–29) Lesen Sie die Gespräche und achten Sie auf die markierten Ausdrücke. Streichen Sie den falschen Ausdruck durch. Hören Sie dann zur Kontrolle.

1. ○ Frau Seitz, Sie hatten doch gestern Geburtstag.
   ● Ja, genau. Sie waren gestern leider nicht bei meiner kleinen Feier dabei …
   ○ Entschuldigen Sie bitte. / Entschuldige bitte. Ich hatte am Nachmittag einen dringenden Termin.
   ● Bitte. / Ach, schon gut.
   ○ Ich musste so viel für meinen Termin vorbereiten, da habe ich es einfach vergessen. Das ist mir wirklich peinlich. / Das war Absicht.
   ● Das ist ja schrecklich. / Das kann doch jedem mal passieren. Haben Sie jetzt Zeit für einen Kaffee?
   ○ Sehr gern! Aber ich lade Sie ein.

2. ○ Guten Tag, Herr Mair.
   ● Äh, hallo Herr Brandt. Sie müssen mich verwechseln, mein Name ist Mader.
   ○ Oh, natürlich – Herr Mader! Das ist mir wirklich unangenehm. / Das macht doch nichts.
   ● Verzeihen Sie bitte. / Das ist doch nicht so schlimm. Ich kann mir Namen auch nicht gut merken. Und wir haben uns ja auch noch nicht so oft gesehen.
   ○ Ja, es war wirklich keine Absicht. / das habe ich doch gesagt. Und ich habe später noch einen Termin mit Herrn Mair.
   ● Also, Herr Brandt, dann viel Erfolg bei Ihrem Termin.
   ○ Danke! Und entschuldigen Sie nochmals …

e (1.30–31) Hören Sie noch einmal und sprechen Sie die Rolle von ○.

einen Lebenslauf schreiben **4**

7 a Aussprache: freundlich. Hören Sie und sprechen Sie die Sätze freundlich.

1. Oh, entschuldigen Sie bitte!
2. Das macht doch nichts.
3. Das wollte ich wirklich nicht.
4. Na ja, ist doch nicht so schlimm.

b Hören Sie und sprechen Sie nach. Betonen Sie alles freundlich.

1. A Das macht nichts.   B Aber das macht doch nichts.
2. A Entschuldigung.   B Entschuldigen Sie bitte.
3. A Das ist nicht schlimm.   B Das ist doch nicht so schlimm.
4. A Es tut mir leid.   B Es tut mir wirklich sehr leid.
5. A Das kann jedem passieren.   B Kein Problem, das kann doch jedem mal passieren.

Die richtige Bewerbung

8 a Der Lebenslauf. Lesen Sie den Lebenslauf und ordnen Sie die Begriffe zu.

Ausbildung | Sonstiges | Kenntnisse | Berufserfahrung | Persönliche Daten

Lebenslauf

Name	Christoph Molinar
Geburtstag	01.04.1986
Familienstand	ledig
Adresse	Friedrichring 27, 79098 Freiburg im Breisgau
E-Mail	christoph.molinar@freiburg.de

seit 01/2017	selbstständiger Reiseleiter
	Stadtführungen in Freiburg und Umgebung, Organisation von touristischen Events
2014-2016	Assistent bei 123-Reisen
	Büroorganisation, Organisation von Seminaren, Kundenbetreuung
2009-2014	Reiseleiter in Dublin für 123-Reisen
	Betreuung von Reisegruppen, Führungen auf Englisch und Deutsch

2005-2009	Albert-Ludwigs-Universität Freiburg
	Englisch, Spanisch und Politik
	Abschluss: B. A. (Note 1,3)
2008	Auslandssemester am Trinity College in Dublin
2002-2005	Besuch der Fachoberschule Freiburg
	Abschluss: Abitur (Note 2,3)
1996-2002	Besuch der Realschule Freiburg
	Abschluss: Mittlere Reife (Note 1,7)

Fremdsprachen	Deutsch: Muttersprache
	Englisch: Niveau C2
	Spanisch: Niveau B2
	Japanisch: Niveau A2
IT-Kenntnisse	MS-Office: sehr gut
	Amadeus: gut

Hobbys	Fotografie, Basketball

Freiburg, den 18.1.2021   *Christoph Molinar*

> **!** **Lebenslauf**
> Ordnen Sie Ihre Angaben für jeden Begriff chronologisch. Beginnen Sie mit den aktuellen Angaben.

b Schreiben Sie selbst einen Lebenslauf.

4 auf Personen oder Dinge Bezug nehmen

9 a Verben mit Präpositionen. Ergänzen Sie die passende Präposition.

an | an | auf | für | mit | über | über | um | zu

1. ○ Warum interessieren Sie sich __für__ die Stelle bei uns?
   ● Dafür gibt es verschiedene Gründe. Ich habe mich in meiner alten Firma lange __um__ die Software gekümmert. Dann habe ich __an__ einer Weiterbildung teilgenommen und suche jetzt neue Aufgaben. Und Ihre Firma gehört __zu__ den führenden Anbietern für diese Software-Programme.
   ○ Würden Sie denn auch längere Reisen machen oder wäre das ein Problem?
   ● Das kommt etwas __auf__ die Dauer an, aber im Prinzip reise ich gern.

2. ○ Wie geht es dir in der neuen Firma? Denkst du noch oft __an__ deine alten Kollegen?
   ● Na, manche vermisse ich schon etwas, aber nicht alle. __Über__ manche habe ich mich auch oft geärgert. Aber meine Bürokollegin Lily vermisse ich, __mit__ ihr konnte ich über alles sprechen und wir haben oft __über__ einen Jobwechsel diskutiert.

b Pronomen und Pronominaladverbien. Was stimmt? Kreuzen Sie an.

1. Früher hatte ich sehr nette Kollegen. ☒ An sie ☐ Daran denke ich noch oft.
2. Wir haben viele Projekte erfolgreich erledigt. ☐ Über Sie ☒ Darüber haben wir uns gefreut.
3. Unsere Präsentation war super. Wir haben uns gut ☐ auf sie ☒ darauf vorbereitet.
4. Wir hatten auch schwierige Kunden. ☒ Mit ihnen ☐ Damit haben wir lange diskutiert.
5. Die Kundengespräche laufen immer gut, wenn meine Chefin ☐ an ihnen ☒ daran teilnimmt.
6. Geschäftsreisen finde ich super. Ich möchte auf keinen Fall ☐ auf sie ☒ darauf verzichten.

c Lesen Sie die Mail. Wählen Sie.

A Ergänzen Sie eine Präposition mit Pronomen oder ein Pronominaladverb. Die Wörter unten helfen.

B Ergänzen Sie eine Präposition mit Pronomen oder ein Pronominaladverb.

Liebe Theresa,

ich wollte dir doch noch mal von meinem Bewerbungstraining erzählen. Ich hatte dir ja schon ein bisschen (1) __davon__ erzählt, aber ein paar interessante Sachen gab es noch. Stell dir vor, Marco hat auch (2) __daran__ teilgenommen – so ein Zufall! Erinnerst du dich noch (3) __an ihn__? Er war das letzte Schuljahr bei uns in der Klasse. Wir haben uns lange unterhalten. Er hat sich (4) __für dich__ interessiert und mich gefragt, wie es dir geht. 😊
Im Seminar habe ich wirklich viel gelernt. Zu einer erfolgreichen Bewerbung gehört ja einiges und man muss sich intensiv (5) __darauf__ vorbereiten: die Firma recherchieren, den Lebenslauf schreiben usw. Wir haben lange (6) __darüber__ gesprochen und auch über die eigenen Fähigkeiten und Wünsche. Gestern habe ich die Einladung zu einem Vorstellungsgespräch bekommen! Ich freue mich schon (7) __darauf__!

Also, drück mir die Daumen und bis bald

Lara

an ihn | für dich | daran | darauf | darauf | darüber | davon

48 achtundvierzig

über die Arbeit oder Bewerbungen sprechen

10 a *Worauf? Worüber? Wofür?* Formulieren Sie Antworten auf die Fragen. Verwenden Sie ein Pronominaladverb und einen Satz mit *dass*.

1. Worauf freut ihr euch? (wir / ein Sommerfest in der Firma / morgen / haben)
   Wir freuen uns darauf, dass wir morgen ein Sommerfest in der Firma haben.

2. Worüber habt ihr gesprochen? (das letzte Sommerfest / lustig / sein)
   Wir haben

3. Worum kümmerst du dich? (die Konferenz / ein Erfolg / werden)
   Ich kümmere

4. Wofür hast du dich entschieden? (nächstes Jahr / in Teilzeit / arbeiten)
   Ich habe mich

5. Worauf wartest du dann noch? (die Chefin / einen freien Termin / haben)
   Ich warte noch

b Pronominaladverb mit *zu* + Infinitiv. Wählen Sie den passenden Ausdruck und ergänzen Sie Infinitivsätze.

~~tollen Job finden~~ | nervös werden | professionelle Mitarbeiter finden | gemeinsam ein Bewerbungstraining besuchen | im Bewerbungsgespräch gute Antworten geben

1. Svenja und Tom träumen davon, *einen tollen Job zu finden.*
2. Sie einigen sich darauf, _____
3. Sie bereiten sich darauf vor, _____
4. Die meisten Bewerber fürchten sich davor, _____
5. Jede Firma ist daran interessiert, _____

c Und wie ist das bei Ihnen? Wählen Sie.

A Beantworten Sie die Fragen wie im Beispiel.

1. Worauf freuen Sie sich nach dem Deutschkurs?
2. Worüber haben Sie sich in der letzten Zeit geärgert?
3. Woran erinnern Sie sich gern?
4. Worauf würden Sie lange warten?

1. Ich freue mich darauf, dass …

B Schreiben Sie vier Fragen mit *Wo(r)* + Präposition und einem Verb. Arbeiten Sie dann zu zweit. Tauschen Sie Ihre Fragen und notieren Sie die Antworten.

1. Wofür interessierst du dich besonders?

Jobsuche

11 Rund um die Arbeit. Markieren Sie die sechs Wörter. Notieren Sie die Nomen mit Artikel.

4 am Telefon nach Informationen fragen

12 Was sagt der Anrufer? Formulieren Sie Sätze. Die Redemittel im Kursbuch, Aufgabe 12b helfen.

○ ABC-Büro, Sibylle Schäfer, guten Tag.
○ Ja, wie kann ich Ihnen helfen?
○ Die Stelle ist noch frei. Haben Sie schon mal in diesem Bereich gearbeitet?
○ Das klingt interessant.
○ Im Mai. Aber ich schlage vor, Sie kommen persönlich bei uns vorbei. Passt Ihnen am Montag um 15 Uhr?
○ Unser Büro ist im Goetheweg 26. Schicken Sie uns bitte noch Ihre Unterlagen.
○ abc@aachen.de. Bis Montag, Herr Ammer.
○ Auf Wiederhören!

● (1) (Anton Ammer, Anzeige auf Webseite)
● (2) (Stelle als Assistent)
● (3) (drei Jahre Erfahrung)
● (4) (Arbeitsbeginn?)
● (5) (Ort?)
● (6) (Mail-Adresse?)
● Auf Wiederhören!

1. *Guten Tag, mein Name ist Anton Ammer. Ich rufe wegen der Anzeige auf Ihrer Webseite an.*

Das Vorstellungsgespräch

13 Lesen Sie den Text im Kursbuch, Aufgabe 13b noch einmal und kreuzen Sie an: richtig oder falsch? Korrigieren Sie die falschen Antworten.

	richtig	falsch
1. Die Firma schickt normalerweise Informationen über sich zur Vorbereitung.	☐	☐
2. Man soll bei der Kleiderwahl überlegen, welcher Stil zum Arbeitgeber passt.	☐	☐
3. Während des Gesprächs soll man sich höflich und interessiert verhalten.	☐	☐
4. Man sollte mit einem schlechten Ergebnis rechnen, dann ist man nicht so nervös.	☐	☐
5. Es kann nützlich sein, sich mit anderen auf die Situation vorzubereiten.	☐	☐
6. Es macht keinen guten Eindruck, wenn man etwas aufschreibt.	☐	☐

Wortbildung – Komposita II

A Was für ein Wort ist das Bestimmungswort? Ordnen Sie die Wörter in eine Tabelle.

~~das Vorstellungsgespräch~~ | die Fremdsprache | die Krankheit | das Bewerbungstraining | der Arbeitsplatz | der Parkplatz | die Hochschule | der Computerkurs | die Lernerfahrung | der Schwimmkurs | die Großstadt

Nomen	Verb	Adjektiv
die Vorstellung, ...		

Das Bestimmungswort steht imm vorne. Bestimmungswörter könn Nomen, Verben und Adjektive sei
die Vorstellung + das Gespräch = das **Vorstellungs**gespräch
parken + der Platz = der **Park**plat
hoch + das Haus = das **Hoch**haus

B Wörter mit dem gleichen Bestimmungswort. Ergänzen Sie je drei Nomen. Nutzen Sie die Wortliste oder das Wörterbuch.

1. Bewerbungs-: *-training* _____
2. Arbeits-: _____
3. Groß-: _____
4. Lern-: _____

Die Bedeutung von Komposita ka man meistens aus den einzelnen Wörtern erkennen (z. B. *hoch + das Haus = das Hochhaus*), aber Komposita können auch eine andere Bedeutung haben (z. B. *hc + die Schule = die Hochschule*).

Das kann ich nach Kapitel 4

4

R1 **Was würden Sie machen, wenn …? Schreiben Sie irreale Bedingungssätze.**

1. morgen nicht arbeiten müssen
2. eine Million gewinnen
3. einen Hund bekommen
4. in mein Traumland reisen können

1. Wenn ich morgen nicht arbeiten müsste, würde ich den ganzen Tag im Bett bleiben.

	☺☺	☺	😐	☹	KB	ÜB
Ich kann Irreales ausdrücken.	☐	☐	☐	☐	4c–d, 5	5c–e

R2 **Wie reagiert man auf Entschuldigungen? Korrigieren Sie die Ausdrücke.**

1. Nichts das doch macht.
2. Kann das doch passieren mal.
3. So schlimm das ist nicht.

_____   _____   _____

	☺☺	☺	😐	☹	KB	ÜB
Ich kann mich entschuldigen und auf Entschuldigungen reagieren.	☐	☐	☐	☐	6c–d	6d–e

R3 **Arbeiten Sie zu zweit. Person A interessiert sich für ein Stellenangebot, Person B sucht einen neuen Mitarbeiter / eine neue Mitarbeiterin. Spielen Sie das Telefongespräch.**

A
Sie haben eine Anzeige in der Zeitung „Express" gelesen. Sie haben fünf Jahre als Koch/Köchin gearbeitet und suchen eine neue Stelle. Sie möchten weitere Informationen zu Arbeitszeiten, Stellenbeginn und Lage des Restaurants.

B
Sie sind Küchenchef im Restaurant „Poseidon" und suchen einen neuen Koch / eine neue Köchin. Er/Sie muss abends ab 17 Uhr und am Wochenende ab 11 Uhr vormittags arbeiten. Die Stelle ist frei ab nächsten Montag. Ihr Restaurant liegt neben dem Hauptbahnhof.

	☺☺	☺	😐	☹	KB	ÜB
Ich kann am Telefon nach Informationen fragen und Informationen geben.	☐	☐	☐	☐	12b–d	12

Außerdem kann ich …	☺☺	☺	😐	☹	KB	ÜB
… über Berufe sprechen und schreiben.	☐	☐	☐	☐	1, 3	1, 2, 6a–c
… ein Interview verstehen.	☐	☐	☐	☐	2	3
… Gespräche bei der Arbeit führen und verstehen.	☐	☐	☐	☐	4a–c, 6b, d	4b–c, 5a–b
… einen Zeitungsartikel verstehen.	☐	☐	☐	☐		4a, 13
… über die Arbeit oder Bewerbungen sprechen.	☐	☐	☐	☐	8a, 10	10–11
… einen Lebenslauf schreiben.	☐	☐	☐	☐		8
… auf Personen oder Dinge Bezug nehmen.	☐	☐	☐	☐	9b	9
… Bewerbungstipps verstehen.	☐	☐	☐	☐	8b	
… einen Text strukturieren.	☐	☐	☐	☐		13b–c
… Tipps austauschen.	☐	☐	☐	☐		13d–e

4 Lernwortschatz

Berufe und Positionen
der Briefträger, -
die Chemikerin, -nen
der Elektroingenieur, -e
die Mechatronikerin, -nen
der Profi, -s
der Schreiner, -
die Spezialistin, -nen
der Unternehmer, -

am Gericht
die Rechtsanwältin, -nen
der Richter, -
das Gericht, -e
die Gerichtsverhandlung, -en
das Urteil, -e
das Verbrechen, -
fair
gerecht
die Reporterin, -nen
die Reportage, -n

Branchen
der Bereich, -e
die Branche, -n
die Industrie, -n
die Landwirtschaft (Sg.)

Tätigkeiten
aus|tragen, er trägt aus, trug aus, hat ausgetragen
zu|stellen (*Pakete zustellen*)
ab|schreiben, er schreibt ab, schrieb ab, hat abgeschrieben
her|stellen

Jobsuche
das Inserat, -e
der Interessent, -en

sich eignen (für + A.)
der Stundenlohn, ⸚e
der Teilzeitjob, -s
die Voraussetzung, -en
zukünftig

Bewerbung
die Bewerberin, -nen
die Personalien (Pl.)
der Anhang, ⸚e
die Bewerbungsunterlagen (Pl.)
die Bescheinigung, -en
der Lebenslauf, ⸚e
an|kommen (auf + D.), es kommt an, kam an, ist angekommen
aussagekräftig
sich beziehen (auf + A.), er bezieht, bezog, hat bezogen
enthalten, er enthält, enthielt, hat enthalten
die Fähigkeit, -en
zählen (zu + D.) (*Pünktlichkeit zählt zu den wichtigsten Eigenschaften eines Bewerbers.*)

Vorstellungsgespräch
der Auftritt, -e
die Geduld (Sg.)
der Eindruck, ⸚e (*einen guten Eindruck machen*)
sich erkundigen (nach + D.)
ruhig (*Sagen Sie ruhig, dass Sie nervös sind.*)
überzeugen (von + D.)

im Beruf
der Arbeitnehmer, -
das Einkommen, -
die Anlage, -n

Lernwortschatz

sich beschäftigen (mit + D.) _____

die Entwicklung, -en _____

die Fortbildung, -en _____

die Planung, -en _____

geregelt *(geregelte Arbeitszeiten)* _____

der Rechner, - _____

Eigenschaften

aggressiv _____

befriedigend _____

exakt _____

kommunikativ _____

konservativ _____

locker _____

menschlich _____

offen _____

optimistisch _____

qualifiziert _____

speziell _____

unfreundlich _____

zornig _____

Fehler am Arbeitsplatz

die Absicht, -en *(Das war keine Absicht.)* _____

das Versehen, - *(aus Versehen)* _____

sich irren (in + D.) _____

verwechseln _____

verzeihen, er verzeiht, verzieh, hat verziehen *(Verzeihen Sie bitte.)* _____

schrecklich *(Es tut mir schrecklich leid!)* _____

Werkzeuge und Materialien

der Hammer, - _____

das Metall, -e _____

die Bürste, -n _____

die Schere, -n _____

das Besteck, -e _____

andere wichtige Wörter und Wendungen

absolut _____

der Augenblick, -e *(im Augenblick)* _____

der Faktor, -en _____

gesamt _____

möglichst _____

kürzlich _____

sämtlich _____

jedoch _____

ursprünglich _____

selbstverständlich _____

stellen *(den Wecker stellen)* _____

die Gaststätte, -n _____

der Imbiss, -e _____

die Verbindung, -en _____

das Vergnügen (Sg.) _____

die Partei, -en _____

die Öffentlichkeit (Sg.) _____

vor|ziehen, er zieht vor, zog vor, hat vorgezogen _____

zahlreich _____

der Zweck, -e _____

zweifeln (an + D.) _____

Wichtig für mich:

_____

_____

Haben die Wörter eine positive oder eine negative Bedeutung? Notieren Sie + oder -.

fair ___   kommunikativ ___   offen ___   gerecht ___   zornig ___

optimistisch ___   unfreundlich ___   qualifiziert ___   aggressiv ___   locker ___

5 über Umwelt und Ressourcen sprechen

Umweltfreundlich?

1 a Arbeiten Sie zu zweit. Fragen Sie nach den fehlenden Zahlen und notieren Sie sie.

A

	D	A	CH
Einwohner	83.019.213		8.603.900
Fläche		83.879 km²	
Einwohner pro km²	237		214

B

	D	A	CH
Einwohner		8.902.600	
Fläche	357.121 km²		41.285 km²
Einwohner pro km²			107

Wie viele Einwohner hat Deutschland?

Deutschland hat dreiundachtzig Millionen neunzehntausendzweihundertdreizehn Einwohner.

b Wussten Sie das schon? Kommentieren Sie die Sätze.

Mich hat sehr überrascht, dass … | Ich habe noch nie davon gehört, dass … |
Für mich war ganz neu, dass … | Ich habe nicht gewusst, dass …

1. Pro Kopf essen die Deutschen ungefähr 8,6 kg Schokolade im Jahr.
2. In der Schweiz kommt rund 55 % der Energie von Wasserkraft.
3. In Österreich gibt jeder Mensch im Jahr ca. 3.900 € für die Ernährung aus.
4. 48 % der Deutschen sind der Meinung, dass es wichtig ist, ein Auto zu besitzen.

Ich habe nicht gewusst, dass die Deutschen so viel Schokolade essen.

2 a Mit der Natur leben. Wie heißen die Wörter? Ergänzen Sie.

1. Alles, was um uns herum ist, nennt man … die _____
2. Wenn man aus einem alten Produkt etwas Neues macht, heißt das … das _____
3. Das bleibt übrig und man wirft es weg: der _____
4. So heißen die Dinge, die man isst: die _____
5. Material, das man zum Einpacken verwendet, nennt man … die _____
6. Wenn man wenig Energie verbraucht, dann kann man Energie … _____

b Was passt nicht in die Reihe? Streichen Sie durch. Nutzen Sie das Wörterbuch.

1. die Klimaerwärmung — beobachten – schützen – aufhalten
2. Ressourcen wie z. B. Wasser — sparen – verschwenden – halten
3. die Erde — kaufen – zerstören – schützen
4. Fortschritte — machen – erkennen – holen
5. ökologische Landwirtschaft — ernten – unterstützen – fördern
6. die Umweltverschmutzung — stoppen – aufbauen – reduzieren
7. Maßnahmen für den Umweltschutz — nehmen – ergreifen – durchsetzen
8. schädliche Abgase — messen – verringern – haben
9. Ursachen für den Klimawandel — erforschen – bekämpfen – tun
10. die Ernte — sparen – vernichten – zerstören

c Wählen Sie vier Begriffe aus 2b und schreiben Sie je einen Satz.

5 Informationen über den ökologischen Fußabdruck verstehen

3 a Lesen Sie den Text über den „ökologischen Fußabdruck". Beschriften Sie dann die Abbildung.

Der ökologische Fußabdruck
Der ökologische Fußabdruck zeigt, wie viele Ressourcen man verbraucht. So kann man sehen, wie umweltfreundlich jemand lebt.

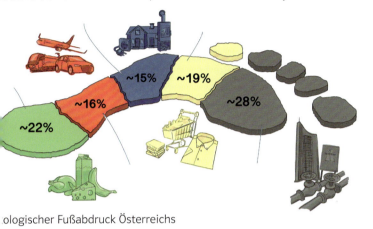

Ökologischer Fußabdruck Österreichs

Die fünf Bereiche des Fußabdrucks
Wohnen: Wie wohnen wir (Haus, Wohnung …)? Mit wie vielen Personen? Wie heizen wir? …
Ernährung: Was essen und trinken wir? Sind die Lebensmittel Bio-Produkte oder nicht? Wie oft konsumieren wir Fleisch, Fisch und Milchprodukte?
Mobilität: Welche Verkehrsmittel nutzen wir? Nutzen wir das Auto, das Flugzeug, Bus und Bahn oder gehen wir zu Fuß oder fahren mit dem Fahrrad?
Konsum: Welche Produkte kaufen wir (z. B. Kleidung, Fernseher, Computer, Möbel)? Welche Dienstleistungen (Friseur, Restaurant, Werkstatt …) nutzen wir?
Gesellschaftlicher Overhead: Verbrauch, den man nicht eindeutig einer Person zuordnen kann, z. B. der Bau von Schulen, Krankenhäusern und Straßen oder der Energieverbrauch von Polizei und Feuerwehr.

b Lesen Sie den Text noch einmal. Welche Aussagen sind richtig? Kreuzen Sie an.

☐ 1. Der ökologische Fußabdruck zeigt nur, wie viel jemand im Jahr einkauft.
☐ 2. Mit dem ökologischen Fußabdruck kann man umweltfreundliches Verhalten erkennen.
☐ 3. Wie wir zur Arbeit fahren, ist für den ökologischen Fußabdruck auch wichtig.
☐ 4. Der ökologische Fußabdruck informiert darüber, wo man Produkte einkaufen soll.

Das Öko-Duell

4 a Komparativ und Superlativ. Lesen Sie den Text und markieren Sie die Formen der Adjektive (Grundform, Komparativ, Superlativ) in drei verschiedenen Farben.

> *Sind Geräte von früher besser?*
> Haben Sie auch schon öfter gedacht, dass moderne Geräte nicht so lang funktionieren wie ältere Geräte? Möglicherweise haben Sie mit dieser Vermutung recht: Eine aktuelle Studie hat gezeigt, dass einige Firmen bei der Produktion von Haushaltsgeräten schlechtes Material
> 5 einsetzen, das nur für relativ kurze Zeit hält. Das ist für viele Elektrohändler gut, am meisten aber profitieren davon die Firmen: Erstens ist die Produktion billiger und zweitens muss der Kunde schneller ein neues Gerät kaufen. Und für wen ist es am ärgerlichsten? Für uns Kunden!

b Ordnen Sie die Adjektive aus 4a in eine Tabelle und ergänzen Sie auch die anderen Formen.

Grundform	Komparativ	Superlativ
gut	besser	am besten

Wortstellung in Vergleichssätzen mit *als* oder *wie*
Oft steht der Vergleich mit *als* oder *wie* hinter dem Verb am Ende des Satzes.
Ich **habe** mehr **eingekauft** als du.
Viele denken, dass moderne Geräte nicht so lang **funktionieren** wie ältere (Geräte).

c Schreiben Sie je vier Vergleiche mit *(genau)so … wie* und mit Komparativ + *als*.

Ich finde E-Books genauso gut wie Bücher.

5 Kommentare verstehen und einen Kommentar schreiben

d Lesen Sie die Texte. Wählen Sie: Ist die Person für die Verwendung von E-Books in der Schule?

In einer Zeitschrift lesen Sie Kommentare zu einem Artikel über die Verwendung von E-Books an Stelle von gedruckten Schulbüchern.

1. Lucas: ☐ Ja ☐ Nein
2. Maria: ☐ Ja ☐ Nein
3. Navid: ☐ Ja ☐ Nein
4. Julian: ☐ Ja ☐ Nein
5. Susan: ☐ Ja ☐ Nein
6. Anita: ☐ Ja ☐ Nein

Leserbriefe

1. Ich lese viele Bücher und kenne mich gut mit Technik aus. Deshalb kann ich mir auch gut vorstellen, dass man den Unterrichtsstoff mit dem E-Book genauso gut lernen und lehren kann. Ein Problem ist vielleicht immer noch, dass es noch nicht alle Bücher in digitaler Form gibt. Sonst spricht aus meiner Sicht nichts dagegen. *Lucas, 17, Bremen*	4. Ich bin ein Technik-Fan, aber muss es überall nur noch Technik geben? Ich finde, mit E-Books in der Schule gibt man den Kindern das falsche Signal. E-Books haben sicher auch Vorteile, aber das klassische Schulbuch reicht für den Unterricht vollkommen aus. *Julian, 43, Ibbenbüren*
2. Der hohe Papierverbrauch in Schulen, Büros und im Alltag nervt mich schon lange. Dafür braucht man viel Holz und wir verbrauchen wichtige Ressourcen. Ein E-Book verbraucht natürlich auch Strom, aber wenn man es mit Ökostrom lädt, dann scheint es mir eine sinnvolle Alternative. *Maria, 27, Saarbrücken*	5. Viele denken, dass E-Books umweltfreundlicher sind, weil man nicht so viel Papier verbraucht. Aber bei der Produktion und Nutzung verbrauchen sie viel Strom. Schulbücher verwenden bei uns viele Schüler nacheinander, also spricht die Öko-Bilanz doch für den Klassiker. *Susan, 32, Winterthur*
3. Für mich ist die Finanzierung die wichtigste Frage. Ich glaube nämlich nicht, dass sich Schulen E-Books für alle leisten können. Das müssten dann wohl die Eltern bezahlen. Wenn die Schüler mit einem E-Book wirklich motivierter lernen, dann sollte man sich das überlegen. Aber so lange das mit den Kosten nicht klar ist, bleibt wohl alles, wie es ist. *Navid, 35, Klagenfurt*	6. Ich habe zwei Schulkinder, die jeden Morgen mit SEHR schweren Rucksäcken in die Schule gehen. Das kann nicht gesund sein und das ist für mich das wichtigste Argument für E-Books. Allerdings sehe ich, wie viele Kinder mit ihren Sachen umgehen … Da habe ich Angst, dass die Geräte schnell kaputtgehen. Aber der Umgang mit den Geräten ist ja auch etwas, das die Kinder dann lernen müssen. *Anita, 39, Vaduz*

e Schreiben Sie einen eigenen Kommentar zu dem Thema in 4d.

5 Grundform, Komparativ und Superlativ. Ergänzen Sie die Adjektive.

beste | kälter | energiesparende | normale | notwendig | teurer | ~~umweltbewusst~~ | warm | weniger | sportlicher

Für Marina und Dominik Wenke ist es wichtig, (1) __umweltbewusst__ zu leben. Gemeinsam haben sie vor zwei Jahren überlegt, was für sie und ihre drei Kinder der (2) __beste__ Weg ist, die Umwelt zu schützen. Sie verbrauchen jetzt (3) __weniger__ Strom als eine (4) __normale__ Familie. Zum Beispiel kaufen sie (5) __energiesparende__ Geräte, auch wenn diese (6) __teurer__ sind als andere. Natürlich haben sie auch ein Auto, aber sie fahren nur, wenn es wirklich (7) __notwendig__ ist. Das meiste erledigen sie mit dem Fahrrad, deswegen sind sie jetzt auch (8) __sportlicher__ als noch vor zwei Jahren. Und im Winter ist es zu Hause in den Zimmern von Familie Wenke (9) __kälter__ als in anderen Wohnungen, denn sie ziehen sich (10) __warm__ an.

etwas näher beschreiben, ein Gespräch über das Stromsparen verstehen

6

a Beim Einkaufen. Welche Form ist richtig? Kreuzen Sie an.

1. Beim Einkaufen sollte man nicht nur die ☐ billigste ☐ billigsten Produkte kaufen.
2. Leider kann auch das ☐ teuerste ☐ teuersten Gerät umweltschädlich sein.
3. Mein ☐ beste ☐ bester Freund kauft Gemüse auf dem Markt.
4. Dort gibt es das ☐ frischeste ☐ frischesten Gemüse.
5. Für manche ist das Bestellen im Internet die ☐ praktischste ☐ praktischsten Lösung.
6. Das ist die ☐ bequemste ☐ bequemsten Art einzukaufen, aber nicht sehr umweltfreundlich.

> Der Superlativ vor Nomen steht nie mit dem unbestimmten Artikel. Meist steht er mit dem bestimmten Artikel oder dem Possessivartikel:
> *die beste* Wahl
> *unser* umweltfreundlich*stes* Gerät

b Komparativ vor Nomen mit unbestimmtem Artikel. Ergänzen Sie die Endungen.

1. Es gibt schon wieder ein besser____ Gerät.
2. Kaufen Sie einen umweltfreundlicher____ Geschirrspüler!
3. Testen Sie ein moderner____ Auto!
4. Eine sparsamer____ Waschmaschine finden Sie nicht!
5. Älter____ Modelle verbrauchen zu viel Strom.

c Unsere Geräte. Schreiben Sie sieben Sätze. Verwenden Sie die Adjektive im Komparativ oder Superlativ.

Meine Eltern	kaufen	der	groß	Waschmaschine
Wir	sehen	das	modern	Auto
Meine Kollegin	sich wünschen	die	sparsam	Motorrad
Ich	träumen von	ein/e	teuer	Computer
Das	sein	kein/e	gut	Geräte
Viele Leute	haben	–	alt	Geschirrspüler
Ein Freund von mir	brauchen		neu	Tablet

d Hören Sie das Gespräch in einer WG über die hohe Stromrechnung. Wer macht welche Vorschläge? Kreuzen Sie an.

	Miriam	Fabian	Claudia
1. Licht und Laptop ausschalten	☐	☐	☐
2. Radio nicht über das Tablet hören	☐	☐	☐
3. Geräte nicht auf Stand-by lassen	☐	☐	☐
4. einen neueren Kühlschrank kaufen	☐	☐	☐
5. in der Bibliothek lernen	☐	☐	☐
6. nur eine Lampe benutzen	☐	☐	☐

7

a Aussprache: lange Sätze sprechen. Hören Sie und sprechen Sie nach.

1. A Ich lese Bücher.
   B Ich lese immer noch am liebsten Bücher, die ich in der Buchhandlung gekauft habe.
2. A Wir haben einen Professor kennengelernt.
   B Wir haben gestern einen sehr interessanten Professor von der Uni Hamburg kennengelernt.
3. A Ich brauche ein Fahrrad.
   B Ich brauche endlich ein Fahrrad, weil ich nicht mehr mit dem Auto zum Einkaufen fahren will.

b Schreiben Sie drei Sätze über sich selbst mit mindestens acht Wörtern. Lesen Sie die Sätze laut vor. Achten Sie auf die Betonung.

Ich möchte gern nach Deutschland fahren, weil ich Freunde in Berlin besuchen will.

5 Für die Umwelt

einen Text über umweltfreundliche Geschäftsideen verstehen, Ansagen im Radio verstehen

8 a Ergänzen Sie den Text über umweltfreundliche Produkte und Geschäfte.

Becher | bestellen | Geschäftsideen | gründen | günstiger | haltbar | Müllberge | nachhaltige | recycelbarem | Verschwendung | Vorteil

Oft sind es junge Menschen, die umweltfreundliche Unternehmen (1) _____. Sie wollen mit ihren (2) _____ der Umwelt helfen. Wir haben uns in einem Berliner Viertel umgeschaut und mehrere Beispiele für (3) _____ Läden gefunden.

Da ist das Geschäft, das gegen die (4) _____ von Lebensmitteln kämpft. Hier kann man Produkte kaufen, die seit Kurzem nicht mehr (5) _____ sind oder nicht so schön aussehen. Und das hat noch einen (6) _____: Die Waren sind (7) _____ als im normalen Supermarkt. Gleich daneben ist eine Bäckerei. Dort holen wir uns einen Kaffee. Sofort fällt der (8) _____ auf: Er ist aus (9) _____ Kunststoff und wir leihen ihn aus – für einen Euro Pfand. Das gefällt uns sehr gut, denn das hilft gegen die (10) _____. Da (11) _____ wir gleich noch einen Kaffee zum Mitnehmen.

b Sie hören fünf Ansagen aus dem Radio. Zu jeder Ansage gibt es eine Aufgabe. Welche Lösung (a, b oder c) passt am besten?

1.36–40

P DTZ

1. Wo räumen die Helfer/innen auf?
   a Im Rathaus.
   b Im Park.
   c In der U-Bahn.

2. Wie kann man beim Gewinnspiel mitmachen?
   a Man ruft im Geschäft an.
   b Man ruft beim Sender an.
   c Man schreibt eine Mail.

3. Die Menschen sollen …
   a Fenster und Türen schließen.
   b nicht rausgehen.
   c ihre Autos parken.

4. Was hören Sie?
   a Die Wettervorhersage.
   b Tipps fürs Wochenende.
   c Informationen über Umwelt und Verkehr.

5. Wie kommt man am besten zur Umweltmesse?
   a Über die A95.
   b Über die A94.
   c Mit der U-Bahn oder dem Bus.

9 a Bilden Sie Sätze mit *um … zu*.

Ich reduziere den Müll. | Ich gebe weniger Geld aus. | Ich vergesse nichts. | ~~Ich kaufe ein.~~

1. Ich fahre zum Supermarkt, *um einzukaufen.*
2. Ich habe einen Einkaufszettel dabei, *um nichts zu vergessen.*
3. Ich vergleiche die Angebote, *um weniger Geld auszugeben.*
4. Ich kaufe Obst ohne Verpackung, *um Müll zu reduzieren.*

Ziele ausdrücken

b Lesen Sie die Sätze mit *damit* und kreuzen Sie an, wo ein Satz mit *um ... zu* möglich ist. Schreiben Sie dann diese Sätze mit *um ... zu*.

☐ 1. Wir kaufen viel Bio-Obst und Gemüse, damit unsere Kinder gesund bleiben.
☐ 2. Viele Start-ups machen Werbung, damit sie neue Kunden bekommen.
☐ 3. Lea erklärt ihren Freunden die Geschäftsidee, damit sie das Konzept besser verstehen.
☐ 4. Wir fahren oft mit dem Zug in Urlaub, damit es der Umwelt besser geht.
☐ 5. Ich nehme zum Einkaufen eine Tasche mit, damit ich weniger Plastikmüll produziere.

c Schreiben Sie die Sätze mit *damit* oder *um ... zu*. Verwenden Sie *um ... zu*, wenn es möglich ist.

1. Karim kommt pünktlich zum Markt. Seine Freundin muss nicht warten.
2. Beide haben Taschen und Beutel dabei. Sie vermeiden Plastiktüten.
3. Ines hat ein Solarpanel gekauft. Sie nutzt die Sonnenenergie.
4. Lena schaltet den Fernseher ganz aus. Sie spart Strom.
5. Marc kauft eine Kaffeemaschine. Er holt sich keinen Kaffee mehr beim Bäcker.

1. Karim kommt pünktlich zum Markt, damit ...

d Vergleichen Sie die Sätze 1 und 2 aus 9c mit Ihrer Sprache. Was ist gleich, was ist anders?

e Wozu machen die Personen das? Beschreiben Sie die Bilder.

1. Die Frau _____

2. _____

3. _____

4. _____

5
über Ideen zum Umweltschutz diskutieren, eine Diskussion verstehen

f Ergänzen Sie die Sätze.

1. Ich fahre nach _____, um _____
2. Ich habe meinen Freund angerufen, damit _____
3. Meine Familie trifft sich manchmal, damit _____
4. Ich lerne Deutsch, um _____

10 a Ordnen Sie die Redemittel zur Meinungsäußerung und markieren Sie Ihre Meinung im Nebensatz.

1. Standpunkt / stehe / dem / ich / auf / ,
   Ich stehe auf dem Standpunkt, dass _____ Benzin billiger/**teurer** werden soll.

2. davon / ich / überzeugt / bin / ,
   _____, dass man weniger/mehr Verpackung verwenden sollte.

3. bin / Meinung / ich / der / ,
   _____, dass U-Bahn und Bus billiger/teurer sein müssten.

4. Meinung / nach / meiner
   _____ sollte man Kleidung nicht nur/immer neu kaufen.

b Tauschen Sie 10a mit einem Partner / einer Partnerin. Stimmen Sie zu oder sind Sie anderer Meinung? Warum? Verwenden Sie die Redemittel.

Ich bin auch der Meinung, dass … | Dieser Ansicht bin ich auch: … | Da hast du völlig recht. Ich finde auch, dass … | Das sehe ich auch so, denn … | In diesem Punkt hast du nicht recht, … | Da muss ich dir leider widersprechen. Ich finde, dass … | Das stimmt meiner Meinung nach nicht, denn … | Ich sehe das etwas anders: …

1. _Dieser Ansicht bin ich auch: Benzin muss teurer werden, damit weniger Leute Auto fahren._

🔊 1.41

c Hören Sie die Diskussion. Wählen Sie.

A Welche Aussagen sind richtig? Kreuzen Sie an.

☐ 1. Ella, Ramona und Pascal machen bei der Aktion mit.
☐ 2. Bei der Aktion pflanzen Studierende Blumen auf dem Unicampus.
☐ 3. Ramona findet Umweltaktionen nicht gut.
☐ 4. Der Hausmeister will keine Blumen auf dem Unicampus.
☐ 5. Nicht alle Blumen sind gleich wichtig für Insekten.
☐ 6. Ramona hat eine Idee für eine andere Umweltaktion.
☐ 7. Ramonas Eltern helfen auch bei der Aktion.

B Ergänzen Sie die Aussagen.

1. Und du, Ramona, machst …?
2. Ich finde die Idee auch gut, aber ich glaube nicht, dass …
3. Ich bin der Meinung, dass das für die Insekten …
4. Da hast du völlig recht, dass das …
5. Da muss man schon sehen, dass es die richtige Blumen sind. Das ist doch die Idee …
6. Naja, also ich weiß nicht, wollen wir nicht lieber mal …?

Das Wetter in D-A-CH

11 a Was für ein Wetter! Wählen Sie.

A Ordnen Sie die Wörter und Ausdrücke unten den Bildern zu.

B Notieren Sie zu jedem Bild mindestens vier Wörter und Ausdrücke.

 1

 2

 3

die Sonne scheint | eisig | es blitzt | es regnet | es schneit | das Gewitter | heiß | kalt | feucht | regnerisch | der Schnee | sonnig | trocken | windig | wolkig

b Sie haben von einer Freundin aus Österreich folgende E-Mail erhalten. Antworten Sie auf die E-Mail. Schreiben Sie etwas zu allen vier Punkten unten. Überlegen Sie sich vor dem Schreiben eine passende Reihenfolge der Punkte, einen passenden Betreff, eine passende Anrede, Einleitung und einen passenden Schluss.

> Liebe(r) …,
> endlich melde ich mich bei dir. Ich hatte Urlaub und habe meine Mails zwei Wochen lang nicht gelesen. Mir war gar nicht langweilig, obwohl ich nicht weggefahren bin. Das Wetter war so schön, dass ich viel im See schwimmen war und Bergtouren gemacht habe.
> Im Herbst habe ich wieder Urlaub, da möchte ich dich gerne besuchen. Was sagst du dazu? Wie ist denn im Herbst das Wetter bei euch? Ich war ja noch nie bei dir und ich bin sehr gespannt. Was könnten wir unternehmen? Hast du ein paar Ideen?
> Liebe Grüße und ich freue mich auf deine Antwort
> Eva

- Wie ist das Wetter in Ihrer Region?
- Welche Kleidung soll Eva mitbringen?
- Welche Ausflüge können sie mit Eva machen?
- Wie kann sie sich am besten auf die Reise vorbereiten?

12 Spielen Sie zu zweit. Wie ist das Wetter in …? Fragen und antworten Sie abwechselnd.

A

Ort	Temperatur	Niederschlag	Wind
Rom		⛈	
London	13 °C		💨
Reykjavik			--
Berlin	17 °C	🌦	

B

Ort	Temperatur	Niederschlag	Wind
Rom	27 °C	--	
London		☁	
Reykjavik	5 °C	❄	
Berlin			💨

Regnet es in Reykjavik? — *Nein, es schneit.*

5 Kommentare verstehen und schreiben

Engagement für Mensch und Natur

13 a Lesen Sie die Texte. Zu welcher Aktion passen sie? Ordnen Sie zu. Eine Aktion passt nicht.

___ Mitfahrservice | ___ Insekten schützen | ___ Vogelhäuser aufstellen |

___ Müllsammler auf zwei Rädern | ___ Naturwanderung für Kinder

1 Wir nehmen schon seit mehreren Jahren an dieser Aktion teil. Immer im Frühjahr sind wir an zwei Wochenenden mit dem Fahrrad dabei. Es geht über insgesamt 70 Kilometer am Fluss entlang und man glaubt nicht, was wir da alles finden. Wir brauchen große Taschen, um den Abfall wegzufahren. Ich freue mich immer auf die Aktion, denn wir sind den ganzen Tag in der freien Natur und tun etwas Sinnvolles.

2 Ich bin auch ein Tierfreund, aber irgendwo hat die Tierliebe auch ihre Grenzen! Meine Nachbarn haben jetzt direkt neben meinem Garten vier verschiedene kleine Häuschen aufgestellt. Sie nennen sie Insektenhotels. Ich mag diese kleinen Tiere aber nicht und ich habe keine Lust, dass ich immer aufpassen muss, weil Bienen und Wespen auf meinem Kuchen sind!

3 Es ist total wichtig, dass Kinder viel draußen sind und die Natur nicht nur im Fernsehen sehen. Am besten sollten die Eltern regelmäßig mit ihren Kindern rausgehen und sie die Natur entdecken lassen. Wenn sie keine Zeit haben, dann können sie ihre Kinder auch mit den Profis mitschicken – und sich danach von den „kleinen Profis" alles erklären lassen.

4 Prinzipiell ist das ja eine gute Idee, aber ich hätte etwas dagegen, wenn meine Kinder mit fremden Leuten mitfahren. Wer kann schon garantieren, dass nichts passiert? Also, wenn kein Bus mehr fährt oder sie den Bus verpasst haben, dann rufen sie mich an und ich bringe oder hole sie schnell mit dem Auto. Sicherheit ist für mich wichtiger als Umweltschutz.

b Wählen Sie eine Aktion aus 13a und schreiben Sie einen eigenen Kommentar zu diesem Thema.

Wortbildung – Nomen mit -ung

A Von welchen Verben stammen diese Nomen ab? Notieren Sie.

1. Verschwendung _____
2. Meinung _____
3. Rettung _____
4. Benutzung _____
5. Bedeutung _____
6. Handlung _____

> **W**
> Aus vielen Verben kann man mit der Endung *-ung* Nomen bilden. Der Artikel ist immer *die*:
> bedeuten – **die** Bedeut**ung**
> Bei Verben auf *-eln* entfällt *-e-*:
> samm**eln** – **die** Samm**lung**

B Wie heißen die Nomen? Ergänzen Sie im Text. Achten Sie auf Singular und Plural.

verändern | wandern | erfahren | verschmutzen | lösen

Ron macht bei einer zweitägigen (1) _____ durch ein Naturschutzgebiet mit. Auf der Tour lernt er viel über die (2) _____ in der Natur: Viele Tiere und Pflanzen gibt es nicht mehr und die (3) _____ der Umwelt ist schuld daran. Nach der Tour suchen die Teilnehmer gemeinsam nach (4) _____ für die Natur und entwickeln verschiedene Ideen. Für Ron war die Tour eine sehr interessante (5) _____.

Das kann ich nach Kapitel 5

R1 Soll man Autos in der Innenstadt verbieten? Hören Sie vier Aussagen und kreuzen Sie an. Sagen Sie dann selbst Ihre Meinung. Sie können sich auch mit dem Handy aufnehmen.

Person 1 ist ☐ für ☐ gegen das Verbot.   Person 3 ist ☐ für ☐ gegen das Verbot.
Person 2 ist ☐ für ☐ gegen das Verbot.   Person 4 ist ☐ für ☐ gegen das Verbot.

	☺☺ ☺ 😐 ☹	KB	ÜB
Ich kann Gespräche und Diskussionen über Umweltschutz verstehen und daran teilnehmen.	☐ ☐ ☐ ☐	2a, 10	6d, 10

R2 Was ist aus ökologischer Sicht besser und warum? Schreiben Sie je einen Satz.

1. duschen – baden
2. Buch – E-Book
3. Plastikflasche – Glasflasche
4. Geschirrspülmaschine – von Hand spülen

	☺☺ ☺ 😐 ☹	KB	ÜB
Ich kann etwas vergleichen und begründen.	☐ ☐ ☐ ☐	4a, c, 5a, 6	4c, 5

R3 Lesen Sie den Text über eine Umweltaktion und markieren Sie Informationen zum Ziel der Aktion. Wie finden Sie diese Aktion? Schreiben Sie zwei bis drei Sätze.

> **Bäume pflanzen – Machen Sie mit!**
> Unser Ziel: Wir machen die Stadt umweltfreundlich. Wie geht das? Zum Beispiel mit viel Grün. Also pflanzen wir gemeinsam am kommenden Wochenende 30 Bäume in unserer Stadt. Machen Sie mit, wir brauchen starke Arme und motivierte Hobbygärtner*innen.
> Treffpunkt: Samstag 8:30 Uhr am Marktplatz

	☺☺ ☺ 😐 ☹	KB	ÜB
Ich kann eine Umweltaktion vorstellen und kommentieren.	☐ ☐ ☐ ☐	13	13b

Außerdem kann ich ...

	☺☺ ☺ 😐 ☹	KB	ÜB
... über Umwelt und Ressourcen sprechen.	☐ ☐ ☐ ☐		1b, 2
... Informationen über den ökologischen Fußabdruck verstehen und darüber sprechen.	☐ ☐ ☐ ☐	3	3
... Kommentare verstehen und schreiben.	☐ ☐ ☐ ☐		4d–e, 13
... etwas näher beschreiben.	☐ ☐ ☐ ☐		6c
... Texte über Start-ups und umweltfreundliche Geschäftsideen verstehen.	☐ ☐ ☐ ☐	8a–b	8a
... Ansagen im Radio verstehen.	☐ ☐ ☐ ☐		8b
... über Ideen sprechen.	☐ ☐ ☐ ☐	8c	
... Ziele ausdrücken.	☐ ☐ ☐ ☐	9	9
... Wettervorhersagen verstehen und über das Wetter sprechen.	☐ ☐ ☐ ☐	11, 12	11a, 12
... eine Mail beantworten.	☐ ☐ ☐ ☐		11b

5 Lernwortschatz

Land und Leute

die Gegend, -en *(eine ländliche Gegend)*

der Vorort, -e

die Region, -en

regional

europäisch

die Herkunft, ⸚e

die Bevölkerung, -en

der Bürger, -

die Bürgerin, -nen

Umwelt

die Erde (Sg.)

das Trinkwasser (Sg.)

ökologisch / Öko-

bio / Bio- *(Bio-Produkte)*

die Ernte, -n

das Rind, -er

das Huhn, ⸚er

Umweltprobleme

die Umweltverschmutzung (Sg.)

verschmutzen

die Schwierigkeit, -en

das Klima (Sg.)

der Klimawandel (Sg.)

entstehen, er entsteht, entstand, ist entstanden

der Abfall, ⸚e

der Mülleimer, -

der Kunststoff, -e

landen *(im Müll landen)*

die Tonne, -n *(2 Millionen Tonnen Lebensmittel)*

das Abgas, -e

schaden

schädlich

die Ursache, -n

der Stromverbrauch (Sg.)

verschwenden

liegen (bei + D.), er liegt, lag, hat gelegen *(Der Bio-Anteil liegt bei 15 %.)*

zerstören

Umweltschutz

der Umweltschutz (Sg.)

die Alternative, -n

das Pfand (Sg.)

verlangen *(Pfand verlangen)*

die Maßnahme, -n

messen, er misst, maß, hat gemessen

berechnen

der Rekord, -e

das Resultat, -e

Engagement für die Umwelt

die Aktion, -en

dagegen *(Ich bin dagegen.)*

sich engagieren (für/gegen + A.)

sich an|schließen, er schließt an, schloss an, hat angeschlossen *(sich einer Gruppe anschließen)*

unterstützen

sich beteiligen (an + D.)

retten

schützen (vor + D.)

auf|halten, er hält auf, hielt auf, hat aufgehalten

stoppen

auf|heben, er hebt auf, hob auf, hat aufgehoben

auf|klären

vermeiden, er vermeidet, vermied, hat vermieden

beobachten

pflanzen

Lernwortschatz 5

Geschäftsideen

auf eine Idee kommen
der Fortschritt, -e
die Marke, -n
der Bedarf (Sg.)
liefern
fördern
verbrauchen *(Energie verbrauchen)*
verleihen, er verleiht, verlieh, hat verliehen
verteilen
haltbar *(Frische Milch ist nicht lange haltbar.)*

Wetter

der Blitz, -e
blitzen
der Donner, -
donnern
hageln
der Sturm, ¨-e
mild
extrem
neblig
feucht
die Wettervorhersage, -n

Andere wichtige Wörter und Wendungen

allein *(Allein morgens trinke ich schon zwei Liter Tee.)*
damit *(Es gibt Pfand, damit nicht so viel Müll entsteht.)*
um … zu *(Ich fahre Rad, um fit zu bleiben.)*
allerdings
die Ansicht, -en
der Durchschnitt (Sg.)
der Standpunkt, -e *(auf einem Standpunkt stehen)*
widersprechen, er widerspricht, widersprach, hat widersprochen
unterscheiden, er unterscheidet, unterschied, hat unterschieden
die Steckdose, -n
digital
elektronisch
das Zeichen, -
dienen (als + N.) *(als Zeichen für etwas dienen)*
drehen
extra
der Fall, ¨-e *(in jedem Fall)*
die Geschwindigkeit, -en
auf der sicheren Seite sein
sogenannt
die richtige Wahl treffen
umsonst
völlig
korrekt
kommen (zu + D.) *(zu einem Ergebnis kommen)*
jederzeit
zählen *(bis zehn zählen)*

Wichtig für mich:

___

Erzählen Sie ein Foto, sammeln Sie passende Wörter und beschreiben Sie es.

A

B

C

6 über Zukunftsvorstellungen sprechen und schreiben

Blick nach vorn

1 a In der Zukunft. Wie heißen die Wörter? Ergänzen Sie.

    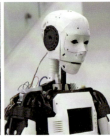

1. der P _ _ n _ _   2. die _ r _ _ n _   3. das _ _ b _ r   4. der C _ _ _   5. der _ o _ _ t _ _

b Was passt zusammen? Ordnen Sie zu.

bezahlen | fliegen | herstellen | leben | übernehmen | werden

1. auf dem Mars _____
2. 150 Jahre alt _____
3. mit Drohnen _____
4. Fleisch im Labor _____
5. mit einem Chip _____
6. die Hausarbeit _____

c Über die Zukunft sprechen. Welche Ausdrücke passen? Markieren Sie.

die Vergangenheit   bald   zukünftig   jetzt   später

im Moment   nächste Woche   früher   etwas planen   in einem Jahr

vorgestern   übermorgen   vor einem Jahr   etwas vorhaben   damals

die Prognose   erwarten   sich freuen auf   im Augenblick

2 a Lesen Sie das Forum zum Thema „Unsere Zukunft". Welche Überschrift passt wo? Ordnen Sie zu. Drei Überschriften passen nicht.

A Orte ohne Läden?
B Bar bezahlen – nicht mehr lange
C Kein Platz im Büro
D Online günstig einkaufen
E Bargeld beliebter als Kartenzahlung
F Die Arbeitswelt verändert sich

☐ **Emil K.** Ich glaube, dass wir in der Zukunft viel mehr zu Hause arbeiten. Das Homeoffice wird normal sein. Mit den Kollegen und Kolleginnen spricht man dann fast nur noch online. Vielleicht geht man einmal pro Woche ins Büro, denn der persönliche Kontakt ist natürlich auch wichtig.

☐ **Moira M.** Meiner Meinung nach gibt es bald kein Bargeld mehr. Wir bezahlen dann alles nur noch mit Karte, über das Handy oder vielleicht auch mit dem Fingerabdruck. Dass alle einen Chip unter der Haut haben, kann ich mir aber nicht vorstellen.

☐ **Luca P.** Also, ich bin davon überzeugt, dass die Leute in der Zukunft noch mehr online kaufen wollen. Aber was passiert dann mit den Geschäften? Und wie sehen die Städte aus, wenn es keine Läden mehr gibt? Schön wird das sicher nicht.

b Wählen Sie einen Forumsbeitrag aus 2a und schreiben Sie kurz Ihre Meinung dazu.

Gute Vorsätze?

3 a Hören Sie die Umfrage zum Thema „Vorsätze für das neue Jahr". Wer sagt was? Kreuzen Sie an.

Yasin / Anna / David

1. … möchte mehr Zeit mit der Familie verbringen.
2. … ernährt sich in Zukunft gesünder.
3. … will weniger Geld ausgeben.
4. … geht ab jetzt früher schlafen.
5. … will weniger Stress haben.
6. … möchte regelmäßiger Sport machen.

b Markieren Sie die passenden Formen von *werden* und ergänzen Sie dann die Tabelle.

1. ○ Was machen deine Vorsätze von Silvester? Gehst du jeden Tag joggen?
   ● Ach, das Wetter ist ja so schlecht. Aber nächste Woche   werde/wird/**werden**   es besser, dann gehe ich sicher joggen.
2. ○ Ab jetzt ernähre ich mich gesund. Dann   **werde**/wirst/werdet   ich auch seltener krank.
   ● Gute Idee.
3. ○ Komm, wir trainieren jetzt total viel und dann   wirst/wird/**werden**   wir Profi-Fußballer.
   ● Okay, wann fangen wir an?
4. ○ Morgen ist dein Geburtstag, oder? Wie alt   werde/**wirst**/wird   du eigentlich?
   ● 30! Ich mache ein großes Fest. Komm doch auch!
5. ○ Seid ihr immer noch erkältet? Esst mehr Obst, dann   werden/wird/**werdet**   ihr schnell wieder gesund.
   ● Na gut, dann gib uns doch zwei Äpfel.
6. ○ Ich habe in letzter Zeit oft Übungen für meinen Rücken gemacht.
   ● Und fühlst du dich jetzt besser?
   ○ Ja! Und die Übungen   **werden**/werdet/wird   immer leichter, wenn man sie regelmäßig macht.

ich	du	er/es/sie	wir	ihr	sie/Sie
werde	wirst	wird	werden	werdet	werden

c Ab morgen ist alles anders. Was werden die Personen machen? Ergänzen Sie die Verben im Futur I.

vergessen | unternehmen | ~~schlafen~~ | leben | verändern | verbringen

1. Ich __werde__ nicht mehr so lang __schlafen__.
2. Was ist mit dir? __wirst__ du in Zukunft gesünder __leben__?
3. Mirjam __wird__ jeden Tag eine halbe Stunde im Fitness-Studio __verbringen__.
4. Eva und John __werden__ oft gemeinsam etwas __unternehmen__.
5. Und ihr? __werdet__ ihr auch etwas in eurem Leben __verändern__?
6. Ich glaube, dass wir schon morgen unsere guten Vorsätze __vergessen__ __werden__.

6 über Vorsätze und Pläne sprechen und schreiben, Ratschläge verstehen

Aufgabe

d Morgen ... Schreiben Sie Sätze im Futur I.

1. Paula hat ihre Eltern schon länger nicht gesehen. (sie morgen besuchen)
   Paula wird sie morgen besuchen.

2. In der Wohnung von Jim und Cleo ist oft Chaos. (ab jetzt jede Woche aufräumen)
   Jim und Cleo werden ab jetzt jede Woche aufräumen

3. Herr Lehner sitzt viel auf dem Sofa. (in Zukunft mehr spazieren gehen)
   Herr Lehner wird in Zukunft mehr spazieren gehen

4. Frau Kowalsky hat oft Fast Food gegessen. (zukünftig mehr gesunde Lebensmittel kaufen)
   Frau Kowalsky wird zukünftig mehr gesund Lebensmittel kaufen

e Was für Vorsätze könnten diese Personen haben? Schreiben Sie.

Das Übergewicht kostet 196 €.

1. In Zukunft werde ich ...

f Was ist Ihnen wichtig? Wählen Sie aus und ergänzen Sie die Sätze.

1. Ich werde in Zukunft *mehr schlafen.*
2. Ich möchte _____
3. In der nächsten Zeit will ich _____
4. Morgen beginne ich, _____
5. Ich habe vor, _____
6. Ich werde _____
7. Ich habe mir vorgenommen, _____
8. Und ich wünsche mir _____

Wir brauchen ...
- mehr Schlaf
- viel gute Musik
- guten Tee
- spannende Bücher
- kreative Ideen
- lange Spaziergänge
- mehr Freundlichkeit
- lautes Lachen
- schöne Träume
- mehr Liebe
- interessante Gespräche
- ...

4 a Was sagt der Experte? Wählen Sie.

🔊 1.44

A Hören Sie das Interview aus dem Kursbuch, Aufgabe 4b noch einmal und ordnen Sie zu.

B Ordnen Sie zu.

1. Machen Sie nur Pläne, _____
2. Wenn wir etwas regelmäßig machen, _____
3. Man sollte Vorsätze konkret formulieren, _____
4. Wenn man mit anderen Menschen z. B. zum Sport verabredet ist, _____
5. Hören Sie Musik, _____

A kann man nicht so leicht eine Ausrede finden.
B die realistisch sind.
C wenn Sie aufräumen. Dann geht es leichter.
D wird es zur Gewohnheit.
E am besten mit Zahlen (z. B. 20 Minuten Bewegung am Tag).

6 über Pläne und Vorsätze schreiben

b Sie haben im Radio eine Sendung zum Thema „Gute Vorsätze" gehört. Im Online-Gästebuch der Sendung finden Sie folgende Meinung:

Leon 18.07. | 14:27 Uhr

Gute Vorsätze – Das klappt sowieso nie! Außerdem muss auch nicht alles und jeder perfekt sein. Ich habe keine Lust, Sport zu machen, und ich will auch nicht immer gesund essen! Und ich finde das okay so!

Schreiben Sie nun Ihre Meinung zum Thema (ca. 80 Wörter).

5 a n-Deklination. Ordnen Sie die Wörter in die Tabelle.

~~der Kollege~~ | der Experte | der Elefant | der Affe | der Pädagoge | der Kollege | der Komponist | der Name | der Junge | der Mensch | der Russe | der Nachbar | der Herr | der Bär | der Neffe | der Löwe | der Polizist | der Fotograf | der Student | der Journalist | der Kunde | der Automat | der Bauer | der Architekt | der Tourist | der Pilot | der Assistent | der Praktikant | der Präsident | der Kandidat | der Lieferant | der Türke

 Viele Nationalitäten gehören zur n-Deklination: *Ich kenne zwei Chilene**n**, einen Russe**n**, zwei Schwede**n** und einen Mongole**n** aus meinem Sprachkurs.*

1. maskuline Nomen auf *-e*	2. maskuline Nomen auf *-and*, *-ant*, *-at*, *-ent*, *-graf*, *-ist* und *-oge*	3. weitere maskuline Nomen (Personen, Berufe, Tiere)
der Kollege		

b Noch mehr gute Vorsätze. Ergänzen Sie *-n* oder *-en*, wenn nötig.

1. Ich will meinem Nachbar_____ in Zukunft mehr helfen. Der alte Herr_____ ist immer so freundlich.
2. Obst und Gemüse kaufe ich ab jetzt immer beim Bauer_____.
3. Der Student_____ aus unserem Haus ist sehr nett. Ich werde mich öfter mit ihm unterhalten.
4. Ich werde auch dem Junge_____ aus dem ersten Stock bei Mathe helfen.
5. Mit meinem Neffe_____ werde ich regelmäßig etwas unternehmen.
6. Den neuen Praktikant_____ werde ich bei seiner Arbeit unterstützen.
7. Zu den Lieferant_____ werde ich auch immer freundlich sein.
8. Und ich möchte mir in Zukunft Name_____ besser merken.

6 einen längeren Zeitungstext verstehen

c Was ist richtig? Kreuzen Sie an.

○ Ich habe ein interessantes Interview mit einem (1) ☐ Experte ☐ Experten gelesen. Es ging um gute Vorsätze. Was ist dein Vorsatz?
● Ich will weniger Stress haben! Aber jetzt muss ich schnell einen (2) ☐ Kollege ☐ Kollegen anrufen. Der wartet schon. Und danach muss ich mit einem (3) ☐ Kunde ☐ Kunden telefonieren. Hast du mit dem (4) ☐ Praktikant ☐ Praktikanten gesprochen?
○ Nein, das mache ich gleich.
● Heute kommt auch der (5) ☐ Fotograf ☐ Fotografen. Hast du das dem (6) ☐ Assistent ☐ Assistenten von (7) ☐ Herr ☐ Herrn Bolz gesagt?
○ Ja, das weiß er schon. Komm, wir gehen in die Cafeteria. Da ist um diese Uhrzeit kein (8) ☐ Mensch ☐ Menschen. Du brauchst mal eine Pause.
● Keine Zeit! Ich hole mir schnell einen Kaffee am (9) ☐ Automat ☐ Automaten. Ich treffe gleich noch einen (10) ☐ Journalist ☐ Journalisten wegen des Firmenfestes.
○ Puh, du hast echt Stress!

6 a 🔊 1.45 Aussprache: Vokallänge vor ss/ß. Lang (_) oder kurz (.)? Markieren Sie und lesen Sie die Sätze laut. Hören Sie dann zur Kontrolle.

1. Ab heute gehe ich zu Fuß zur Arbeit, der Weg am Fluss ist so schön.
2. Oh nein, ich habe meinen Schlüssel und meinen Pass zu Hause vergessen.
3. Unser Hund ist süß, aber er frisst so viel und will immer nach draußen.
4. Ich vermisse meine Freundin Larissa. Sie arbeitet jetzt in Essen.

b 🔊 1.46 ss oder ß? Hören Sie die Wörter und ergänzen Sie ss oder ß. Sprechen Sie dann nach.

1. der Se____el   3. die Ermä____igung   5. regelmä____ig   7. flie____end
2. das Wa____er   4. flei____ig   6. Grü____e   8. die Kla____

Stadt der Zukunft

7 a Ergänzen Sie die Nomen.

-leistung | -bilanz | -zeug | -weg | -qualität | -zelle | -platz | -viertel | -ort

1. das Fahr_____   4. der Arbeits_____   7. die Öko_____
2. der Rad_____   5. das Stadt_____   8. die Dienst_____
3. der Park_____   6. die Solar_____   9. die Lebens_____

b Stadt der Zukunft. Ergänzen Sie den Text mit den Nomen aus 7a in der richtigen Form.

Im Jahr 2050 werden sich die Menschen fast nur noch Autos leihen und es wird in den Städten viel weniger (1) *Fahrzeuge* als jetzt geben. Außerdem gibt es dann auch viel mehr (2) _____ und man kann besser mit dem Fahrrad zu seinem (3) _____ fahren. In den einzelnen (4) _____ findet man alle Dinge, die man braucht. Auch für (5) _____ muss man sich dann nicht mehr durch die ganze Stadt bewegen – Friseur, Wäscherei, alles ist in der Nähe. Auf den (6) _____, die man dann nicht mehr braucht, kann man Wohnhäuser bauen. Der Strom entsteht durch (7) _____ auf den Dächern. Um die (8) _____ der Menschen zu verbessern, wird es mehr Parks geben. Insgesamt wird die (9) _____ besser und das ist gut für Mensch und Natur.

eine Stadtführung verstehen, über Städte sprechen

6

c Was gibt es auch in Ihrem Ort / Ihrer Stadt? Markieren Sie.

die Akademie | der Kiosk | der Tierpark | die Volkshochschule | das Altenheim | das Hallenbad | die Fußgängerzone | die Kindertagesstätte | die Klinik | der Hafen | das Museum | der Park | die Universität | das Fundbüro | der Zirkus

d Was passt wo? Ordnen Sie Wörter aus 7c zu.

1. Hier kann man schwimmen: _____

2. Hier sieht man Clowns: _____

3. Ein anderes Wort für „Krankenhaus" ist: _____

4. Ein anderes Wort für „Kindergarten" ist: _____

5. Hier kann man Dinge abgeben, die man gefunden hat: _____

6. Hier gibt es viele Geschäfte, aber keine Autos: _____

7. Hier kann man günstige Kurse besuchen (z. B. in den Bereichen Sprachen, Sport, Gesundheit …):
_____

e Sie hören nun einen Text. Sie hören den Text einmal. Dazu lösen Sie fünf Aufgaben. Wählen Sie bei jeder Aufgabe die richtige Lösung a, b oder c. Lesen Sie jetzt die Aufgaben 1 bis 5. Dazu haben Sie 60 Sekunden Zeit.

Sie nehmen an einer Führung durch die Hamburger Speicherstadt teil.

1. Die Touristen machen die Führung …
   a mit dem Bus.
   b mit einem Boot.
   c zu Fuß.

2. Was gibt es heute in der Speicherstadt?
   a Immer noch viele Räume für Waren.
   b Platz für die Container der Schiffe.
   c Viele Büros.

3. Die Wohnungen in der Speicherstadt …
   a stehen oft leer.
   b sind meistens ziemlich klein.
   c sind sehr teuer.

4. Die Stadt Hamburg hat …
   a mehr Brücken als New York.
   b viele kleine Wasserstraßen.
   c eine neue Brücke mit dem Namen „Venedig".

5. Die Elbphilharmonie ist …
   a für Touristen nicht interessant.
   b ein Konzerthaus.
   c ein großes Orchester.

8 a Relativsätze im Nominativ und Akkusativ. Ergänzen Sie das Relativpronomen.

1. In meiner Stadt gibt es einen Platz, _____ ich besonders mag.

2. Dort ist auch das Café, _____ meinen Freunden gehört.

3. In dem Café gibt es den besten Kuchen, _____ man in der Stadt finden kann.

4. Ich treffe mich dort oft mit meinem Cousin, _____ ganz in der Nähe wohnt.

5. In der Mitte des Platzes ist eine große Grünfläche, _____ alle Kinder zum Spielen nutzen.

6. Es gibt auch einige Geschäfte, _____ schöne und nützliche Dinge verkaufen.

einundsiebzig **71**

6 etwas genauer beschreiben

b Relativsätze im Dativ. Welches Relativpronomen ist richtig? Kreuzen Sie an.

1. Unter mir wohnt Frau Müller, ☐ der ☒ dem ☐ denen ich oft beim Einkaufen helfe.
2. Im zweiten Stock lebt ein Kind, ☐ der ☒ dem ☐ denen ich manchmal Schokolade schenke.
3. Neben mir wohnt Daniel, ☐ der ☒ dem ☐ denen ich oft Bücher leihe.
4. Ganz oben wohnen drei Musik-Studenten, ☐ der ☐ dem ☒ denen ich oft beim Üben zuhöre.

c Termine einer Stadtplanerin. Was macht Eva? Schreiben Sie Relativsätze im Dativ.

Wochenkalender
- Mo 14:00 Bürgermeister
- Di 9:30 Architekt
- Mi 15:30 Anna u. Simon
- Do 10:15 Frau Dr. Giner
- Fr 16:00 Herr Boltz
- Sa Abendessen bei Mona
- So Chris → Geburtstag!

- Eva bringt ihr Blumen mit.
- Sie schickt ihr vorher eine Präsentation.
- Eva will ihm zum Geburtstag gratulieren.
- Sie bringt ihnen die neuen Pläne.
- Eva will ihm eine Baustelle zeigen.
- Eva erklärt ihm das neue Projekt.
- Eva präsentiert ihm ihre Ideen.

1. Am Montag ist Eva beim Bürgermeister, _dem sie ihre Ideen präsentiert._
2. Am Dienstag trifft sie den Architekten, _____
3. Am Mittwoch sieht Eva Mitarbeiter, _____
4. Am Donnerstag ist Eva bei Frau Dr. Giner, _____
5. Am Freitag hat sie einen Termin mit Herrn Boltz, _____
6. Am Samstag ist sie bei einer Kollegin eingeladen, _____
7. Am Sonntag besucht sie ihren Nachbarn, _____

d Relativsätze mit Präposition. Ergänzen Sie das Gespräch.

in dem | zu dem | mit der | mit denen | auf die | auf das | von dem

○ Bald gibt es bei uns Busse, (1) _____ man kostenlos fahren kann. Wusstest du das?

● Wirklich? Das ist ja toll! Dann fahre ich in Zukunft sicher noch mehr mit dem Bus. Übrigens, gehen wir heute zusammen in das Restaurant, (2) _____ ich dir gestern erzählt habe? Da können wir auch direkt mit dem Bus hinfahren.

○ Heute habe ich leider keine Zeit. Ich muss morgen eine Präsentation halten, (3) _____ ich mich noch vorbereiten muss. Vielleicht am Freitag?

● Am Freitag gehe ich auf ein Konzert, (4) _____ ich mich schon so lange freue. Zu Wincent Weiss.

○ Ach, stimmt. Sieh mal, da ist Valeria. Das ist die Kollegin, (5) _____ ich gestern noch über die Stadtentwicklung gesprochen habe. Sie wohnt in einem Haus, (6) _____ sich die Nachbarn mehrere Räume teilen, also zum Beispiel einen großen Büroraum.

● Ah, interessant. Sag mal, wann ist der Vortrag, (7) _____ alle Mitarbeiter kommen sollen?

○ Um 16 Uhr. Das Thema ist „Stadt der Zukunft".

etwas genauer beschreiben 6

e Meine Stadt. Bilden Sie Relativsätze.

1. In meiner Stadt gibt es viele Sportvereine, _bei denen sich jeder anmelden kann._
   (jeder / können / sich anmelden bei + Dat.)

2. Wir haben auch einen See, _____
   (man / können / schwimmen in + Dat.)

3. Wir haben eine große Universität, _____
   (50.000 Menschen / studieren an + Dat.)

4. Jedes Jahr gibt es ein großes Stadtfest, _____
   (alle Leute / sich freuen auf + Akk.)

5. Wir haben auch viele Museen, _____
   (besonders die Touristen / sich interessieren für + Akk.)

6. Es gibt auch ein berühmtes Theater, _____
   (die Leute / gern / gehen in + Akk.)

f Mein Leben in 20 Jahren. Korrigieren Sie die Wörter und ergänzen Sie die Sätze.

1. Es wird **lichscheinwahr** _wahrscheinlich_ …

2. Ich kann mir **vorsllente** _____, dass …

3. Im **satzenGeg** _____ zu heute …

4. Im **Vgleicher** _____ zu heute …

5. Ich würde mir **wschenün** _____, dass …

1. Es wird wahrscheinlich nur noch wenige Autos geben und ich werde immer …

Kaum erwarten

9 Musikinstrumente. Schreiben Sie die Namen der Instrumente zu den Zeichnungen.

~~der Bass~~ | die Flöte | die Geige / die Violine | die Gitarre | das Klavier / das Piano | das Schlagzeug

1. _der Bass_   3. _____   5. _____

2. _____   4. _____   6. _____

6 über Musik sprechen

10 Meine Erfahrungen mit Musik. Sprechen Sie zu zweit. Machen Sie zuerst Teil A, dann Teil B.

Person 1

Teil A

Sie haben in einer Zeitschrift ein Foto gefunden. Berichten Sie Ihrer Gesprächspartnerin oder Ihrem Gesprächspartner kurz:
– Was sehen Sie auf dem Foto?
– Was für eine Situation zeigt dieses Bild?

Teil B

Unterhalten Sie sich jetzt über das Thema „Musik". Erzählen Sie etwas über sich. Wie wichtig ist Musik für Sie?

zusätzliche Fragen:
– Wann hören Sie besonders gern Musik?
– Sollte jedes Kind ein Musikinstrument lernen?

Person 2

Teil A

Sie haben in einer Zeitschrift ein Foto gefunden. Berichten Sie Ihrer Gesprächspartnerin oder Ihrem Gesprächspartner kurz:
– Was sehen Sie auf dem Foto?
– Was für eine Situation zeigt dieses Bild?

Teil B

Unterhalten Sie sich jetzt über das Thema „Musik". Erzählen Sie etwas über sich. Wie wichtig ist Musik für Sie?

zusätzliche Fragen:
– Welche Musik hören Sie gern?
– Mit Musik geht alles leichter. Was denken Sie darüber?

> **!** In der Prüfung stellen Ihnen die Prüfer/innen zusätzliche Fragen. Beispiele dazu finden Sie in Teil B.

Wortbildung – Nomen mit -heit und -keit

A Was gehört zusammen? Verbinden Sie die Wörter aus der gleichen Wortfamilie.

möglich   aufmerksam   schön   fähig

zufrieden   wirklich   krank   sicher

die Möglichkeit   die Krankheit   die Fähigkeit

die Schönheit   die Sicherheit

die Zufriedenheit   die Aufmerksamkeit   die Wirklichkeit

> **W** Mit *-heit* und *-keit* kann man aus Adjektiven Nomen bilden. Der Artikel ist immer *die*.
> Nach Adjektiven auf *-ig* und *-lich* verwendet man *-keit*: die Fäh**ig**keit

B Markieren Sie die Adjektive und ergänzen Sie dann die Nomen. Kontrollieren Sie mit dem Wörterbuch.

1. ○ Ich wünsche mir, dass ich <mark>gesund</mark> bleibe. ● Stimmt. *Gesundheit* ist das Wichtigste.

2. ○ Ab jetzt komme ich immer pünktlich. ● Ja, bitte! _____ ist wirklich wichti[g]

3. ○ Ist das wahr, was du da sagst? ● Na klar, ich sage immer die _____.

4. ○ Ich weiß gar nicht, was ich später machen will und was alles möglich ist.
   ● Du hast so viele _____. Du wirst sicher das Richtige finden.

5. ○ Du schaffst das! Das Projekt ist doch nicht so schwierig.
   ● Oh doch, in dem Projekt gibt es viele _____.

Das kann ich nach Kapitel 6

R1 Ergänzen Sie die Sätze.

1. Ich habe vor, _____.
2. Im nächsten Jahr werde ich _____.
3. Ich will nicht mehr _____.

	😀😀	😀	😐	☹	KB	ÜB
Ich kann über Pläne und Vorsätze schreiben und sprechen.	☐	☐	☐	☐	3a, e	3f, 4b

R2 Formulieren Sie Relativsätze.

1. Ich treffe oft meine Nachbarn, _____.
   (Ich unterhalte mich gern mit ihnen.)
2. Heute habe ich Herrn Walt gesehen, _____.
   (Ich bringe ihm oft etwas vom Markt mit.)
3. Neben mir wohnt Frau Brahimi, _____.
   (Ich habe dir schon mal von ihr erzählt.)

	😀😀	😀	😐	☹	KB	ÜB
Ich kann jemanden oder etwas genauer beschreiben.	☐	☐	☐	☐	8a-c	8a-e

R3 Sprechen Sie zu zweit.

- Nennen Sie Ihr Lieblingslied und erklären Sie, warum es Ihnen gefällt.
- Nennen Sie ein Lied, das Ihnen nicht gefällt, und erklären Sie, warum.
- Sprechen Sie über ein deutschsprachiges Lied, das Sie kennen.
- Recherchieren Sie die aktuellen Top 3 und sprechen Sie über die Lieder.

	😀😀	😀	😐	☹	KB	ÜB
Ich kann über Lieder und Musik sprechen.	☐	☐	☐	☐	9d-e, 10	10

Außerdem kann ich …	😀😀	😀	😐	☹	KB	ÜB
… Aussagen über die Zukunft verstehen.	☐	☐	☐	☐	1a-b	2a
… über Zukunftsvorstellungen sprechen und schreiben.	☐	☐	☐	☐	1c, 2, 7c-d, 8d	1c, 2b, 7b
… Aussagen über Pläne und Vorsätze verstehen.	☐	☐	☐	☐	3b-c	3a-e, 5b-c
… Ratschläge verstehen.	☐	☐	☐	☐	4b-c	4a
… einen längeren Zeitungstext verstehen.	☐	☐	☐	☐	7b-d	7a-b
… eine Stadtführung verstehen.	☐	☐	☐	☐		7e
… über Städte sprechen.	☐	☐	☐	☐		7c-d, 8a
… über Erwartungen sprechen.	☐	☐	☐	☐	9a	
… ein Lied verstehen.	☐	☐	☐	☐	9b-c	

6 Lernwortschatz

Zukunftsprognosen

werden *(Was wird sich in der Zukunft ändern?)* ___

aus|gehen (von + D.), er geht aus, ging aus, ist ausgegangen *(Experten gehen davon aus, dass …)* ___

die Prognose, -n ___

lauten *(Die Prognose lautet: …)* ___

irgendwann ___

voraussichtlich ___

eventuell ___

möglicherweise ___

längst ___

der Fortschritt, -e ___

das Labor, -e ___

der Planet, -en ___

die Passagierin, -nen ___

der Chip, -s ___

die Haut, ⸚e ___

der Anteil, -e ___

das Fünftel, - ___

wachsen, er wächst, wuchs, ist gewachsen ___

Orte in der Stadt

die Akademie, -n ___

das Altenheim, -e ___

das Fundbüro, -s ___

die Fußgängerzone, -n ___

das Hallenbad, ⸚er ___

die Kindertagesstätte, -n ___

der Kiosk, -e ___

die Klinik, -en ___

der Tierpark, -s ___

die Volkshochschule, -n ___

der Zirkus, -se ___

Wohnen

das Stadtviertel - ___

die Wohnanlage, -n ___

der Wohnraum, ⸚e ___

die Solarzelle, -n ___

Leben in der Stadt

anonym ___

lebenswert ___

miteinander ___

frisch *(Ich genieße die frische Luft.)* ___

sich befinden, er befindet, befand, hat befunden ___

begegnen ___

die Bildung (Sg.) ___

der Dienstleistungsbereich, -e ___

heutig *(die heutigen Fahrzeuge)* ___

das Homeoffice (Sg.) *(Ich arbeite im Homeoffice.)* ___

von … aus *(Ich arbeite viel von zu Hause aus.)* ___

die Lebensqualität (Sg.) ___

die Mobilität (Sg.) ___

die Verkehrssituation, -en ___

Berufe und Positionen

der Bürgermeister, - ___

die Pädagogin, -nen ___

der Praktikant, -en ___

die Doktorandin, -nen ___

gute Vorsätze

der Vorsatz, ⸚e ___

fassen *(einen Vorsatz fassen)* ___

sich vor|nehmen, er nimmt vor, nahm vor, hat vorgenommen ___

realisieren ___

gelingen, es gelingt, gelang, ist gelungen ___

der Anlass, ⸚e ___

Silvester, - (ohne Artikel) ___

Lernwortschatz 6

die Ausrede, -n
die Gewohnheit, -en
die Wahrheit, -en

Musik und Instrumente

der Song, -s
die Melodie, -n
der Rhythmus, Rhythmen
das Musikinstrument, -e
der Bass, ¨-e
die Flöte, -n
das Piano, -s
das Schlagzeug, -e
die Violine, -n
die Auszeichnung, -en
der Preis, -e
bewerten
die Jury, -s
die Charts (Pl.)

Andere wichtige Wörter und Wendungen

der Affe, -n
der Elefant, -en
der Löwe, -n
sich auf|halten, er hält auf, hielt auf, hat aufgehalten (Sie hält sich viel in der Küche der WG auf.)
dahin

dauernd
die Hürde, -n
in der Lage sein (Ich bin gerade nicht in der Lage, mich zu bewegen.)
der Leser, -
nach|denken, er denkt nach, dachte nach, hat nachgedacht
das Hauptproblem, -e
das Prinzip, -ien
eine Rolle spielen (Geld spielt für viele eine wichtige Rolle im Leben.)
schweben
selber (ugs. für selbst)
stapeln
staubsaugen
der Stern, -e
etwas Süßes (Papa, bringst du uns was Süßes aus dem Supermarkt mit?)
übernehmen, er übernimmt, übernahm, hat übernommen
vergrößern
verständlich
die Vorfreude (Sg.)
das Zitat, -e

Wichtig für mich:

Ergänzen Sie Wörter wie im Beispiel.

M
U
BASS
I
K

S
T
A
D
T

P
L
Ä
N
E

siebenundsiebzig 77

7 Chatnachrichten verstehen, eine persönliche E-Mail schreiben

Zwischenmenschliches

1 a Lesen Sie die Nachrichten und ordnen Sie die passende Antwort zu.

1. Wieso warst du heute nach dem Training so schnell weg? Hab' dich in der Kabine nicht mehr gesehen – und dein Fahrrad stand auch nicht mehr auf dem Gelände. Alles okay bei dir? ___

2. Merkwürdig, ich finde meine Unterlagen von der Vorlesung bei Prof. Meyer nicht mehr! Hast du sie zufällig? ___

3. Verspäte mich etwas, Schatz! Muss noch bei der Krankenkasse anrufen – die haben uns eine Mahnung geschickt, aber wir haben schon bezahlt. Möchte das klären!!! ___

4. Müssen wir heute alle zur Versammlung? Geht es da um die Vorstellung der neuen Präsidentin oder um die Erhöhung des Stundenlohns? ___

5. Wie immer möchten wir mit euch ein Sommerfest feiern – bei uns im Hof mit Lagerfeuer und Grill – auch vegetarisch. 24.6. ab 17 Uhr – könnt ihr kommen? ___

Also, dafür hab' ich natürlich Verständnis, hoffentlich erreichst du bald jemanden. Vergiss nicht: Deine Schwiegereltern kommen heute zum Essen … 😊

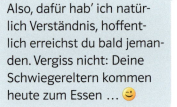

Der Tisch ist übrigens schon gedeckt!

Bei mir ist alles okay, musste aber zur Spätschicht in die Arbeit. Die Kollegen hassen es, wenn man zu spät ist. 😊

Ich glaube, um den Stundenlohn und was passiert, wenn wir streiken. Deshalb ist die Teilnahme für mich Pflicht! Hoffentlich erreichen wir etwas mit unserer Forderung.

Vielen Dank für die Einladung! Was für eine tolle Gelegenheit, mit allen zu feiern. Ich schätze, so nette Nachbarn findet man selten. Ich bin gern dabei! Das letzte Fest war super!

Ja, ich habe sie eingesteckt, weil du sie auf dem Tisch im Institut vergessen hast. Offenbar hattest du es sehr eilig! 😊

b Wer hat die Nachrichten in 1a geschrieben? Ordnen Sie zu.

A Partner/Partnerin ___   C Arbeitskollege/Arbeitskollegin ___   E Studierende/r ___

B Nachbar/Nachbarin ___   D Freund/Freundin vom Sport ___

c Welche Wörter in 1a sind neu für Sie? Markieren Sie. Was bedeuten diese Wörter?

> **❗ Unbekannte Wörter verstehen**
> Überlegen Sie, ob Sie das Wort aus einer anderen Sprache *(Kabine → cabin)* oder in einer anderen Form *(Verständnis → verstehen)* kennen. Oder hilft der Kontext? Wenn nein, dann arbeiten Sie mit dem Wörterbuch.

d Schreiben Sie eine E-Mail.

Sie waren auf der Hochzeitsfeier einer Freundin. Ein Freund / Eine Freundin von Ihnen konnte nicht mitkommen, weil er/sie krank war.
- Beschreiben Sie: Wie war die Hochzeit?
- Begründen Sie: Was hat Ihnen am besten gefallen und warum?
- Machen Sie einen Vorschlag für ein Treffen.

Schreiben Sie ca. 80 Wörter. Schreiben Sie etwas zu allen drei Punkten. Achten Sie auf den Textaufbau (Anrede, Einleitung, Reihenfolge der Inhaltspunkte, Schluss).

Zusammen

2 a Aussagen über Freundschaft. Ergänzen Sie die Verben in der richtigen Form.

beschließen | erleben | erzählen | halten | (sich) kennenlernen | ~~unternehmen~~ | unterstützen | verbringen | (sich) verstehen

Meine Freunde und ich (1) _unternehmen_ meistens am Wochenende etwas zusammen. Wir machen Sport oder gehen ins Café. Wir (2) _____ uns einfach super und haben immer viel Spaß! Also, ich kann mir überhaupt nicht vorstellen, von hier wegzuziehen und meine Freunde nicht mehr zu treffen.

Ich habe nicht viele Freundinnen, aber dafür eine richtig gute: Clara! Wir haben uns schon in der Grundschule (3) _____. Wir kennen uns schon so lange und so gut, dass wir uns wirklich alles (4) _____ können. Über Probleme können wir genauso sprechen wie über schöne Dinge. Ich hoffe, unsere Freundschaft (5) _____ für immer!

Also, meine Freunde und ich haben schon viel zusammen (6) _____. Nach dem Abi waren wir zum Beispiel sechs Monate lang zusammen in Europa unterwegs. Jetzt studieren wir alle, aber wir versuchen immer noch, so viel Zeit wie möglich zusammen zu (7) _____.

Manchmal bin ich gar nicht damit einverstanden, was meine Freunde machen. Aber ich finde es total wichtig, dass sich Freunde immer gegenseitig (8) _____ und helfen. Ein Freund von mir hat zum Beispiel (9) _____, dass er ein Café eröffnen möchte. Ich halte das für keine gute Idee, trotzdem helfe ich ihm.

b Welche Eigenschaften finden Sie bei Freunden wichtig? Welche nicht so wichtig? Sortieren Sie.

Wichtig:	Nicht so wichtig:

offen nett sportlich klug
neugierig fleißig optimistisch
ehrlich hilfsbereit lustig fröhlich
pünktlich höflich
ordentlich cool

c Tag der Freundschaft. Sie wollen mit Ihren Freunden/Freundinnen feiern. Überlegen Sie sich zusammen mit Ihrem Partner / Ihrer Partnerin ein Programm für einen besonderen Tag. Wählen Sie.

A Bereiten Sie das Gespräch vor: Machen Sie Notizen und sprechen Sie dann mithilfe Ihrer Notizen.

B Sprechen Sie spontan ohne Vorbereitung.

7 zeitliche Abfolgen ausdrücken

3 a Über die Vergangenheit sprechen. Was passt zusammen? Ordnen Sie zu.

1. Meine Freunde und ich **sind** dieses Jahr wieder zusammen an die Ostsee **gefahren**. _D_
2. Wir kamen ziemlich spät dort an. ___
3. Am ersten Abend haben wir dann toll gekocht. ___
4. Die Tage dort haben wir auch bei schlechtem Wetter am Strand verbracht. ___
5. Am letzten Abend sind wir in ein schönes Restaurant gegangen. ___
6. Die Fahrt nach Hause war kein Problem. ___

A Wir hatten schon zu Hause alles eingekauft
B Wir hatten vorher nachgesehen, auf welcher Strecke wenig Verkehr ist.
C Wir hatten ja extra unsere Regenjacken mitgebracht.
D Das Ferienhaus am Strand hatten wir schon vor einem Jahr reserviert.
E Das hatten wir schon beim letzten Mal entdeckt.
F Wir hatten ewig im Stau gestanden.

b Markieren Sie die Verben in 3a und ordnen Sie sie in eine Tabelle. Ergänzen Sie alle Formen.

Perfekt	Präteritum	Plusquamperfekt
sind gefahren	fuhren	waren gefahren

c Ergänzen Sie die Verben im Plusquamperfekt.

1. Lina und ich wollten uns um 15 Uhr im Café treffen, aber ich _____ den Bus _____ (verpassen).
2. Leider konnte ich ihr nicht Bescheid geben, weil ich _____ _____ (vergessen), mein Handy aufzuladen.
3. Als ich endlich im Café ankam, _____ Lina schon _____ (gehen).
4. Zufällig kam mein alter Freund Felix vorbei. Das war schön, denn ich _____ ihn schon lange nicht mehr _____ (sehen).
5. Er erzählte mir, dass er gerade mit Lina in einem anderen Café einen Kaffee _____ _____ (trinken).
6. Als ich das hörte, war ich ein bisschen sauer. Anscheinend _____ Lina nicht mehr an unsere Verabredung _____ (denken) und _____ gar nicht im Café auf mich _____ (warten).
7. Ich habe Lina dann mit Felix' Handy angerufen. Sie _____ tatsächlich im falschen Café _____ (sitzen).
8. Als wir uns dann endlich _____ _____ (treffen), hatten wir noch einen tollen Nachmittag zusammen.

7 zeitliche Abfolgen ausdrücken

d Ergänzen Sie die Sätze im Plusquamperfekt.

1. Antoni lud seine Freunde zu einer Party ein. Er _hatte eine wichtige Prüfung bestanden._
   (eine wichtige Prüfung bestehen)
2. Monia brachte Kuchen zur Party mit, den sie _____
   (in der Bäckerei kaufen)
3. Karim machte einen leckeren Salat. Das Rezept _____
   (von seinem Vater bekommen)
4. Hugo sorgte für die Musik. Er _____
   (neue Lautsprecher kaufen)
5. Emilia kam erst spät zur Party und war müde. Sie _____
   (den ganzen Tag arbeiten)

e Was war vorher passiert? Schreiben Sie Sätze im Plusquamperfekt.

1. Ich war sauer.
2. Ich konnte nicht schlafen.
3. Ich war glücklich.
4. Ich war total überrascht.
5. Ich war enttäuscht.
6. Ich war müde.

1. Ich hatte mich mit meiner Freundin gestritten.

4 Was passt zusammen? Verbinden Sie.

1. sich einsam
2. die alten Freunde
3. sich einen neuen Freundeskreis
4. eine Idee toll
5. neue Leute
6. sich bei einem Nachbarschafts-Netzwerk
7. am Wochenende etwas zusammen

A kennenlernen
B aufbauen
C fühlen
D unternehmen
E finden
F vermissen
G anmelden

5 a Nebensätze mit *nachdem*. Perfekt oder Plusquamperfekt? Kreuzen Sie an.

1. Nachdem Matilda neue Freunde gefunden ☐ hat ☐ hatte, fühlt sie sich in Freiburg wohl.
2. Maxim sah seine besten Freunde jeden Tag, nachdem er mit ihnen in eine WG gezogen ☐ ist ☐ war.
3. Valerie lebt jetzt in einer eigenen Wohnung, nachdem sie lange mit einer Freundin zusammengewohnt ☐ hat ☐ hatte.
4. Nachdem Luca Vater geworden ☐ ist ☐ war, unternimmt er seltener etwas mit seinen Freunden.
5. Nachdem Antoni sein Studium beendet ☐ hat ☐ hatte, wollte er eine Freundin in Australien besuchen.
6. Emilia freute sich auf einen Abend mit ihren Freunden, nachdem sie den ganzen Tag gearbeitet ☐ hat ☐ hatte.

b Ergänzen Sie die Sätze mit *nachdem* im Plusquamperfekt.

Mitglied in einem Verein werden | meine beste Freundin wegziehen | eine neue Stelle finden | ihn öfter zufällig auf der Straße treffen

1. Ich fühlte mich allein, nachdem …
2. Aber ich habe viele neue Leute beim Sport kennengelernt, nachdem …
3. Und ich traf mich manchmal mit ein paar Kollegen und Kolleginnen, nachdem …
4. Besonders oft verabredete ich mich mit Pawel, nachdem …

> ❗ In der gesprochenen Sprache und in privaten Nachrichten kann man auch Plusquamperfekt und Perfekt kombinieren:
> *Ich habe Maja kennengelernt, nachdem ich nach Frankfurt gezogen war.*

7 Zeitangaben machen, zeitliche Abfolgen ausdrücken

Richtig streiten

6 a Wählen Sie.

A Welche Ausdrücke haben dieselbe Bedeutung? Ordnen Sie zu.

B Wie kann man noch sagen? Notieren Sie Synonyme.

1. sauber machen
2. abends weggehen
3. sich ausruhen
4. zu spät kommen
5. mit anderen etwas machen
6. müde sein

ausgehen | sich entspannen | erschöpft sein | putzen | etwas unternehmen | unpünktlich sein

b Temporale Präpositionen. Ergänzen Sie die Gespräche.

am | bis | in | nach | seit | seit | um | vor | während

1. ○ Wollen wir uns (1) _____ Freitagabend treffen?
   ● Gern, aber erst (2) _____ 19 Uhr, weil ich (3) _____ dem Wochenende etwas fertig machen muss. Meine Kollegin braucht es (4) _____ spätestens Montagfrüh.

2. ○ Gut, dass du da bist! (5) _____ zehn Minuten können wir essen.
   ● Ich habe gar keinen Hunger, der Chef ist (6) _____ gestern super gelaunt und hat Kuchen mitgebracht. Den habe ich eben (7) _____ der Busfahrt nach Hause gegessen.
   ○ Konntest du nicht warten und ihn erst (8) _____ dem Abendessen essen? Ich stehe schon (9) _____ einer Stunde in der Küche!

c Welcher Konnektor passt? Verbinden Sie.

1. Pia und Jan zogen gleich zusammen,
2. Sie kannten sich schon lange,
3. Sie hatten immer genug Geld,
4. Pia hat oft abends noch gearbeitet,
5. Beide verdienen wieder gleich viel,

bevor | bis | seit | nachdem | während

sie sich kennengelernt hatten.
sie heirateten.
Jan arbeitslos wurde.
Jan für beide gekocht hat.
Jan einen neuen Job hat.

d *bevor, bis, seit/seitdem* oder *während*? Ergänzen Sie die passenden Konnektoren. Manchmal gibt es mehrere Möglichkeiten.

Florian jobbt in einer Pizzeria. Er hat keine Zeit, auf sein Handy zu schauen, (1) _____ er dort arbeitet. (2) _____ er mit der Arbeit fertig ist, hat er oft schon über zwanzig Nachrichten bekommen. Weil er neugierig ist, liest und chattet er noch, (3) _____ er nach Hause geht.

Jenny hatte einen stressigen Tag in der Arbeit. Sie musste noch ein Meeting leiten, (4) _____ sie Feierabend machen konnte. (5) _____ sie nach Hause gefahren ist, ist sie im Bus eingeschlafen. (6) _____ sie zu Hause ist, liegt sie auf dem Sofa und sieht ihre Lieblingsserie.

Julia musste für ihr neues WG-Zimmer noch ein paar Möbel kaufen, (7) _____ sie einziehen konnte. (8) _____ Julia in der WG wohnt, ist das Leben dort etwas chaotischer. Aber nun räumt sie regelmäßig auf, (9) _____ sie telefoniert.

! *bis, seit* und *währ[end]* können Präpositi[onen] oder Konnektoren [sein]. Seit zwei Monate[n hat] sie die neue Stelle. Seit sie die neue S[telle] hat, macht ihr die Arbeit wieder Spa[ß].

7 eine persönliche E-Mail lesen

7 Kombinieren Sie. Schreiben Sie acht Sätze mit *seit*, *bis*, *während*, *bevor* und *nachdem*.

verheiratet sein	wenig Zeit haben
Sport machen	Mails schreiben
in die Stadt fahren	fernsehen
Freunde besuchen	telefonieren
Deutsch lernen	kochen
Urlaub machen	sich langweilen
krank sein	Fotos ansehen

Während du Deutsch lernst, solltest du nicht fernsehen.
Bevor er Deutsch lernt, sieht er noch ein bisschen fern.

8 a Lesen Sie den Text und kreuzen Sie für jede Lücke (1–10) das richtige Wort (a, b oder c) an.

Hallo Hanna,
endlich finde ich Zeit, dir __0__ schreiben. Ich bin nämlich ziemlich im Stress, __1__ ich die Ausbildung als Mediatorin begonnen habe. Dafür brauche ich __2__ Zeit, als ich dachte. Aber es ist total spannend und es gefällt __3__ sehr gut. Wie du weißt, wollte ich das __4__ lange machen und nun hat es endlich geklappt. Wir haben einmal im Monat __5__ Wochenendkurs und in der restlichen Zeit müssen wir viel lesen und Testaufgaben machen. Im Kurs sind noch fünf andere Teilnehmende, __6__ alle sehr nett sind. __7__ wir Rollenspiele machen, ist es immer lustig. Unsere Trainerin ist erfahren und erzählt viel aus __8__ Praxis in der Konflikt-Beratung. Manchmal kann ich es kaum glauben, was für Probleme die Leute haben. Zum Beispiel kam ein Geschwisterpaar __9__ ihr, das Hilfe brauchte. Sie haben sich total gestritten, weil sie beide den Hund der Mutter haben wollten. __10__ Ende kam der arme Hund ins Tierheim. Verrückt, oder?
Jetzt muss ich aber weiterlernen, lass uns doch bald mal wieder telefonieren.
Liebe Grüße
Selma

0	a für b um **X** zu	3	a mich b mir c sich	6	a der b den c die	9	a bei b zu c mit
1	a bevor b seit c während	4	a erst b noch c schon	7	a Als b Wann c Wenn	10	a Am b Ans c Im
2	a mehr b meist c viel	5	a ein b eine c einen	8	a ihrer b ihre c ihren		

> Diese Aufgabe gibt es in den Prüfungen ZD und DTZ. Nur die Anzahl der Lücken variiert: Beim ZD gibt es zehn Lücken, beim DTZ sechs Lücken.

b Demonstrativpronomen. Welche Form ist richtig? Kreuzen Sie an.

1. ○ Habt ihr euch gestern wieder über euren Urlaub gestritten?
   ● Ja, es ist immer ☐ dasselbe ☐ demselben Thema.

2. ○ Ich glaube es nicht: Er macht in seinem neuen Job schon wieder ☐ derselbe ☐ denselben Fehler.
   ● Oh, was meinst du? Will er wieder keine Fragen stellen?

3. ○ Was ist dir eigentlich wichtig in einer Beziehung?
   ● Man muss über ☐ dieselbe ☐ dieselben Dinge lachen können.

4. ○ Wollen wir am Wochenende mal wieder einen Ausflug machen?
   ● Das ist ja lustig – ich hatte gerade ☐ dieselbe ☐ derselben Idee.

> **derselbe/dasselbe/dieselbe**
> Das Pronomen hat zwei Teile: Man dekliniert den bestimmten Artikel und *-selbe* wie ein Adjektiv nach bestimmtem Artikel:
> *derselbe – denselben – demselben – desselben*

7 die eigene Meinung sagen, Konfliktgespräche verstehen

c Die eigene Meinung sagen. Wie heißen die Ausdrücke? Schreiben Sie.

1. bin / Ich / Meinung / dass / der / , / … _____
2. Meinung / nach / Meiner / … _____
3. dass / , / überzeugt / bin / Ich / … _____
4. Das / ich / so / sehe / nicht / . _____
5. am / Es / scheint / wichtigsten / mir / dass / , / … _____
6. finde / ich / Das / schlimmer / viel / als / … _____

d Arbeiten Sie zu zweit. Sagen Sie Ihre Meinung zu den Themen und verwenden Sie die Ausdrücke aus 8

A Streiten ist gesund.

B In einer Beziehung darf man nicht streiten.

C Kollegen und Kolleginnen kann man kritisieren.

9 a Hören Sie zwei Streitgespräche. Worum geht es? Notieren Sie. Sind die Gespräche eher diplomatisch oder undiplomatisch? Markieren Sie.

Thema Gespräch 1: _____
diplomatisch / undiplomatisch

Thema Gespräch 2: _____
diplomatisch / undiplomatisch

b Hören Sie die Gespräche noch einmal. Hören Sie die Sätze in Gespräch 1 oder 2? Notieren Sie.

1. Das nervt mich wirklich. ____
2. Das ist ja nicht so schlimm. ____
3. Ich kann dich gut verstehen. ____
4. Immer das Gleiche! ____
5. Das kann doch nicht wahr sein! ____
6. Ich wünsche mir schon, dass … ____

10 Aussprache: Modalpartikeln. Hören Sie. Sprechen Sie die Dialoge dann zu zweit.

1. ○ Besuch uns doch mal!
   ● Ja, du kannst uns echt mal besuchen!
2. ○ Was kostet das denn?
   ● Ich weiß auch nicht. Was steht denn da?
3. ○ Es ist ja schon spät. Wollen wir jetzt essen?
   ● Aber Max ist ja noch nicht da. Komm, wir warten noch kurz.
4. ○ So spät fährt wohl kein Bus mehr.
   ● Da hast du wohl recht, dann nehmen wir ein Taxi.
5. ○ Du hast Essen beim leckeren Italiener bestellt? Das ist aber eine gute Idee!
   ● Genau. Hm, das ist aber auch lecker!

Gemeinsam sind wir stark

11 a Promis ohne Privatleben. Lesen Sie den Text und ordnen Sie die Wörter zu.

berühmten ___ | beschäftigt ___ | beweisen ___ | Blick ___ | Einzelheiten ___ |
Ersatz ___ | fürchten ___ | geheim ___ | kümmern ___ | Mehrheit ___ | Scheidung ___

Promis ohne Privatleben

Wann haben Sie das letzte Mal eine Zeitschrift mit den neuesten Nachrichten über die (1) aus dem Leben eines Promis gelesen? Wer amüsiert sich nicht gern über Pech und Glück der (2) Stars? Aber möchten Sie gern mit ihnen tauschen? Auf den ersten (3) scheint das wundervoll, aber denken Sie kurz über die Konsequenzen nach. Nichts in Ihrem Leben bleibt (4), ständig behauptet die Presse etwas Neues, damit man auf einen Artikel klickt: ein betrunkener Ehegatte, eine angebliche (5) nach zwei Monaten Ehe … Solche Nachrichten bringen den Journalisten Geld und sie müssen ihre Schlagzeilen und Behauptungen nicht (6). Fake News oder die Wahrheit, das ist wahrscheinlich für die (7) der Leserinnen und Leser nicht wichtig – Hauptsache, man ist für ein paar Minuten (8). Nur die Stars sind davon meist nicht begeistert, denn sie (9), dass der Einfluss auf ihr Privatleben zu groß wird und ihre Beziehungen daran kaputtgehen. Geld und Erfolg sind eben doch kein (10) für ein glückliches Familienleben – zumindest nicht für eine lange Zeit. Vielleicht sollten wir uns lieber um unser eigenes Privatleben (11) als um das der Stars? Das wäre dann nur für die Medien traurig.

b Sie hören vier Gespräche. Zu jedem Gespräch gibt es zwei Aufgaben. Entscheiden Sie bei jedem Gespräch, ob die Aussage dazu richtig oder falsch ist und welche Antwort (a, b oder c) am besten passt.

4–8

Beispiel
Julia und Cornelius möchten heiraten.   Richtig   ~~Falsch~~

Was wollen sie für die Kinder organisieren?
a Einen Clown.
b Ein Programm.
☒ Einen Spielraum.

1 Matteo und Anna-Lena sind Nachbarn.   Richtig   Falsch

2 Wie bekommt Anna-Lena die Konzertkarte?
a Matteo gibt sie ihr gratis.
b Matteo verkauft ihr eine.
c Sie kauft sie.

3 Frau Riedinger ist die Kollegin von Herrn Kaminski.   Richtig   Falsch

4 Was hat Herr Kaminski im Urlaub gemacht?
a Er hat eine Fahrradtour gemacht.
b Er hat Verwandte besucht.
c Er ist zu Hause geblieben.

5 Sie hören ein Gespräch zwischen zwei Lehrenden.   Richtig   Falsch

6 Was machen die Schüler und Schülerinnen der 7. Klasse?
a Sie machen einen Schüleraustausch.
b Sie spielen zusammen Theater.
c Sie wandern zusammen.

7 Herr Schurig ist Hausmeister.   Richtig   Falsch

8 Was ist kaputt?
a Das Licht im Flur.
b Die Klingel unten im Haus.
c Die Waschmaschine im Keller.

7 über Fabeln sprechen, einen Text lebendig vorlesen

Die Moral von der Geschichte …

12 Kennen Sie diese Tiere auf Deutsch? Welche Tiere kennen Sie noch? Sammeln Sie und vergleichen Sie mit einem Partner / einer Partnerin. Notieren Sie die Wörter auch in Ihrer Sprache. Wie viele Wörter sind ähnlich?

1. die Giraffe
2. das Krokodil
3. die Mücke
4. der Pinguin
5. die Fliege
6. die Ente
7. die Schildkröte

13 a Der Hase und die Frösche. Lesen Sie die Fabel und die Aussagen. Was ist richtig? Kreuzen Sie an.

Der Hase und die Frösche

Ein Hase saß auf einer Wiese und überlegte: „Wer ängstlich ist", dachte er, „ist eigentlich unglücklich dran! Nichts kann er in Ruhe genießen, immer passiert etwas Aufregendes. Ich schlafe vor Angst schon mit offenen Augen. Das muss anders werden! Aber wie?" So saß er und überlegte lange. Dabei war er aber immer vorsichtig und alles konnte ihn erschrecken – eine Bewegung, ein Laut, ein Nichts …
Plötzlich hörte er, wie etwas leise auf den Boden fiel. Sofort sprang er auf und rannte davon. Er lief schnell bis an das Ufer eines kleinen Sees. Da sprangen alle Frösche, kleine und große, ins Wasser. „Oh", sagte der Hase, „sie laufen weg vor mir! Da gibt es also Tiere, die vor mir, dem Hasen, Angst haben! Was bin ich für ein Held!"
Da kann jemand noch so ängstlich sein – er findet immer noch einen größeren Angsthasen.

	richtig	falsch
1. Der Hase ist sehr ängstlich und möchte das ändern.	☐	☐
2. Der Hase kann immer gut schlafen.	☐	☐
3. Die Frösche blieben im Wasser, als der Hase an den See kam.	☐	☐
4. Der Hase freute sich darüber, dass er anderen Angst machen kann.	☐	☐

b (2.9) Eine Geschichte lebendig vorlesen. Hören Sie die Fabel. Markieren Sie dann wichtige Wörter und Informationen, die Sie betonen möchten. Lesen Sie schwierige Wörter mehrmals laut.

c Lesen Sie dann die Fabel laut und nehmen Sie sich selbst auf. Hören Sie Ihre Aufnahme an: Was können Sie besser machen? Markieren Sie im Text und lesen Sie noch einmal.

Wortbildung – Adjektive mit -ig und -lich

A Welche Endungen haben diese Adjektive? Ergänzen Sie -ig oder -lich.

1. fröh____
2. salz____
3. nebl____
4. glück____
5. ängst____
6. freund____
7. neugier____
8. schrift____
9. durst____
10. persön____
11. ruh____
12. beruf____

> **W** Im Norden Deutschlands spricht man **-ig am Wortende** „-ich", im Süden Deutschlands, in der Schweiz und in Österreich „-ik".

B Kennen Sie ein ähnliches Wort aus der Wortfamilie? Notieren Sie für jedes Adjektiv aus A ein Wort.

1. fröhlich → froh

Das kann ich nach Kapitel 7

R1 Ergänzen Sie die Sätze.

1. Bevor ich heute in den Deutschkurs gekommen bin, _____
2. Während ich im Deutschkurs war, _____
3. Nachdem der Kurs angefangen hatte, _____
4. Seit ich den Deutschkurs besuche, _____

	☺☺	☺	😐	☹	KB	ÜB
✏ Ich kann zeitliche Abfolgen ausdrücken und Zeitangaben machen.	☐	☐	☐	☐	3, 4c, 5a–b, 6d–e, 7	3, 5, 6b–d, 7

R2 Schon wieder zu spät! Arbeiten Sie zu zweit. Versuchen Sie, den Konflikt diplomatisch zu lösen.

Person A
Sie sind meistens im Stress und kommen oft zu spät. Heute waren Sie um 19 Uhr mit einem guten Freund / einer guten Freundin verabredet. Sie wollen um 20 Uhr zusammen ins Kino. Sie kommen um 19:45 Uhr direkt zum Kino. Dort steht Person B mit verärgertem Gesicht.

Person B
Sie hatten einen langen Arbeitstag und haben sich beeilt, um pünktlich um 19 Uhr einen guten Freund / eine gute Freundin zu treffen. Sie haben schon Kinokarten für einen Film um 20 Uhr gekauft und Ihnen war langweilig. Jetzt ist es schon 19:45 Uhr und Person A kommt endlich.

	☺☺	☺	😐	☹	KB	ÜB
🔊💬 Ich kann Konfliktgespräche verstehen und führen.	☐	☐	☐	☐	6b–c, 9	9

R3 Schreiben Sie einen Text über ein Paar. Es kann ein berühmtes Paar sein oder ein Paar wie Ihre Eltern oder Freunde.

	☺☺	☺	😐	☹	KB	ÜB
✏ Ich kann ein Paar vorstellen.	☐	☐	☐	☐	11d	

Außerdem kann ich ...	☺☺	☺	😐	☹	KB	ÜB
📖 ... Chatnachrichten verstehen.	☐	☐	☐	☐		1a–c
🔊 ... wichtige Informationen in Alltagsgesprächen verstehen.	☐	☐	☐	☐	1c	11b
✏📖 ... eine persönliche E-Mail schreiben und lesen.	☐	☐	☐	☐		1d, 8a
💬✏ ... von Freundschaften erzählen.	☐	☐	☐	☐	2a, 5c	2b
📖 ... Freundschaftsgeschichten verstehen.	☐	☐	☐	☐	2b–c	2a
💬 ... gemeinsam etwas planen.	☐	☐	☐	☐		2c
💬 ... über Konflikte sprechen.	☐	☐	☐	☐	6a, 8b	
💬 ... die eigene Meinung sagen.	☐	☐	☐	☐		8c–d
📖 ... einen Artikel verstehen.	☐	☐	☐	☐		11a
📖 ... kurzen Texten Informationen zuordnen.	☐	☐	☐	☐	11c	
📖💬 ... über Fabeln sprechen.	☐	☐	☐	☐	12	13a
💬📖 ... einen Text lebendig vorlesen.	☐	☐	☐	☐	13	13b–c

7 Lernwortschatz

Freundschaft und Beziehungen

die Clique, -n
der Einfluss, ⸚e
das Verständnis (Sg.) (*Verständnis haben für + A.*)
sich verstehen (mit + D.), er versteht, verstand, hat verstanden (*Ich verstehe mich gut mit meinem Mitbewohner.*)
sich amüsieren (über + A.)
schätzen (*Ich schätze, so tolle Freunde findet man selten.*)
schätzen (an + D.) (*An meiner Freundin schätze ich vor allem ihre Ehrlichkeit.*)
halten, er hält, hielt, hat gehalten (*Unsere Freundschaft hält schon eine Ewigkeit.*)
aus den Augen verlieren (*Meine Freunde aus der Kindheit habe ich leider aus den Augen verloren.*)
alles beim Alten bleiben (*Früher dachte ich, dass immer alles beim Alten bleibt.*)
eingespannt sein (*Ich bin beruflich stark eingespannt.*)
gehören (zu + D.)
ins Gespräch kommen (mit + D.)
über den Weg laufen

Konflikte

der Konflikt, -e
der Streit, -e
die Kritik, -en
die Harmonie (Sg.)
die Mahnung, -en
die Scheidung, -en
die Forderung, -en
die Erwartung, -en
vor Gericht gehen
die Behauptung, -en
behaupten
fest|stellen
akzeptieren
sich einigen (auf + A.)
klären
erleichtern
beweisen, er beweist, bewies, hat bewiesen
sich auf|regen (über + A.)
hassen
lügen, er lügt, log, hat gelogen
schweigen, er schweigt, schwieg, hat geschwiegen
stehlen, er stiehlt, stahl, hat gestohlen
übertreiben, er übertreibt, übertrieb, hat übertrieben
verhindern
sich verspäten
zusammen|stoßen, er stößt zusammen, stieß zusammen, ist zusammengestoßen
zwingen, er zwingt, zwang, hat gezwungen
angeblich
diplomatisch

Personen

arm, ärmer, am ärmsten
berufstätig
bereit sein (zu + D.)
erschöpft
der Ehegatte, -n
die Ehegattin, -nen
der Feind, -e
die Feindin, -nen
loben

Lernwortschatz

Tiere

beißen, er beißt, biss, hat gebissen
fressen, er frisst, fraß, hat gefressen
scharf, schärfer, am schärfsten *(Das Krokodil hat scharfe Zähne.)*
kräftig
die Beute (Sg.)
die Ente, -n
die Fliege, -n
der Fuchs, ¨-e
die Giraffe, -n
der Hirsch, -e
das Krokodil, -e
die Mücke, -n
der Pinguin, -e
der Rabe, -n
die Schildkröte, -n

Auf einer Versammlung

die Versammlung, -en
die Teilnahme (Sg.)
die Mehrheit, -en
die Presse (Sg.)
die Vorstellung, -en *(Kommst du zur Vorstellung der neuen Präsidentin?)*
die Rede, -n
die Erhöhung, -en
beschließen, er beschließt, beschloss, hat beschlossen
streiken
geheim

andere wichtige Wörter und Wendungen

die Ausgabe, -n *(Lesen Sie den Artikel in der Juli-Ausgabe.)*
die Schlagzeile, -n
die Einzelheit, -en
das Institut, -e
die Kabine, -n
fürchten *(Ich fürchte, dass ich ihn als Freund verliere.)*
klicken (auf + A.)
stecken (in + D.)
eigen
kommerziell
erhalten sein *(Die Briefe sind alt, aber gut erhalten.)*
der Ersatz (Sg.)
die Gegenwart (Sg.)
die Gelegenheit, -en
der Grill, -s
die Konzentration (Sg.)
die Krankenkasse, -n
die Pflicht, -en
selbe *(Inga und ich wohnen im selben Haus.)*
der Tod, -e
entgegen (+ G.)
um (+ A.) *(die Gegend um Leipzig)*
bevor
nachdem
seit/seitdem *(Seitdem du den Job gewechselt hast, bist du immer gestresst.)*
während *(Ich putze, während ich telefoniere.)*

Wichtig für mich:

Markieren Sie in der Wortschlange acht Tiere.

ULXFUCHSTRIKROKODILMUNNTMÜCKETELÖPINGUINAUHSE
EGIRAFFEXLKIEJENTEPÄWFLIEGEERTSCHILDKRÖTESATREBUV

Rund um Körper und Geist

1 a Gesund leben. Was passt wo? Ordnen Sie die Ausdrücke zu.

~~sich bewegen~~ | sich gesund ernähren | sich fit halten | sich ausruhen | sich anstrengen | sich entspannen | viel Wasser trinken | Obst und Gemüse essen | an der frischen Luft sein | sich eincremen | eine Pause machen | kein Fast Food essen | im Schatten bleiben | Gymnastik machen

A

B

C

A: sich bewegen

b Ergänzen Sie die Nachrichten mit Ausdrücken aus 1a. Achten Sie auf die richtige Form.

1.
Wieder den ganzen Tag am Schreibtisch … Kommst du mit zum Joggen? Ich muss mich unbedingt _____!

Kann leider nicht, muss heute länger arbeiten …😩!

2.
Bin schon im Park. Kannst du noch Sonnencreme mitbringen? Habe vergessen, mich zu Hause _____.

Klar, bringe ich mit.

3.
So ein Stress! Ich weiß nicht, wie ich das schaffen soll! 30 Seiten bis morgen! 😳

Du musst auf jeden Fall regelmäßig _____. Am besten nach jeder Stunde für 10 Minuten.

4.
Ab jetzt _____ ich mich gesund! Deshalb gibt es heute eine leckere Gemüsepfanne. Kommst du zum Essen?

Ja, gerne!

c Sie haben im Fernsehen eine Diskussionssendung zum Thema „Gesund leben" gesehen. Im Online-Gästebuch finden Sie folgende Meinung:

Annabelle 19.04. | 17:32 Uhr
Gesundheit ist natürlich wichtig. Aber wie soll ich gesund leben, wenn ich immer so viel Stress habe? Ich arbeite den ganzen Tag und danach muss ich noch 1.000 Dinge erledigen. Für Bewegung bleibt da wenig Zeit. Und mittags esse ich meistens in der Kantine.

Schreiben Sie nun Ihre Meinung zum Thema (ca. 80 Wörter).

Informationen in einem Infotext finden

d Lesen Sie die Aufgaben 1 bis 4 und den Text dazu. Wählen Sie bei jeder Aufgabe die richtige Lösung a, b oder c.

> ! Die Aufgaben sind nicht in der Reihenfolge des Textes.

Sie haben sich in einem Sportverein angemeldet und informieren sich über die Hausordnung.

1. Die Mitglieder …
   a können ihre Hunde mitbringen.
   b dürfen auf dem Vereinsgelände Rad fahren.
   c dürfen im Außenbereich rauchen.

2. In der Sporthalle …
   a muss man das Licht ausmachen.
   b darf man etwas essen.
   c sind schmutzige Schuhe verboten.

3. Im Vereinsbüro …
   a können die Mitglieder telefonieren.
   b kann man Fundsachen abholen.
   c kann man persönlich kündigen.

4. Auf dem Vereinsgelände …
   a soll man den Müll trennen.
   b kann man seine Sachen überall abstellen.
   c dürfen sich nur Vereinsmitglieder aufhalten.

Sportverein SV Vorderstetten
Hausordnung

Allgemein
Die Hausordnung gilt für das gesamte Vereinsgelände.

Ordnung
Jede/r hat die Pflicht, auf allen Flächen des Vereins Ordnung zu halten. Damit alle Wege im Notfall zugänglich sind, müssen sie frei bleiben. Sporttaschen und andere persönliche Dinge dürfen sich nur auf den dafür vorgesehenen Flächen befinden und nicht auf den Wegen liegen. Für den Abfall stehen Tonnen für Plastik, Papier, Glas und Restmüll neben dem Vereinsheim. Besucher/innen (Freunde/Familie von Mitgliedern) können als Zuschauer/innen bei Spielen oder Wettbewerben am Vereinsleben teilnehmen, müssen sich aber an die Regeln halten.

Außenbereiche
Alkohol trinken und Rauchen ist auf dem ganzen Vereinsgelände nicht erlaubt. Raucher/innen müssen zum Rauchen das Gelände verlassen. Tiere müssen immer an der Leine sein und dürfen die Sporthalle nicht betreten. Motorräder, Mofas, Roller, Fahrräder und andere Fahrzeuge müssen immer vor dem Tor stehen. Fahrzeuge auf dem Vereinsgelände werden sofort entfernt.

Innenbereiche
Die Sporthalle ist täglich von 9 bis 22 Uhr geöffnet. Das Licht schaltet sich automatisch um 22:30 Uhr aus. Straßenkleidung ist nicht erlaubt. Bitte betreten Sie die Halle nur mit Sportkleidung und sauberen Sportschuhen. Sportgeräte kann man nur unter Aufsicht der Trainer/innen benutzen. In der Halle gibt es auch einen Wasserspender. Das Mitbringen und der Verzehr von Lebensmitteln ist in der Halle nicht gestattet.

Verwaltung
Das Büro ist täglich von 9 bis 12 Uhr besetzt. Anmeldungen und Kündigungen bitte ausschließlich über den Postweg und persönlich unterschrieben schicken. Das im Büro vorhandene Telefon ist nur für die Leitung und Trainer/innen. Ein öffentliches Telefon finden Sie im Café Mirabelle. Dinge, die Mitglieder vergessen oder verloren haben, bitte in die Box neben dem Eingang werfen. Die jeweiligen Besitzer/innen können diese dann jeweils am Montagvormittag bei unseren Mitarbeiter/innen im Büro abholen.

8 über Kranksein sprechen, Hilfe anbieten und annehmen oder ablehnen, jemanden warnen

Im Krankenhaus

2 a Mir geht's nicht gut. Ordnen Sie die Aussagen den Situationen zu.

1. Sie haben Kopfschmerzen. Die Ärztin verschreibt Ihnen ein Schmerzmittel. ____
2. Sie sind sehr blass und haben Probleme beim Atmen und Schmerzen in der Brust. Jemand hat den Notruf gewählt. ____
3. Sie fühlen sich nicht gut, Sie sind zu schwach zum Arbeiten und sind bei der Ärztin. ____
4. Sie haben sich in den Finger geschnitten, es blutet ziemlich stark. ____
5. Sie hatten einen kleinen Unfall und Ihre Schulter tut weh. Ein Freund hat Sie gleich zum Arzt gefahren. ____

A „Gut, dass Sie sofort in die Praxis gekommen sind. Herr Dr. Moltke wird Sie gleich untersuchen. Haben Sie Ihre Versichertenkarte dabei?"
B „Ich reinige jetzt erst mal alles und dann klebe ich Ihnen ein Pflaster auf die Wunde."
C „Dieses Medikament hilft gegen die Schmerzen. Am besten ist es, wenn Sie das Pulver in Wasser auflösen und morgens vor dem Frühstück einnehmen."
D „Der Krankenwagen bringt Sie jetzt ins Krankenhaus, in die Notaufnahme."
E „Ich schreibe Sie für den Rest der Woche krank. Bleiben Sie im Bett und erholen Sie sich."

b Hilfe anbieten und annehmen oder ablehnen. Wählen Sie.

A Wie heißen die Ausdrücke? Ergänzen Sie. Die Wörter unten helfen.

1. ○ Geht's allein? Oder _____ Sie Hilfe?
   ● Ja, bitte, das _____ sehr nett!
2. ○ Kann ich noch etwas für Sie _____?
   ● Nein, danke, das ist nicht _____.

B Wie heißen die Ausdrücke? Ergänzen Sie.

3. ○ Und _____ noch etwas
   ● Nein, danke, das ist alles.
4. ○ Sie brauchen mich nur zu rufen, wenn ich Ihnen _____ soll.
   ● Danke, das ist _____ von Ihnen.

brauchen | helfen | nett | nötig/notwendig | sonst | tun | wäre

c Dringend raten / warnen. Was ist richtig? Kreuzen Sie an.

1. Langsam! Seien Sie ☐ ruhig ☐ vorsichtig! Sie sollten nicht schnell ☐ gehen ☐ aufstehen. Das ist nicht ☐ schlecht ☐ gut für Sie.

2. Nein, das geht nicht. Ich muss Sie ☐ warnen ☐ beruhigen. Das ist zu ☐ einfach ☐ gefährlich. Sie ☐ müssen ☐ dürfen noch nicht ohne Hilfe gehen.

3. Tun Sie das nicht. Ich kann Ihnen nur dringend ☐ sagen ☐ raten, heute noch nichts zu essen.

jemandem etwas erklären **8**

3 Was müssen die Personen machen? Schreiben Sie Sätze mit *brauchen ... nur* oder *brauchen ... nicht/kein* mit *zu* und Infinitiv.

1. *Sie brauchen nur mit dem Rezept in die Apotheke zu gehen.*
(mit dem Rezept / in die Apotheke / Sie / gehen / nur)

2. *Sie* _____
(Sie / nicht mehr lange / im Krankenhaus / bleiben)

3. *Wenn* _____
(wenn / einen Tee / Sie / möchten / , / nur / etwas / sagen)

4. *Sie* _____
(keine Angst / haben / Sie / , / die Untersuchung / nicht / wehtun)

5. *Wenn* _____
(wenn / die Schmerzen / sein / vorbei / , / keine Tabletten / nehmen / mehr)

> **!**
> In der gesprochenen Sprache lässt man *zu* oft weg:
> *Danke, du brauchst mir nicht helfen. Du brauchst keine Angst haben!*

4 a Ergänzen Sie die Verben und Reflexivpronomen in der richtigen Form.

sich ausruhen | sich anmelden | sich fühlen | sich kümmern | sich beeilen | sich entscheiden

1. Hey Malte! Ich bin seit gestern in dem neuen Fitness-Studio. Willst du _____ nicht auch _____?

   Muss ich _____ heute schon _____? Ich rufe dich morgen an und gebe dir Bescheid. Okay?

2. Wo seid ihr denn? Wir müssen _____ echt ein bisschen _____. Es ist schon spät!

   Bin auf dem Weg. Lisa kommt aber nicht mit. Sie hatte Stress im Büro und will _____ lieber _____.

3. Hallo Herr Krause, sind Sie noch im Krankenhaus? Ich hoffe, Sie _____ _____ schon besser. Viele Grüße!

   Vielen Dank! Ja, die Ärzte und Pfleger _____ _____ hier sehr gut um mich und mir geht es besser.

b Dativ oder Akkusativ? Was ist richtig? Kreuzen Sie an.

1. ○ Ich zieh' ☐ mich ☐ mir noch schnell um. Dann können wir los.
   ● Ich bin schon fertig. Ich muss ☐ mich ☐ mir nur noch die Schuhe anziehen.
2. ○ Kommst du?
   ● Ja, gleich. Ich muss ☐ mich ☐ mir nur noch schnell die Hände waschen.
   ○ Aber du hast ☐ dich ☐ dir doch gerade erst geduscht!
   ● Na und?
3. ○ Warum putzt du ☐ dich ☐ dir denn schon wieder die Zähne?
   ● Weil ich gleich einen Termin beim Zahnarzt habe.
4. ○ Ach, ich habe völlig vergessen, ☐ mich ☐ mir die Haare zu kämmen.
   ● Echt? Sieht man gar nicht.

8 über das Krankenhaus sprechen, eine Entschuldigung schreiben

c Wie heißen die Reflexivpronomen? Ergänzen Sie die Tabelle. Die Aufgaben 4a und 4b helfen.

	ich	du	er/es/sie	wir	ihr	sie/Sie
Akkusativ						
Dativ						

5 a Im Krankenhaus. Zu welchem Thema passen die Ausdrücke? Wählen Sie.

A Ordnen Sie zu. **B** Ordnen Sie zu und ergänzen Sie weitere Ausdrücke

das Nachthemd | sich leise unterhalten | die Chipkarte | der Schlafanzug | der Trainingsanzug |
die Besuchszeit | Diät halten | die Gebühr bezahlen | das Getränk | eine Mahlzeit einnehmen |
die Hausschuhe | der Bademantel | die Rufnummer | Rücksicht nehmen auf andere

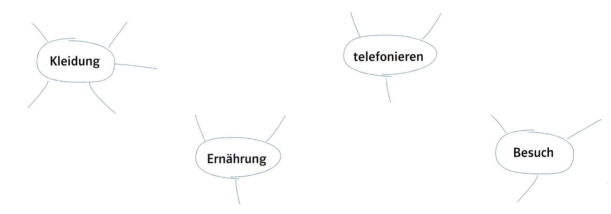

b Sich entschuldigen. Schreiben Sie eine E-Mail.

Sie besuchen zwei Mal pro Woche einen Yoga-Kurs. Die Kursleiterin, Frau Moser, hat für morgen Abend ein gemeinsames Abendessen für alle Teilnehmer und Teilnehmerinnen organisiert. Sie können zu dem Termin aber nicht kommen.
Schreiben Sie an Frau Moser. Entschuldigen Sie sich höflich und berichten Sie, warum Sie nicht kommen können.
Schreiben Sie eine E-Mail (ca. 40 Wörter).
Vergessen Sie nicht die Anrede und den Gruß am Schluss.

Musik und Emotionen

6 a Was Musik mit uns macht. Welche Ausdrücke haben eine ähnliche Bedeutung? Ordnen Sie zu.

1. beeinflussen _____
2. der Bereich _____
3. empfinden _____
4. vermutlich _____
5. die Stimmung _____
6. beobachten _____
7. gelangen _____
8. an einer Krankheit leiden _____

A die Laune
B fühlen
C kommen
D verändern
E genau zusehen, was passiert
F nicht gesund sein
G wahrscheinlich
H der Teil

8 jemandem etwas erklären, ein Gespräch über Musik verstehen

b Etwas einfacher erklären. Formulieren Sie die Sätze neu.

1. Bei schnellen Rhythmen empfinden wir Freude.

   _____

   (bei schneller Musik / sich fühlen / gut / wir)

2. Langsame Stücke in Moll wirken beruhigend.

   _____

   (langsame Musik / machen / ruhiger / uns)

3. Musik beeinflusst unsere Stimmung.

   _____

   (Musik / unsere Laune / verändern)

4. Personen, die an Alzheimer leiden, erinnern sich mithilfe von Musik an Erlebnisse.

   _____

   (Personen mit Alzheimer / sich erinnern / an Erlebnisse / durch Musik)

c Hören Sie das Gespräch mit der Musikforscherin Kathrin Salomon. Über welche Fragen wird in dem Interview gesprochen? Kreuzen Sie an.

☐ 1. Wie reagiert der Körper eines Menschen, wenn er Musik hört?

☐ 2. Wie können wir durch Musik Stress reduzieren?

☐ 3. Wie verändert sich das Verhalten von Menschen, wenn sie zusammen Musik machen?

☐ 4. Wie kann man mit Musik besser lernen?

d Hören Sie noch einmal. Sind die Aussagen richtig oder falsch? Kreuzen Sie an.

	richtig	falsch
1. Musik wirkt nicht nur auf die Gefühle, sondern auch auf den Körper.	☐	☐
2. Wenn Menschen Musik hören, spüren sie ihre Schmerzen nicht so stark.	☐	☐
3. In Schulklassen, die zusammen Musik machen, gibt es weniger Konflikte und Streit.	☐	☐
4. Beim Musikmachen können die Schüler/innen tun, was sie möchten.	☐	☐
5. Das Klima in der Klasse ist nur während der Musikstunde ruhig und entspannt.	☐	☐
6. Beim Musizieren sind die Schüler/innen besonders gut, die auch in den anderen Fächern erfolgreich sind.	☐	☐
7. Das Konzert am Schluss ist motivierend für die Schüler/innen.	☐	☐

7 a Musik aus Deutschland. Was gehört zusammen? Ordnen Sie zu.

1. *Rammstein* ist nicht nur in Deutschland bekannt, ___
2. *Jan Delay* ist sowohl allein als Sänger erfolgreich, ___
3. *Lena Meyer-Landrut* ist zwar eigentlich Sängerin, ___
4. *Die Ärzte* machen einerseits lustige Musik, ___
5. Den DJ *Felix Jaehn* trifft man entweder bei einem Auftritt ___
6. Die Sängerin *Helene Fischer* ist immer nett zu ihren Fans, sie ist weder unfreundlich ___

A als auch mit seiner Band *Beginner*.

B noch arrogant.

C andererseits sind sie auch bekannt für kritische Texte.

D oder im Musikstudio.

E aber inzwischen sieht man sie auch als Moderatorin im Fernsehen.

F sondern auf der ganzen Welt berühmt.

8 über Musik sprechen

b Schreiben Sie Sätze mit den zweiteiligen Konnektoren.

1. Natascha: nicht nur …, sondern auch …
3. Anna: zwar …, aber …
5. Cora: entweder … oder …

2. Jamil: sowohl … als auch …
4. Timur: weder … noch …
6. Tom: einerseits …, andererseits …

1. Natascha spielt nicht nur Klavier, sondern …

8 a Musikstile und Instrumente. Lösen Sie das Rätsel: Vier Musikerinnen – Wer spielt oder mag was? Ergänzen Sie die Tabelle.

Anna, Ella, Jana und Eva hören gern Musik und sie machen auch selbst Musik. Eine findet Jazz und Rock toll, eine mag Klassik, eine hat Volksmusik gern und eine Pop. Eine ist Sängerin, die anderen drei spielen Instrumente: Klavier, Gitarre und Flöte.
Anna findet Rock und Jazz super, sie spielt nicht Gitarre. Ella spielt Klavier. Jana mag besonders klassische Musik. Die Sängerin mag gern Volksmusik.

Name	Musikstil	Instrument/Stimme
Anna	*Rock und Jazz*	
Ella		*Klavier*
Jana		
Eva		

b Ich und meine Musik, du und deine Musik. Unterhalten Sie sich mit Ihrem Partner / Ihrer Partnerin über folgende Themen.

 Im ersten Teil der **Prüfung** sprechen Sie mit Ihrem Partner / Ihrer Partnerin über die linken Fragen. Der/Die Prüfer/in kann noch weitere Fragen stellen, z. B. zu Ihren Hobbys (wie Musik, siehe unten rechts). Diese Aufgabe ist im DTZ ähnlich. Dort stellen Sie sich selbst vor.

- Name
- Woher sie oder er kommt
- Wo und wie sie oder er wohnt (Wohnung, Haus …)
- Familie
- Wo sie oder er Deutsch gelernt hat
- Was sie oder er macht (Beruf, Studium, Schule …)
- Sprachen (Welche? Wie lange? Warum?)

- Ob Musik für sie oder ihn wichtig ist
- Wer ihre/seine Lieblingsmusiker sind
- Ob sie oder er auch selbst Musik macht
- Welches Konzert für sie oder ihn am schönsten war
- Welchen Musiker / Welche Musikerin sie oder er treffen möchte (Warum?)

über Lernen sprechen, Lerntipps geben

8

9 a Aussprache: Wie ist die Satzmelodie: steigend ↗, sinkend ↘ oder gleichbleibend →? Markieren Sie.

○ Weißt du schon, _____ dass ich seit Kurzem in einem Chor bin? _____

● Ach, wirklich? _____ Das habe ich nicht gewusst, _____ aber du hast ja immer schon gern gesungen. _____

○ Eben. _____ Und als mich ein Freund gefragt hat, _____ ob ich auch Lust habe, _____ da habe ich sofort ja gesagt. _____

● Und? _____ Wie ist es? _____ Gefällt es dir? _____

○ Oh ja! _____ Es macht wirklich Spaß. _____ Und nächste Woche _____ haben wir einen Auftritt. _____ Ich freu' mich schon. _____

b Hören und kontrollieren Sie. Lesen Sie dann mit einem Partner / einer Partnerin das Gespräch laut.

Gedächtnisleistung

10 a Was funktioniert bei Ihnen gut? Kreuzen Sie an und ergänzen Sie.

Ich merke mir neue Informationen – auch Wörter – besonders gut, …

☐ wenn ich Bilder oder Zeichnungen dazu sehe.
☐ wenn ich mich beim Zuhören oder Lernen bewegen kann.
☐ wenn ich an meinem Lieblingsplatz sitze und es ganz ruhig ist.
☐ wenn im Hintergrund leise Musik läuft.
☐ wenn ich mir Notizen mache und diese später noch mal in Ruhe durchgehe.
☐ wenn ich einer anderen Person etwas über die neuen Informationen erzähle.
☐ wenn mir jemand etwas mit guten Beispielen erklärt.
☐ wenn mich die neuen Informationen und das Thema wirklich interessieren.
☐ wenn ich die neuen Informationen oder Wörter sofort verwende.
☐ _____

b Vergleichen Sie Ihre Ergebnisse aus 10a zu zweit. Geben Sie sich gegenseitig Tipps, wie man sich Informationen besser merken kann.

11 Ordnen Sie die Verben zu. Manchmal gibt es mehrere Möglichkeiten.

beschäftigen | lernen | machen | nutzen | unterrichten | vermitteln | verwenden

1. sich mit einem Thema _____
2. an einer Schule _____
3. Techniken _____
4. mehrere Sinne _____
5. kleine Mengen _____
6. Pausen _____
7. Wörter im Kontext _____

12 a Das Gedächtnis trainieren – Fehler suchen. In jedem Wort ist ein Buchstabe falsch. Markieren Sie den Fehler und schreiben Sie das Wort richtig.

1. sich erintern _sich erinnern_
2. berunigen _____
3. beeinvlussen _____
4. aufnihmen _____
5. das Erlepnis _____
6. das Gepirn _____

8 besondere Orte vorstellen

b Wählen Sie zwölf neue Wörter aus dem Kapitel. Schreiben Sie jedes Wort mit einem falschen Buchstaben. Ihr Partner / Ihre Partnerin schreibt die Wörter richtig.

stannend   *spannend*

Mit allen Sinnen

13 Lesen Sie noch einmal den Text im Kursbuch, Aufgabe 13a. Zu welchem Ort passt welcher Satz? Kreuzen Sie an.

	Villa Sinnenreich	Baumwipfelpfad	Haus der Musik
1. Man lernt etwas über ein berühmtes Orchester.	☐	☐	☐
2. Man hat dort einen schönen Ausblick.	☐	☐	☐
3. Der Besuch startet mit einem ungewöhnlichen Ticket.	☐	☐	☐
4. Man kann den Ort auch besuchen, wenn man nicht gehen kann.	☐	☐	☐
5. Man sollte einen ganzen Tag dort verbringen.	☐	☐	☐
6. Man kann dort auch selbst Musik machen.	☐	☐	☐

Wortbildung – Verben mit *mit-*, *vorbei-*, *weg-*, *weiter-*, *zusammen-* und *zurück-*

A Welches Verb ist richtig? Kreuzen Sie an.

○ Ich gehe jetzt zu Peer ins Krankenhaus. Möchtest du (1) ☐ mitgehen ☐ weggehen?
● Gerne, wir kennen uns gut, wir haben lange (2) ☐ weitergearbeitet ☐ zusammengearbeitet.
○ Warum fahren wir nicht mit dem Bus? Die Linie 5 fährt direkt am Krankenhaus (3) ☐ vorbei ☐ zusammen.
● Ich habe meine Jacke vergessen. Ich muss noch mal nach Hause (4) ☐ weitergehen ☐ zurückgehen.
○ Was machst du denn am Wochenende? Sollen wir vielleicht (5) ☐ wegfahren ☐ zurückfahren?
● Ich muss morgen ins Büro und an meinem Projekt (6) ☐ mitmachen ☐ weitermachen.

B Ergänzen Sie *mit-*, *vorbei-*, *weg-*, *weiter-*, *zusammen-* oder *zurück-*.

1. Gestern sind wir nach der Arbeit alle noch gemeinsam _____ gegangen, in eine Kneipe bei uns um die Ecke.
2. Auch Christine und Luis sind _____ gegangen.
3. Und auch unsere Chefin ist später noch kurz _____ gekommen.
4. Ich musste leider früher gehen, denn meine Eltern sind aus dem Urlaub _____ gekommen und ich musste sie abholen.
5. Ich finde es toll, dass im Team alle gut _____ passen!
6. Manchmal machen wir früher Feierabend. Wir können ja am nächsten Tag _____ arbeiten!

mit-, *vorbei-*, *weg-*, *weiter-*, *zusammen-* oder *zurück-* behalten auch in Verbindung mit einem Verb meistens ihre Bedeutung:
Kannst du schnell bei Pia vorbeigehen?
Willst du auch mitgehen?
Wir müssen noch mal zurückgehen.

C Notieren Sie jeweils mindestens drei weitere Verben. Das Wörterbuch hilft.

Das kann ich nach Kapitel 8

R1 Hilfe anbieten und annehmen oder ablehnen. Wählen Sie zwei Situationen. Spielen Sie zu zweit die Gespräche.

A   B   C

	☺☺ ☺ 😐 ☹	KB	ÜB
Ich kann Hilfe anbieten und annehmen oder ablehnen.	☐ ☐ ☐ ☐	2b–c, 3c	2b

R2 Hören Sie die beiden Gespräche. Richtig oder falsch? Kreuzen Sie an.

	richtig	falsch
1. Der Mann sagt, dass er eine weniger anstrengende Arbeit suchen will.	☐	☐
2. Die Ärztin sagt dem Mann, dass er auf sein Gewicht aufpassen und abnehmen muss.	☐	☐
3. Die Frau hatte einen Unfall und hat sich am Bein verletzt.	☐	☐
4. Der Arzt sagt der Frau, dass sie sich ab heute mehr bewegen soll.	☐	☐

	☺☺ ☺ 😐 ☹	KB	ÜB
Ich kann jemanden warnen und Warnungen verstehen.	☐ ☐ ☐ ☐	2b–c, 3c	2c

R3 Was machen Sie normalerweise zuerst, was danach? Berichten Sie.

sich die Zähne putzen | frühstücken | sich anziehen | sich waschen | Nachrichten lesen | sich die Schuhe anziehen

	☺☺ ☺ 😐 ☹	KB	ÜB
Ich kann Gewohnheiten nennen.	☐ ☐ ☐ ☐	4b	

Außerdem kann ich …	☺☺ ☺ 😐 ☹	KB	ÜB
… über Gesundheit sprechen und schreiben.	☐ ☐ ☐ ☐	1	1a–c
… über Kranksein und das Krankenhaus sprechen.	☐ ☐ ☐ ☐	2a, 5c	2a, 5a
… jemandem etwas erklären.	☐ ☐ ☐ ☐		3, 6b
… eine Entschuldigung schreiben.	☐ ☐ ☐ ☐		5b
… Informationen in einem Infotext finden.	☐ ☐ ☐ ☐	5a–b	1d
… über Musik und Gefühle sprechen.	☐ ☐ ☐ ☐	6a–c, 7b, 8	7a–b, 8b
… wichtige Informationen aus einem Zeitungsartikel weitergeben.	☐ ☐ ☐ ☐	6d	
… ein Gespräch über Musik verstehen.	☐ ☐ ☐ ☐		6c–d
… über Lernen sprechen.	☐ ☐ ☐ ☐		10a, 11, 12
… eine Diskussion im Radio verstehen.	☐ ☐ ☐ ☐	11	
… Lerntipps geben.	☐ ☐ ☐ ☐	12b	10b
… besondere Orte vorstellen.	☐ ☐ ☐ ☐	13	13

8 Lernwortschatz

fit und gesund bleiben

die Gymnastik (Sg.)
sich an|strengen
das Gehirn, -e
der Geist, -er
raten (zu + D.), er rät, riet, hat geraten *(Ich rate dir, auf deine Gesundheit zu achten.)*
kühlen
ein|cremen
der Schatten, -

Essen und Trinken

die Flüssigkeit, -en
die Hauptmahlzeit, -en
der Knödel, -
der Pfannkuchen, -
der Schweinebraten, -
das Steak, -s
roh
blutig
essbar
eiskalt

rund um den Körper

atmen
blass
schwindelig
die Brust, ¨e
die Schulter, -n
leiden (an + D.), er leidet, litt, hat gelitten

im Krankenhaus

die Heilung, -en
die Medizin (Sg.)
das Schmerzmittel, -
einnehmen, er nimmt ein, nahm ein, hat eingenommen *(Medikamente einnehmen)*
auf|lösen

verschreiben, er verschreibt, verschrieb, hat verschrieben
krank|schreiben, er schreibt krank, schrieb krank, hat krankgeschrieben
der Krankenwagen, -
die Notaufnahme, -n
die Versichertenkarte, -n
der Klinikaufenthalt, -e
die Entlassung, -en
die Besuchszeit, -en
der Haupteingang, ¨e
der Notausgang, ¨e
der Notruf, -e
der Pfleger, -
zur Verfügung stehen
auf|bewahren
untersagt sein
warnen (vor + D.)
zuständig (für + A.)

Kleidung und Hygiene

der Bademantel, ¨
der Hausschuh, -e
der Schlafanzug, ¨e
die Zahnbürste, -n
die Zahnpasta, -pasten
kämmen
die Drogerie, -n

Technik

der Alarmknopf, ¨e
der Apparat, -e
die Bedienungsanleitung, -en
die Chipkarte, -n
die Fernbedienung, -en
das Festnetz (Sg.)

Musik und Emotionen

der Klang, ¨e
der Jazz (Sg.)

Lernwortschatz 8

die Klassik (Sg.) _____
klassisch _____
das Stück, -e *(Ich spiele ein Stück von Mozart.)* _____
beruhigend _____
die Wirkung, -en _____
empfinden, er empfindet, empfand, hat empfunden _____
spüren _____
die Forscherin, -nen _____
feierlich _____

Besondere Orte

karrierearm _____
familienfreundlich _____
fantasievoll _____
geeignet (für + A.) _____
interaktiv _____
ungewöhnlich _____
sich wundern (über + A.) _____

Andere wichtige Wörter und Wendungen

alltäglich _____
ausreichend _____
die Beerdigung, -en _____
betragen, er beträgt, betrug, hat betragen _____
bisher _____
brauchen … zu *(Sie brauchen mich nur zu rufen, wenn ich Ihnen helfen soll.)* _____
einigermaßen _____
einschließlich _____

vermutlich _____
gelangen _____
glatt _____
grundsätzlich _____
kleben _____
das Rätsel, - _____
kommen (auf + A.), er kommt, kam, ist gekommen *(Ich komme gerade nicht auf die Lösung.)* _____
durch den Kopf gehen _____
mithilfe (von + D.) _____
der Moderator, -en _____
die Motivation (Sg.) _____
motiviert _____
die Nachfrage, -n _____
obere _____
die Reklame, -n _____
der Rest, -e _____
die Rücksicht (Sg.) *(Bitte nehmen Sie Rücksicht auf Ihre Nachbarn.)* _____
zur Seite gehen _____
sichtbar _____
sinken, er sinkt, sank, ist gesunken _____
überprüfen _____
einerseits …, andererseits _____
entweder … oder _____
nicht nur …, sondern auch _____
sowohl … als auch _____
weder … noch _____
zwar …, aber _____

Wichtig für mich:

_____
_____

Was nehmen Sie mit, wenn Sie ins Krankenhaus müssen? Notieren Sie.

_____
_____
_____

9 einen Blogbeitrag verstehen und kommentieren

Kunststücke

1 a Welches Wort passt nicht? Streichen Sie durch.

1. das Bild: die Farbe, der/die Autor/in, der Vordergrund, der Hintergrund, die Mitte
2. die Graffiti-Kunst: das Bild, die Wand, der Gast, der/die Künstler/in, die Farbe
3. die Architektur: das Gebäude, das Schloss, das Haus, das Gemälde, die Burg
4. die Kultur: die Musik, das Theater, das Museum, die Brücke, die Ausstellung

b Lesen Sie den Kommentar von Adrian zu Marias Kunstblog. Welche Aussagen sind richtig? Kreuzen Sie an.

Adrian 19.06. | 15:35 Uhr

Hallo Maria,
dein neuer Blogeintrag gefällt mir gut. Ich habe bisher gar nicht darüber nachgedacht, wie viel Kunst mir auch einfach so im Alltag begegnet. Irgendwie war für mich Kunst immer mit Museen und Ausstellungen verbunden, aber du hast natürlich recht – Kunst ist überall.
Auf deinem Weg zum Büro finde ich die Station der Hungerburgbahn am schönsten. Und rate mal, warum? Weil ich auch ein großer Fan von moderner Architektur bin, außerdem sind im Hintergrund die Berge – das sieht toll aus. Hier in Leipzig gibt es zum Glück auch einige moderne Gebäude. Ein paar gefallen mir gar nicht, aber die meisten sehen toll aus.
Auf meinem Weg zur Arbeit komme ich an einem witzigen Haus vorbei – nämlich mit gemalten Figuren an der Hauswand. Egal, wie das Wetter ist – wenn ich die bunten Figuren sehe, bekomme ich immer gute Laune. Ich bin zwar nicht sicher, ob das Kunst ist, aber es ist viel schöner als eine graue Wand!

☐ 1. Adrian hat sich schon oft mit Kunst im Alltag beschäftigt.
☐ 2. Adrian ist der Meinung, dass es echte Kunst nur im Museum gibt.
☐ 3. Die Bahnstation gefällt Adrian auch, weil man dort die Berge sieht.
☐ 4. Manchmal findet Adrian moderne Architektur auch hässlich.
☐ 5. Adrian findet die Bilder am Gebäude eine gute Idee.

c Lesen Sie Marias Chat-Nachrichten und antworten Sie.

> Schön, dass du mir schreibst. Welche Art von Kunst gefällt dir denn? Und warum? **Maria**

Also, mir gefällt ... *ich*

> Interessant! Ich mag moderne Kunst, aber auch Künstler wie Leonardo da Vinci. Er war ein echtes Genie! Wen findest du toll? **Maria**

ich

> Das google ich gleich mal! Am Wochenende war ich in einer Ausstellung über die Geschichte der Musikinstrumente – ich habe viel Neues erfahren! Welche Ausstellung hat dir gefallen? **Maria**

ich

> Spannend! Darüber musst du mir beim nächsten Mal mehr erzählen! Bis bald! **Maria**

ich

9 eine Radioumfrage verstehen, nachfragen, etwas verneinen

2 Hören Sie die Radioumfrage aus dem Kursbuch, Aufgabe 2a noch einmal. Wer sagt was? Kreuzen Sie an.

	Fr. Ritter	Clemens	Fr. Walde
1. Der/Die Künstler/in macht immer originelle und lustige Sachen.	☐	☐	☐
2. Mir gefällt das Gebäude, ich sehe es täglich auf dem Weg zur Arbeit.	☐	☐	☐
3. Neu und modern – das gefällt mir nicht.	☐	☐	☐
4. Es gibt hässliche Orte in der Stadt, die für manche aber toll sind.	☐	☐	☐
5. An diesem Ort in der Stadt kann man sich erholen.	☐	☐	☐

Wa(h)re Kunstwerke

3 a Synonyme (=) und Gegenteile (≠). Notieren Sie das passende Wort. Die Texte im Kursbuch, Aufgabe 3b helfen.

1. sauber ≠ _____
2. kaputt machen = _____
3. absichtlich ≠ _____
4. wahrscheinlich = _____
5. dumm ≠ _____
6. gezwungen ≠ _____
7. günstig = _____
8. maximal ≠ _____

b Nachfragen. Schreiben Sie die Redemittel richtig.

1. _____, was die Affen gemalt haben.
   (würde / genauer / interessieren / Mich)

2. _____, was die Bilder kosten?
   (nachfragen / noch mal / ich / Darf)

3. _____, dass dort jeder Bilder kaufen kann?
   (richtig / verstanden / ich / Habe)

4. _____, was mit dem Kunstwerk passiert ist?
   (erklären / noch einmal / du / Könntest / mir)

4 a Etwas verneinen. Ergänzen Sie *kein* in der richtigen Form oder *nicht*.

1. Wir waren im Museum, dort gab es _**kein**_ Kunstwerk von Martin Kippenberger.
2. Ich habe _____ gewusst, dass Kippenberger schon 1997 gestorben ist.
3. Mir gefällt moderne Kunst _____ besonders, trotzdem sehe ich sie mir manchmal im Museum an.
4. Der Zoo hatte _____ Geld und hat deshalb Bilder verkauft, die Affen gemalt haben.
5. Leider hatte ich gestern _____ Zeit und konnte _____ zu der Auktion kommen.
6. Die Bilder fand ich _____ alle schön, aber das ist eben Geschmackssache.
7. Ich glaube, ich würde _____ Bilder von Tieren in meiner Wohnung aufhängen.
8. Ich war noch _____ in dem neuen Kunstsupermarkt, aber nächste Woche gehe ich hin.
9. Leider gibt es in unserer Stadt _____ Kunstsupermarkt.

9 etwas verneinen

b Verneinen Sie die Sätze mit *nicht*. Markieren Sie, wo *nicht* steht.

                         nicht
                          ↓

1. Wir sehen uns die modernen Bilder an.
2. Die Ausstellung ist interessant.
3. Die Kunstwerke gefallen mir.
4. Ich habe die Einladung bekommen.
5. Ich habe das Bild selbst gemalt.
6. In der Galerie darf man fotografieren.
7. Wir gehen ins Museum.
8. Ich erinnere mich an die Ausstellung.

c Wo steht *nicht*? Schreiben Sie die Sätze. Beginnen Sie mit dem unterstrichenen Ausdruck.

1. den Künstler / <u>ich</u> / kennen / nicht / .

2. <u>die meisten Leute</u> / schön / dieses Kunstwerk / finden / nicht / .

3. <u>der Maler</u> / das Bild / verkaufen wollen / nicht / .

4. sich freuen / <u>wir</u> / auf die neue Ausstellung / nicht / .

5. <u>das Museum</u> / gekauft haben / das Gemälde / nicht / .

6. in die Ausstellung / <u>ich</u> / gehen wollen / nicht / .

7. <u>ich</u> / verstehen können / moderne Kunst / immer / nicht / .

8. <u>meine Freunde</u> / teilnehmen / an der Museumsführung / nicht / .

d Verneinen Sie die markierten Satzteile und führen Sie den Satz mit *sondern* fort.

1. <mark>Ich</mark> gehe heute ins Museum.
   Nicht ich gehe heute ins Museum, sondern meine Schwester.

2. Ich gehe <mark>heute</mark> ins Museum.

3. Ich habe meiner Freundin <mark>das Bild</mark> gezeigt.

4. Ich habe <mark>meiner Freundin</mark> das Bild gezeigt.

5. Ich habe meiner Freundin das Bild <mark>geschenkt</mark>.

sondern
Wenn man einen verneinten Satz oder Satzteil korrigiert, verwendet man im Folgesatz *sondern* statt *aber*.
Das Bild ist nicht teuer, sondern günstig.

über Bilder sprechen, sagen, wie einem etwas gefällt, eine E-Mail verstehen

9

5 a Bildbeschreibung. Wählen Sie.

A Sehen Sie das Bild an und ergänzen Sie die Bildbeschreibung. Die Wörter unten helfen.

B Sehen Sie das Bild an und ergänzen Sie passende Ausdrücke.

(1) _____ des Bildes ist eine graue Straße, auf der ein Paar mit einem roten Regenschirm läuft.

(2) _____ sieht man einen Baum mit gelben Blättern.

(3) _____ neben dem Baum sind bunte Häuser und ein Geschäft, vor dem eine Frau geht. Auch

(4) _____ sieht man schöne, alte Häuser und darüber den Himmel mit Wolken. Außerdem kann man

(5) _____ im Bild noch einen Kirchturm sehen. (6) _____ links steht ein Haus mit vielen kleinen Fenstern und davor eine Lampe. Die Stimmung auf dem Bild ist romantisch.

Im Hintergrund | oben | Links | In der Mitte | Rechts | Im Vordergrund

b Aussagen verstärken oder abschwächen. Was passt? Kreuzen Sie an.

1. 😊😊 Der Film ist ☐ ziemlich ☐ wirklich gut.
2. 😊 Ich finde dieses Bild ☐ relativ ☐ richtig schön.
3. 😞😞 Der Text über den Künstler war ☐ ziemlich ☐ total uninteressant.
4. 😞 In der Ausstellung sind ☐ eher ☐ besonders wenige Besucher.
5. 😊😊 Die Künstlerin hat ☐ richtig ☐ ziemlich kreative Ideen.
6. 😊 Dieses Bild ist ☐ besonders ☐ eigentlich fantasievoll gemalt.
7. 😞😞 Die Bilder sind ☐ total ☐ eher langweilig.

c Wie heißen die Sätze in 5b in Ihrer Sprache?

6 Lesen Sie den Text und entscheiden Sie, welches Wort (A–O) in die Lücken 1–10 passt. Sie können jedes Wort nur einmal verwenden. Nicht alle Wörter passen in den Text.

Sehr geehrte Frau Backmann,

ich habe Ihre Anzeige gelesen und interessiere mich sehr __1__ Ihr Angebot. Ich studiere Kunstgeschichte __2__ der Freien Universität Berlin und bin zeitlich flexibel. Trotzdem würde ich natürlich gern wissen, wie die Arbeitszeiten sind und __3__ man auch am Wochenende arbeiten kann. Ich habe bereits Erfahrung im Verkauf sammeln können, __4__ ich in den letzten Semesterferien in einem kleinen Geschäft ausgeholfen habe. Das hat __5__ großen Spaß gemacht. Ich habe __6__ nicht an der Kasse gearbeitet, aber ich lerne es gern. Da ich Kunstgeschichte studiere, habe ich auch Interesse am Besuch __7__ Museums. Ist es möglich, in meiner freien Zeit kostenlos ins Museum __8__ gehen?
Ich hoffe auf die Möglichkeit, __9__ persönlich bei Ihnen vorzustellen.
Ich freue mich sehr, __10__ ich bald von Ihnen höre.
Mit freundlichen Grüßen
Mario Alther

Karls-Museum
t Verstärkung!
chen Studierende für
und Museumsladen.
resse bitte melden bei
u Backmann unter:
o@karlsmuseum.de

A alles ___	**E** deshalb ___	**I** mich ___	**M** wie ___
B als ___	**F** des ___	**J** mir ___	**N** wenn ___
C an ___	**G** für __1__	**K** noch ___	**O** zu ___
D bis ___	**H** gerne ___	**L** ob ___	

9 Gespräche und Texte über Kunst verstehen

Wir können mehr

7 a Infos vom Bildungszentrum Hausen. Ergänzen Sie die Sätze.

anwenden | aufführen | auftreten | behandelt | bereit | beschädigte | Broschüre | Büfett | Darstellung | Eröffnung | Geschmack | Kostüm | Qualifikation | ~~schreien~~

A Wollen Sie (1) _schreien_ oder flüstern, auf der Bühne herumspringen oder rennen, sich besonders schminken, ein (2) _____ oder eine Uniform tragen? Sind Sie (3) _____ für ein Theaterabenteuer? Für den Kurs brauchen Sie keine extra (4) _____, aber Spaß am Spiel. Wir wollen ein lustiges Stück (5) _____. In welcher Rolle Sie (6) _____, besprechen wir zu Beginn.

B Haben Sie kaputte Kleidung oder (7) _____ Bücher zu Hause? Ich zeige Ihnen die neuesten Upcycling-Techniken und wie Sie diese (8) _____ können. So werden aus Ihren alten Sachen wieder schöne Dinge ganz nach Ihrem (9) _____. In meiner Online-(10) _____ finden Sie schon jetzt zahlreiche Ideen.

C In ihrem Kurs (11) _____ Alice Marosević das Thema „Frieden". Nach der Einführung in die (12) _____ des Themas bei bekannten Malern und Malerinnen werden Sie selbst kreativ. Zum Kursabschluss zeigen Sie Ihre Bilder in der Galerie am Dom. Zur (13) _____ am ersten Abend gibt es ein (14) _____ mit Snacks und Getränken.

b Adjektivdeklination mit dem bestimmten Artikel. Ergänzen Sie die Endungen.

1. ○ Hast du schon das (1) aktuell_e_ Theater-Programm gesehen?
   ● Nein, ich interessiere mich für die (2) neu____ Kinofilme.
2. ○ Eben habe ich diesen (3) gutaussehend____ Schauspieler getroffen, der die Hauptrolle spielt.
   ● Ich finde den nicht gut. Für diese (4) langweilig____ Rolle braucht man nicht viel Talent.
3. ○ Die Stadt hat die (5) alt____ Oper renoviert.
   ● Ich weiß. Ich warte schon auf die (6) groß____ Eröffnungsfeier.

> ❗ diese/r, jene/r funktionieren wi[e] der bestimmte Artikel. **Adjektiv[e] nach dem bestimmten Artikel** haben nur die Endungen -e und [-en].

c Adjektivdeklination mit dem unbestimmten Artikel. Welche Endung ist richtig? Kreuzen Sie an.

1. Gestern habe ich einen ☐ interessanter ☐ interessanten Artikel über ein ☐ neues ☐ neue Kunstprojekt gelesen.
2. In der Galerie gibt es eine ☐ spannende ☐ spannenden Ausstellung von einem ☐ unbekannte ☐ unbekannten Künstler. Ich möchte sie gern mit meinem ☐ besten ☐ bester Freund ansehen.
3. In einem ☐ kleine ☐ kleinen Theater zeigt man im Moment ein Stück, in dem keine ☐ echte ☐ echten Schauspieler/innen mitspielen.
4. Ein ☐ junge ☐ junger Mann singt Lieder, obwohl er keine ☐ tolle ☐ tollen Stimme hat. Aber allen hat sein ☐ lustigen ☐ lustiger Auftritt gefallen.
5. Auf der Bühne sieht man nur ein ☐ altes ☐ alten Sofa mit einem ☐ weißer ☐ weißen Kissen und natürlich die Schauspieler/innen.

> ❗ Die Adjektivdeklination nach *kein/e* und *mein/e* im Singular funktioniert wie nach dem unbestimmten Artikel.

106 einhundertsechs

bestimmte Informationen in Anzeigen finden

9

d Lesen Sie die Situationen 1 bis 7 und die Anzeigen A bis J aus verschiedenen deutschsprachigen Medien. Wählen Sie: Welche Anzeige passt zu welcher Situation? Sie können jede Anzeige nur einmal verwenden. Für eine Situation gibt es keine passende Anzeige. In diesem Fall schreiben Sie 0.

Ihre Freunde interessieren sich in ihrer Freizeit für Kunst/Kultur und suchen passende Angebote.
Beispiel: 0. Alexander möchte einen Fotokurs für Fortgeschrittene machen. _B_

1. Oskar interessiert sich für Architektur und möchte eine Ausstellung besuchen. ____
2. Cassandra spielt Theater und möchte besser werden, hat aber nur am Wochenende Zeit. ____
3. Liam würde gern in seiner Freizeit in einer Band spielen. ____
4. Lara möchte mit ihrer Mutter gern klassische Musik live hören. ____
5. Anton würde gern ein Instrument lernen. ____
6. Noah möchte gern Kunst draußen erleben und mehr erfahren. ____
7. Isabella möchte am Sonntag mit ihrer Freundin ins Theater gehen. ____

> Diese Aufgabe gibt es auch in ZD und DTZ. Nur **die Anzahl der Situationen und Anzeigen** variiert:
> ZD: 10 Situationen – 12 Anzeigen
> DTZ: 5 Situationen – 8 Anzeigen

A **Ein ganz besonderes Erlebnis**
Bei diesem interessanten 4-stündigen Kunst-Spaziergang durch die Innenstadt erfahren Sie viel Spannendes über die vielfältigen Kunstobjekte in unseren Straßen, auf den Plätzen und in den Parks.
Kosten: 18 Euro
Anmeldung unter: kunst@stadtfuehrung.de

B **Jedes Wochenende Workshops**
Fotografieren Sie gern? Lernen Sie mit einem professionellen Fotografen, wie man die schönsten Bilder macht. Die besten Fotos unserer Kursteilnehmenden zeigen wir in einer großen Ausstellung. Für Fotofans, Vorkenntnisse erwünscht!
www.llovefoto.com

C **Architektur in Bildern**
Dieser herausragende Bildband zeigt uns auf 200 Seiten wunderbare europäische Architekturfotografie. Lassen Sie sich faszinieren von den schönsten und modernsten Gebäuden in Europa.
Jetzt im Handel für 39,90 Euro

D **Wir fördern Dich!**
Du hast Talent für die Bühne und möchtest dein Können weiterentwickeln? Dann melde dich bei unserer Schule für Tanz, Gesang und Schauspiel an. Wir bieten 2-Tageskurse (Samstag und Sonntag) und 5-Tageskurse.
www.theatertheater.de

E **Lange Nacht der Musik**
Es ist wieder so weit! 100 Konzerte warten an diesem Wochenende auf Sie. Suchen Sie sich aus, was Ihnen gefällt: Jazz, Klassik, Pop und Rock. Seien Sie dabei, wenn am Samstag wieder zahlreiche Musiker/innen ihre Instrumente auspacken, und feiern Sie mit.
Tickets: www.lndm.com

F **Alles fürs Theater**
Großer Fachhandel für Spiel- und Theaterbedarf bietet alles, was man für die Bühne braucht. Für Profis und Laiengruppen. Wir haben Kostüme, Hüte, Perücken, Schminke und vieles mehr.
www.allesfürstheater.net

G **Neue Ausstellung in der Galerie Müller**
Schmuck für die Wand – Der international bekannte Künstler Kilian Meister zeigt seine besten Bilder. Vernissage am 5.11. Der Künstler ist anwesend. Die Ausstellung läuft bis zum 31.12. Weitere Infos auf unsere Webseite
www.galeriem.com

H **HEUTE PREMIERE!**
Sehen Sie das neue Stück „Auf dem Kopf" von der großen Regisseurin Anna Weißhaupt. Ein Klassiker für Sie neu interpretiert. Vergessen Sie den Alltag und lassen Sie sich vom Geschehen auf der Bühne überraschen. Ab heute täglich um 20 Uhr.
www.aufdemkopf.de

I **Mit Spaß an der Musik**
Wir bieten Unterricht von Profis für alle Instrumente, für Anfänger*innen und Fortgeschrittene von Klassik über Blues bis zur Popmusik. Zweimal im Jahr zeigen unsere Schüler*innen ihr Können bei einem Konzert.
Informieren Sie sich über unsere Angebote:
www.spassanmusik.de

J **Große Wiedereröffnung!**
Nach der langen Renovierungsphase eröffnen wir unser Museum am 2.11. gleich mit zwei interessanten Ausstellungen:
Zeitgenössische Architektur in Afrika
Berlin heute – Fotos in Schwarz-Weiß
Beide Ausstellungen laufen bis 22.12.

9 Personen oder Dinge genauer beschreiben

8 a Adjektivdeklination ohne Artikel. Die Partyplanung. Ergänzen Sie die Adjektive in den Nachrichten.

bequemen | coole | eigener | frisches | großen | heiße | hübsche | italienischen | kaltes | leckeres | letzter | süßem

1. Bald ist unsere Abschlussparty! Ich kümmere mich gern um _____ Musik zum Tanzen. Komme mit _____ Anlage. Ich

2. Kann uns _____ Essen machen, zum Beispiel mehrere Teller mit _____ Vorspeisen. Donato

3. Bringe gern _____ Getränke mit und habe _____ Tisch für das Büfett. Sina

4. Wer kann uns _____ Stuhl und _____ Vasen zur Dekoration des Raums leihen? Ahme

5. Björn und ich bringen _____ Bier und _____ Obst aus unserem Garten mit.

6. Darf ich mit _____ Hund kommen? Habe seit _____ Woche ein Hundebaby. Alb

b Lesen Sie die Überschriften auf der Webseite und ergänzen Sie die Endungen.

| Home | News | Programm | Gesucht | Kontakt |

1. Aktuell____ Programm startet mit groß____ Erfolg [mehr ...]
2. Laut Umfrage viele zufrieden____ Teilnehmende in den Sprachkursen [mehr ...]
3. Blumen für erfolgreichst____ Lehrer und erfolgreichst____ Lehrerin [mehr ...]
4. Fotografie-Kurs mit neu____ Kursleiter [mehr ...]
5. Aktuell____ Bücher sind da – bitte besuchen Sie unsere Bibliothek [mehr ...]
6. Kostenlos____ Vortrag für alle Teilnehmenden [mehr ...]
7. Sommerfest mit beliebt____ Band und toll____ Programm [mehr ...]

c Wir brauchen noch was für die Aufführung! Verbinden Sie und schreiben Sie Sätze wie in Anzeigen.

Wir suchen	modern	Mantel
Wer hat	lang	Hose
Brauchen noch	schön	Schuhe
Uns fehlt/fehlen	lustig	Shirts
Wer gibt uns	schwarz	Kleid
Bitte komm mit	alt	Strümpfe

Wir suchen noch schwarze Hose für die Aufführung.

 9 Aussprache: Vokal am Wortanfang. Spricht man verbunden ⌢ oder getrennt | ? Markieren Sie. Hören Sie dann zur Kontrolle und sprechen Sie nach.
2.14

1. In|unserem⌢Kurs gibt es bei jedem Treffen ein anderes Thema.
2. Der aktuelle Kurs ist für Alt und Jung interessant.
3. Mein Onkel geht jedes Semester in einen anderen Kurs.
4. Er unterrichtet an einer Schule und möchte selbst immer etwas Neues lernen.

 Wörter, die mit eine Vokal beginnen, verbindet man bei Sprechen nicht mit dem Wort davor.

108 einhundertacht

Impro-Theater

10 a Aus dem Interview. Was passt zusammen? Verbinden Sie.

1. einen Gast   A warten   5. Geld   E spielen
2. eine Schule   B begrüßen   6. eine Szene   F annehmen
3. auf eine Vorgabe   C einwerfen   7. ein Angebot   G reagieren
4. ein Wort   D gründen   8. auf die Partner   H verdienen

b Welchen Film oder welches Theaterstück haben Sie zuletzt gesehen? Wie hat er/es Ihnen gefallen? Schreiben Sie eine kurze Kritik.

Der Titel des Films/Stücks ist … / Der Film / Das Stück heißt …
In dem Film/Stück geht es um … / Der Film / Das Stück handelt von …
Zuerst … Dann … Am Ende …
Der Film / Das Stück ist sehr spannend/lustig/interessant/langweilig, weil …
Ich kann den Film / das Stück (nicht) empfehlen, denn …
Außerdem …

11 a Ja, genau – und … Hören Sie die Improvisationsübung von Andreas Wolf und bringen Sie die Bilder in die richtige Reihenfolge.

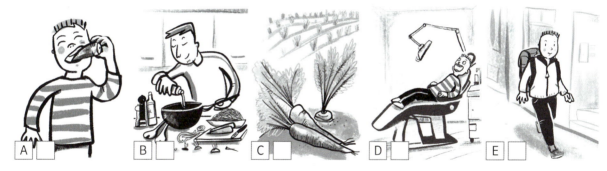

A ☐   B ☐   C ☐   D ☐   E ☐

b Arbeiten Sie zu zweit. A nennt ein Wort und B bildet mit diesem Wort den ersten Satz einer Geschichte. A sagt „Ja, genau – und …" und bildet den zweiten Satz. Erzählen Sie so gemeinsam eine Geschichte. Dann nennt B ein Wort und A beginnt die zweite Geschichte.

Singen verbindet

12 Sie hören nun ein Gespräch. Dazu sollen Sie zehn Aufgaben lösen. Sie hören das Gespräch zweimal. Entscheiden Sie beim Hören, ob die Aussagen 1–10 richtig oder falsch sind. Lesen Sie jetzt die Aufgaben 1–10. Sie haben dazu eine Minute Zeit.

		richtig	falsch
1.	Musik spielte in Miriam Mulinos Familie eine wichtige Rolle.	☐	☐
2.	In der Jugend wollte Miriam Sängerin werden.	☐	☐
3.	Sie hat bei einer Casting-Show gewonnen.	☐	☐
4.	Miriam wurde erfolgreich, weil sie Unterstützung bekam.	☐	☐
5.	Bevor Miriam bekannt wurde, hat sie noch viel von anderen gelernt.	☐	☐
6.	Die ersten Auftritte hatte Miriam nur in Deutschland.	☐	☐
7.	Miriam gefällt es, Konzerte zu geben.	☐	☐
8.	Schon von Anfang an hat Miriam selbst Lieder geschrieben.	☐	☐
9.	Sie macht auch Musikprojekte mit Jugendlichen.	☐	☐
10.	Sie kann sich nicht vorstellen, in Zukunft etwas anderes zu machen.	☐	☐

9 über Musik sprechen

13 a Rund um die Musik. Markieren Sie 13 Wörter und notieren Sie sie mit Artikel.

DHBANDÜZORCHESTERLSBCHORAWSTIMMEÖKONZERTPLIEDMUNSÄNGERIN
GRINSTRUMENTASLFESTIVALIRMELODIERELKLAVIERURZMUSIKERÄKLASSIK

b Gedanken. Lesen Sie die Dialoge. In welcher Bedeutung wird *denken* verwendet? Ordnen Sie zu.

sich etwas vorstellen | sich erinnern | eine Meinung haben | überlegen

1. ○ Simon will jetzt Musiker werden. Wie denkst du darüber? _____
   ● Hm, ich finde es komisch. Er hat doch immer gesagt, dass Musik ihn nicht besonders interessiert.

2. ○ Die Feste in unserer WG waren immer toll!
   ● Stimmt! Ich denke noch oft daran – wir hatten echt viel Spaß! _____

3. ○ Wieso bist du so still?
   ● Ach, ich denke nur schon an meinen nächsten Urlaub am Meer! _____

4. ○ Was ist denn los?
   ● Ach, ich denke nur darüber nach, wie wir Amira feiern können. Sie wird bald dreißig! _____

Wortbildung – zusammengesetzte Adjektive

A Farbwörter. Welche Wörter passen zusammen? Schreiben Sie.

der Schnee   rot   grün   *sonnengelb*
schwarz   der Himmel   _____
~~die Sonne(n)~~   weiß   _____
braun   der Rabe(n)   _____
das Feuer   das Gras   ~~gelb~~ _____
blau   die Kastanie(n)   _____

> **W**
> **Beschreibungen** werden bildlicher, wenn man aus einem Nomen und einem Adjektiv ein neues Adjektiv bildet:
> Er hat **blaue** Augen.
> Er hat **himmelblaue** Augen.

B Wie heißen die Adjektive? Schreiben Sie.

1. weich wie Butter:
   butterweich

2. schnell wie der Blitz:
   _____

3. schön wie ein Bild:
   _____

4. alt wie ein Stein:
   _____

5. glatt wie ein Spiegel:
   _____

6. süß wie Zucker:
   _____

Das kann ich nach Kapitel 9

9

R1 Wo steht *nicht*? Korrigieren Sie die Sätze.

1. Ich finde dieses Theaterstück gut nicht. _____
2. Ich nicht gehe ins Kino. _____
3. Ich will die Bilder kaufen nicht. _____

	☺☺ ☺ ☹ ☹☹	KB	ÜB
Ich kann etwas verneinen.	☐ ☐ ☐ ☐	4	4

R2 Lesen Sie die Aussagen und verstärken (☺☺/☹☹) oder relativieren Sie sie (☺/☹). Verwenden Sie bei jedem Satz einen anderen Ausdruck.

1. Das Bild ist schön. (☺)
2. Ich finde die Künstlerin sympathisch. (☺☺)
3. Der Vortrag war langweilig. (☹)
4. Die Ausstellung ist uninteressant. (☹)
5. Das Museum gefällt mir gut. (☺☺)
6. Das Stück war langweilig. (☹☹)

	☺☺ ☺ ☹ ☹☹	KB	ÜB
Ich kann sagen, wie mir etwas gefällt.	☐ ☐ ☐ ☐	5	5b–c

R3 Was verkaufen die Personen? Schreiben Sie kurze Anzeigen und verwenden Sie alle Adjektive.

bequem | rot | praktisch | schick | alt | neu | blau | groß | dunkel

	☺☺ ☺ ☹ ☹☹	KB	ÜB
Ich kann Anzeigen schreiben und dabei Personen oder Dinge genauer beschreiben.	☐ ☐ ☐ ☐	8c–d	8

Außerdem kann ich …	☺☺ ☺ ☹ ☹☹	KB	ÜB
… einen Blogbeitrag verstehen und kommentieren.	☐ ☐ ☐ ☐	1b	1b–c
… eine Radioumfrage verstehen.	☐ ☐ ☐ ☐	2a	2
… Informationen aus Zeitungstexten weitergeben.	☐ ☐ ☐ ☐	3b–c	3a
… nachfragen.	☐ ☐ ☐ ☐	3c	3b
… über Bilder sprechen.	☐ ☐ ☐ ☐	6	5a
… eine E-Mail verstehen.	☐ ☐ ☐ ☐		6
… ein Kursprogramm verstehen.	☐ ☐ ☐ ☐	7b–d	7a
… Gespräche und Texte über Kunst verstehen.	☐ ☐ ☐ ☐	5b	7b–c
… Anzeigen verstehen und bestimmte Informationen in Anzeigen finden.	☐ ☐ ☐ ☐	8a	7d
… ein Interview und eine Impro-Geschichte verstehen.	☐ ☐ ☐ ☐	10b–e	10a, 11a, 12
… über einen Film oder ein Theaterstück schreiben.	☐ ☐ ☐ ☐		10b
… improvisieren.	☐ ☐ ☐ ☐	11	11b
… über Musik, Singen und Volkslieder sprechen.	☐ ☐ ☐ ☐	12, 13	13a

9 Lernwortschatz

Kunstobjekte

das Kunstwerk, -e
die Installation, -en
die Statue, -n
der Brunnen, -
die Auktion, -en
das Original, -e *(Das Bild ist ein Original, keine Kopie.)*
original

in der Galerie

die Galerie, -n
die Eröffnung, -en
an|regen (zu + D.) *(Das Bild regt zum Nachdenken an.)*
an|sprechen, er spricht an, sprach an, hat angesprochen *(Das Bild spricht mich nicht an.)*
die Ölfarbe, -n
der Geschmack, ⸚er
der Käufer, -
die Käuferin, -nen
künstlerisch
sich handeln (um + A.)
beschädigen
die Putzfirma, -firmen

rund um die Musik

musizieren
bewegen *(Die Musik bewegt mich. Sie macht mich traurig.)*
der Schulchor, ⸚e
das Volkslied, -er
der Gedanke, -n
die Tradition, -en
traditionell

auf der Bühne

das Theaterstück, -e
das Impro-Theater, -

improvisieren
erfinden, er erfindet, erfand, hat erfunden
an|wenden *(eine besondere Technik anwenden)*
herum|springen, er springt herum, sprang herum, ist herumgesprungen
rennen, er rennt, rannte, ist gerannt
schreien, er schreit, schrie, hat geschrien
das Kostüm, -e
die Uniform, -en
der Dieb, -e
die Diebin, -nen

rund um die Aufführung

auf|führen
auf|treten, er tritt auf, trat auf, ist aufgetreten
um|setzen *(eigene Ideen umsetzen)*
veranstalten *(eine Feier veranstalten)*
sich schminken *(Für ihre Rolle schminkt sie sich besonders.)*
die Frisur, -en
die Mode, -n
die Darstellung, -en
die Vorstellung, -en
zu|sehen, er sieht zu, sah zu, hat zugesehen *(Ich sehe den Schauspielern zu.)*
die Broschüre, -n
das Büfett, -s
der Snack, -s
konsumieren

Gegenstände

die Rose, -n
der Spiegel, -
der Topf, ⸚e

Lernwortschatz 9

die Vase, -n
die Couch, -s
der Backofen, ¨
die Briefmarke, -n
der Kuli, -s

Eigenschaften

clever
chaotisch
durcheinander (Alles ist durcheinander.)
begrenzt
rund (Das Gebäude hat runde Formen.)
steil
weich
talentiert
zeitlos
begeistert
dankbar (für + A.)

Andere wichtige Wörter und Wendungen

behandeln
besprechen, er bespricht, besprach, hat besprochen
bestehen (aus + D.), er besteht, bestand, hat bestanden (Die Gruppe besteht aus fünf Personen.)
die Biene, -n
ein|sperren
einzig

ersetzen
der Frieden (Sg.)
her sein (Das ist schon lange her.)
hinauf (Es geht weit hinauf.)
das Inland (Sg.)
die Mauer, -n
der Meister, -
die Meisterin, -nen
das Missverständnis, -se
die Nachbarschaft (Sg.)
der Neffe, -n
nicht …, sondern … (Das Bild hängt nicht in der Galerie, sondern im Museum.)
heimlich
scheinbar
schließen, er schließt, schloss, hat geschlossen (Freundschaft schließen)
das Referat, -e
das Treppenhaus, ¨er
die Stufe, -n
die Umleitung, -en
vergeblich
das Virus, Viren
die Qualifikation, -en
der Schwerpunkt, -e
das Treffen, -

Wichtig für mich:

_____

Notieren Sie zu jedem Buchstaben ein passendes Wort zum Thema Kunst.

K U N S T W E R K
O
S
T
Ü
M

10 über die Gesellschaft sprechen

Miteinander

1 a Werte in der Gesellschaft. Wie heißen die Wörter?

die Bildung | die Demokratie | die Fairness | der Respekt | die Rücksicht | die Zivilcourage

1. _____ – die gerechte Behandlung von anderen, ohne Tricks

2. _____ – andere achten, obwohl sie andere Meinungen haben

3. _____ – bei dem, was man tut, an die Gefühle von anderen denken

4. _____ – eine politische Staatsform, in der die Bürger/innen frei wählen

5. _____ – Wissen und Können, das man auf verschiedenen Wegen, z. B. in der Schule, gelernt hat

6. _____ – Mut, das zu sagen und für das zu kämpfen, was man für richtig hält

b Notieren Sie ein passendes Adjektiv. Das Wörterbuch hilft.

1. die Rücksicht _rücksichtsvoll_
2. die Fairness _____
3. der Respekt _____
4. die Demokratie _____

c Lesen Sie den Text. Welche Ausdrücke haben die gleiche Bedeutung? Ordnen Sie zu.

Die Politik muss für alle da sein

Gestern Abend konnte man bei einer Veranstaltung im (1) Rathaus in Eichdetten die neue (2) Kandidatin der „Partei für alle" kennenlernen. Ursula Seibold ist wohl für die meisten eine ungewöhnliche Kandidatin. Sie ist seit ihrer Geburt (3) blind und setzt sich besonders für
5 die Rechte von Minderheiten und Menschen mit speziellen Bedürfnissen ein, also zum Beispiel für (4) Menschen mit körperlicher Behinderung und für Blinde oder (5) Gehörlose. Durch ihre lebendige und humorvolle Art konnte sie Vorurteile aufklären und das Publikum für ihre Ideen begeistern.
10 Ein wichtiges Thema war das Gesetz zur Einbürgerung. Auch zahlreiche (6) Migrantinnen und Migranten waren anwesend. Sie diskutierten mit Ursula Seibold über das Gesetz, denn sie sehen Nachteile für die (7) Integration und möchten, dass die „Partei für alle" sich auch für die Rechte von Menschen nach der Flucht engagiert.
Nach der Wahl möchte Ursula Seibold als Abgeordnete im Bundestag ihre Partei und die
15 (8) Regierung unterstützen.

A Aufnahme in eine Gesellschaft ____

B Personen, die ihr Land verlassen haben, um in einem anderen Land zu leben ____

C Arbeitsort des Bürgermeisters / der Bürgermeisterin ____

D Personen, die sich nicht vollständig bewegen können ____

E Personen, die nicht hören können ____

F in Deutschland: Bundeskanzler/in und alle Minister/innen ____

G nicht sehen können ____

H Bewerberin für ein Amt oder für eine Arbeitsstelle ____

10 eine private Mail verstehen

2 a Lesen Sie den Text und die Aufgaben 1 bis 6 dazu. Wählen Sie: Sind die Aussagen Richtig oder Falsch?

Hallo Antonia,
endlich habe ich mal wieder Zeit, dir zu schreiben. Bei mir im Büro ist wie immer viel zu tun, also nichts Neues. Aber bei uns im Haus gibt es Neuigkeiten. Wir haben nämlich einen neuen Nachbarn bekommen, Robert, er ist vor drei Wochen eingezogen. Robert ist blind. Stell dir vor, ich habe das nicht gleich gemerkt, weil er im Treppenhaus so sicher und schnell gegangen ist. Als wir uns das erste Mal unterhalten haben, hat er dann aber mehr von sich erzählt. Wir haben doch mal diesen Film über Blinde zusammen gesehen, erinnerst du dich? Jetzt lerne ich das Leben eines Blinden aus der Nähe kennen. Es beeindruckt mich sehr, dass Robert in seiner Wohnung keine Hilfe braucht. Aber im Viertel kennt er vieles noch nicht und da kann ich ihm ein bisschen helfen. Ich bin schon einige Male mit ihm draußen gewesen und habe ihm erklärt, was wo ist. Robert hat echt ein gutes Gedächtnis, er merkt sich eigentlich alles und beim nächsten Spaziergang erinnert er sich noch genau an das, was ich ihm gezeigt habe. Du weißt ja, wie lange ich immer brauche, um mich zu orientieren … und jetzt hat Robert mir schon einige gute Tipps gegeben, wie ich besser zurechtkomme und mir Dinge leichter merken kann. Robert arbeitet als Lehrer an einer Blindenschule. Er bringt den Kindern auch Lesen bei – für mich sieht das ja total schwer aus. Er hat mir Bücher in Blindenschrift gezeigt, aber bisher kann ich noch nichts erkennen. Für mich fühlt sich alles gleich an.
Gestern wollte ich ausprobieren, wie es ist, sich komplett im Dunkeln zu bewegen. Ich habe meine Wohnung ganz dunkel gemacht und versucht, mich zu orientieren. Zuerst war es schwer und ich habe mich mehrmals gestoßen und blaue Flecken bekommen. Aber nach einer Weile ging es ganz gut und ich konnte fast alles machen. Irgendwie wirkt im Dunkeln alles ruhiger – probier es doch auch mal aus!
Besuch mich doch übernächstes Wochenende, dann könnten wir einen Ausflug zu dritt machen. Robert würde dich auch gerne kennenlernen und ich glaube, ihr werdet euch gut verstehen.
Ich schicke dir schon mal ein Foto von uns beiden. Melde dich doch, dann können wir etwas ausmachen.
Viele Grüße
Jakob

 Die Aussagen (1–6) stehen in der Prüfung in der Reihenfolge des Textes. → Die Informationen zu Aussage 1 stehen vor den Informationen zu Aussage 2 im Text.

Beispiel

0. Jakob muss viel arbeiten. — **Richtig** / Falsch

1. Jakob wusste von Anfang an, dass Robert blind ist. — Richtig / Falsch
2. Robert und Jakob kennen sich aus der Arbeit. — Richtig / Falsch
3. Jakob lernt nützliche Dinge von Robert. — Richtig / Falsch
4. Jakob kann schon einige Buchstaben in Blindenschrift lesen. — Richtig / Falsch
5. Jakob hatte am Anfang Probleme, ohne Licht zu Hause herumzugehen. — Richtig / Falsch
6. Jakob denkt, dass Robert und Antonia Freunde werden können. — Richtig / Falsch

b Wie heißen die Wörter? Notieren Sie.

○ Für mich ist (1) MEIHUNGSFRINEITE _____ sehr wichtig, ich will sagen können, was ich denke!

● Ja, aber nur, wenn man mit dem, was man sagt, andere Menschen nicht verletzt. Ich möchte außerdem ohne Angst im Park spazieren gehen. In einer Stadt mit viel (2) RIKMÄLINITAT _____ möchte ich nicht so gerne leben.

○ Ja, und wenn doch mal etwas passiert und man ein Problem hat, dann hoffe ich natürlich auf die (3) HIFBERSEIFSCHALTT _____ der anderen.

10 Texte über soziales Engagement verstehen, eine Auswahl treffen

Freiwillig

3 a Lesen Sie die Texte im Kursbuch, Aufgabe 3b noch einmal und beantworten Sie die Fragen.

A Freiwillige Feuerwehr
1. Wo ist die Freiwillige Feuerwehr besonders aktiv?
2. Welche Ausbildung erhalten die Ehrenamtlichen?
3. In welchen Fällen hilft die Feuerwehr?

B Die Tafel
4. Woher bekommt die Tafel Lebensmittel?
5. Wo können sich bedürftige Menschen Lebensmittel abholen?
6. Wie viele Menschen helfen bei der Tafel?

C Patenschaften
7. Wie helfen Paten/Patinnen den Familien?
8. Wie oft finden die Treffen statt?
9. Wie finden die Paten/Patinnen Familien, die ihre Hilfe brauchen?

1. Besonders auf dem Land und in kleinen Städten sind viele Menschen bei der Freiwilligen Feuerwehr aktiv.

b Was würden Sie gern tun und warum? Schreiben Sie Begründungen. Verwenden Sie die Ausdrücke aus dem Kursbuch, Aufgabe 3c.

1. vielen Menschen helfen – bei der Tafel mitarbeiten
2. mit Kindern lernen – als Pate/Patin tätig sein
3. im Notfall helfen – Geld an die Feuerwehr spenden
4. Kinder individuell unterstützen – mitmachen wollen bei einer Hilfsorganisation
5. in einem Verein tätig sein – sich engagieren für andere

1. Ich würde gern vielen Menschen helfen, darum möchte ich bei der Tafel mitarbeiten.

c Wo finden Sie im Supermarkt welche Lebensmittel? Ordnen Sie zu. Nutzen Sie auch ein Wörterbuch.

die Aprikose ___   die Butter/die Margarine ___   die Zwetschge / die Pflaume ___

die Vollmilch ___   das Gewürz ___   der Quark ___   der/das Ketchup ___

die Orange / die Apfelsine ___   die Konfitüre / die Marmelade ___   der Pudding ___

das Hühnchen ___   das Hörnchen / das Croissant ___

die Schlagsahne ___   die Soße ___   das Hackfleisch ___

1. Fisch und Fleisch
2. Milchprodukte
3. Süßes
4. Obst und Gemüse
5. Gebäck
6. Würzen & Co.

d Welche Lebensmittel würden Sie zu einem günstigeren Preis kaufen, wenn sie bereits seit zwei Tagen abgelaufen sind oder nicht mehr frisch aussehen? Markieren Sie in 3c und vergleichen Sie in Gruppen.

10 Vorgänge beschreiben

4 a Bilden Sie die Partizipien der Verben und erstellen Sie eine Tabelle.

liefern | bestellen | einladen | essen | informieren | kaufen | wegwerfen | sammeln | spenden | mitnehmen | empfangen | kontrollieren

regelmäßig	unregelmäßig

> **Partizip II**
> **regelmäßig: (e)t**
> ohne Präfix: arbeiten – **ge**arbeite**t**
> trennbar: mitarbeiten – mit**ge**arbeite**t**
> untrennbar: bearbeiten – bearbeite**t**
> -*ieren*: reparieren – repariert
>
> **unregelmäßig: en**
> ohne Präfix: kommen – **ge**komm**en**
> trennbar: mitkommen – mit**ge**komm**en**
> untrennbar: bekommen – bekomm**en**

b Der Weg der Tomate. Ordnen Sie die Bilder den Sätzen zu.

1. Das Gemüse wird bestellt.
2. Dann wird das Gemüse in den Supermarkt gebracht.
3. Im Supermarkt wird das meiste Gemüse gekauft.
4. Lebensmittel, die niemand gekauft hat, werden der *Tafel* gespendet.
5. Die Lebensmittel werden von der *Tafel* verteilt.

c Lesen Sie die Sätze im Aktiv und notieren Sie darunter den entsprechenden Passivsatz aus 4b. Markieren Sie dann die gleichen Elemente in jeweils einer Farbe.

1. Der Verkaufsleiter bestellt das Gemüse.
   Das Gemüse wird bestellt.

2. Ein Lkw bringt dann das Gemüse in den Supermarkt.

3. Die Kunden kaufen das meiste Gemüse im Supermarkt.

4. Der Supermarkt spendet der *Tafel* Lebensmittel, die niemand gekauft hat.

5. Die *Tafel* verteilt die Lebensmittel.

10 Vorgänge beschreiben, über Veränderungen sprechen

d Bei der Feuerwehr. Ergänzen Sie die Verben im Passiv.

alarmieren | ausbilden | feiern | ~~kontrollieren~~ | reinigen | üben

Immer im Einsatz

Bei der Feuerwehr gibt es immer viel zu tun. Die Feuerwehrautos (1) _werden_ regelmäßig _kontrolliert_, denn alles muss funktionieren. Damit die Feuerwehrleute wissen, was sie tun, (2) _____ jedes Mitglied gut _____ und die Einsätze (3) _____ mit dem Team immer wieder _____. Wenn es dann einen Notruf gibt, (4) _____ die Feuerwehrleute blitzschnell _____. Nach den Einsätzen (5) _____ die Uniformen für den nächsten Einsatz _____. Aber das Leben der Feuerwehrleute besteht nicht nur aus Üben und Helfen, oft (6) _____ auch Feste _____.

e „Tag der offenen Tür" bei der Feuerwehr. Was wird gemacht? Formulieren Sie Sätze im Passiv.

1. Programm planen
2. Helfer/innen informieren
3. Plakate drucken und aufhängen
4. Informationen posten
5. Bürgermeisterin einladen
6. Spiele für Kinder vorbereiten
7. Feuerwehrautos putzen
8. Vorführungen üben
9. Gäste empfangen und herumführen

1. Zuerst wird das Programm geplant.

5 a Passiv in der Vergangenheit. Welche Form ist richtig? Markieren Sie.

Unser Verein „Nachbarschaftshilfe" (1) wird/wurde/wurden 2009 gegründet. Seitdem sind verschiedene Projekte umgesetzt (2) werden/wurden/worden, wie zum Beispiel der Tauschclub. 2013 (3) werden/wurde/wurden mit Ihren Spenden der Kinderspielplatz an der Bahnhofsstraße gebaut und 2017 (4) wird/wurde/wurden fünfzig Bäume im Park gepflanzt. Auf dem Weihnachtsmarkt im letzten Jahr (5) werden/wurde/wurden Geld für eine Kletterwand gesammelt. Damit es so weitergeht, brauchen wir auch weiterhin Ihre Unterstützung – machen Sie mit!

b Feierabend im Verein „Nachbarschaftshilfe". Vergleichen Sie die beiden Bilder. Was wurde gemacht? Schreiben Sie sieben Sätze im Passiv Präteritum zu Bild B.

~~ausschalten~~ | gießen | abspülen | trinken | stellen | schließen | wegräumen | ziehen

Der Computer wurde ausgeschaltet.

10 eine Radiodiskussion verstehen, auf eine Anzeige antworten

6 a Sie hören nun eine Diskussion. Sie hören die Diskussion zweimal. Dazu lösen Sie acht Aufgaben. Ordnen Sie die Aussagen zu: Wer sagt was? Lesen Sie jetzt die Aussagen 1 bis 8. Dazu haben Sie 60 Sekunden Zeit.

Die Moderatorin der Radiosendung „Diskussion aktuell" diskutiert mit dem Vorsitzenden des Vereins „Schülerpaten", Gregor Saalfeld, und der Patin Julia Hofer über die Bedeutung von ehrenamtlicher Hilfe für Schülerinnen und Schüler.

	Moderatorin	Gregor Saalfeld	Julia Hofer
Beispiel 0. Der Verein „Schülerpaten" unterstützt Schüler/innen bei Schulproblemen.	a	**b**	c
1. Manche Schüler und Schülerinnen werden später selbst Schülerpate oder -patin.	a	b	c
2. Alle Schülerpaten und -patinnen bekommen eine Einführung in die Arbeit.	a	b	c
3. Die Patinnen und Paten organisieren die Termine für die Treffen.	a	b	c
4. Paten/Patinnen unterstützen beim Lernen allgemein.	a	b	c
5. Damit man jemanden gut unterstützen kann, sollte man ihn oder sie gut kennen.	a	b	c
6. Bei Bedarf bereiten die Patinnen und Paten auch auf die Arbeitswelt vor.	a	b	c
7. Oft hält der Kontakt auch noch, wenn die Schulzeit für beide vorbei ist.	a	b	c
8. Die Hilfe ist kostenlos.	a	b	c

b Ich kann helfen. Wählen Sie.

A Ergänzen Sie die Antwortmail.

> Älterer Herr sucht Einkaufshilfe, 1–2 Mal pro Woche.
> Mail: gerd.masch@inter.net

Sehr (1) _____ Herr Masch, ich habe Ihre

(2) _____ gelesen und kann Ihnen sehr gerne

(3) _____. Ich kann z. B. (4) _____

und donnerstags am (5) _____ für Sie einkaufen

gehen und Ihnen dann alles (6) _____.

Ich (7) _____ mich über eine Nachricht von

Ihnen. (8) _____ Sie mich gerne an, Telefon …

Mit (9) _____ Grüßen

B Antworten Sie auf die Anzeige.

Pate/Patin gesucht

Wir suchen für unseren 11-jährigen Sohn einen geduldigen Paten oder eine geduldige Patin, der/die ihm hilft, seine Hausaufgaben konzentriert zu erledigen, und der/die bei allen schulischen Fragen helfen kann, vor allem in Mathe und Englisch. Wir freuen uns über eine Nachricht an

fam_anger@maily.com

Mini-München

7 a Rund um die Stadt. Markieren Sie sieben Nomen und schreiben Sie mit jedem Wort einen Satz.

MISO**RATHAUS**ERÄRXLBÜRGERMEISTERWALAPSTEUERSTASTRASSELPOL
VORHABENLASESAGEHALTARSGERICHTPARAL

1. Das Rathaus ist ab 8 Uhr geöffnet.

10 über Institutionen und Projekte in einer Stadt sprechen, Vorgänge beschreiben

b Was gehört zusammen? Lesen Sie den Text zu Mini-München im Kursbuch, Aufgabe 7b noch einmal und ordnen Sie zu.

1. Die Stadt München finanziert ____
2. Weil das Projekt so beliebt ist, ____
3. Die Teilnehmenden lernen, ____
4. Für die Arbeit bekommen die Kinder Gehälter, ____
5. Das Gehalt wird in der Währung *MiMü* bezahlt ____
6. Es gibt auch eine politische Vertretung, ____

A von denen Steuern abgezogen werden.
B in den Ferien ein Programm für Kinder und Jugendliche von 7 bis 15 Jahren.
C die von den Bürgerinnen und Bürgern von Mini-München gewählt wird.
D wie eine Stadt organisiert wird.
E findet es alle zwei Jahre statt.
F und die Kinder bekommen das Geld bei der Bank.

c In welchen Aussagen wird eine Meinung ausgedrückt, in welchen ein Widerspruch? Markieren Sie die Redemittel und sortieren Sie sie in eine Tabelle.

1. <mark>Da kann ich dir nicht voll zustimmen</mark>, weil du nur an die jungen Leute denkst.
2. Ich bin überzeugt, dass Sicherheit sehr wichtig ist, damit sich die Einwohner/innen wohlfühlen.
3. Meiner Meinung nach ist es notwendig, dass neue Schulen gebaut werden.
4. Das sehe ich völlig anders als du. Ich denke, dass eine Stadt gute Altenheime bieten muss.
5. Du betonst, dass Schulen so wichtig sind. Ich denke, dass du in diesem Punkt nicht recht hast.
6. Ich finde es auch sehr sinnvoll, dass die Stadt für gute öffentliche Verkehrsmittel sorgt.
7. Für mich zählt besonders, dass Straßen und öffentliche Plätze sauber sind.
8. Ich stehe auf dem Standpunkt, dass interessante Kulturangebote besonders wichtig sind.
9. Du findest es am wichtigsten, dass es überall in der Stadt sauber ist. Da bin ich nicht deiner Ansicht.
10. Du sagst, dass mehr Kulturangebote notwendig sind. Da muss ich dir leider widersprechen.
11. Findest du nicht auch, dass tolle Kulturangebote viel wichtiger sind als eine Sporthalle?

Meinung	Widerspruch
	1,

8 a Passiv mit Modalverb. Was muss in einer Stadt gemacht werden? Schreiben Sie die Sätze.

1. Der Bürgermeister und die Stadtvertretung *müssen gewählt werden.* (wählen)
2. Damit die Stadt Einnahmen hat, _____ (Steuern zahlen)
3. In den Ämtern der Stadt _____ (vieles organisieren)
4. Jede Woche _____ (den Müll entsorgen)
5. Für die Sicherheit _____ (Straßen kontrollieren)
6. In der Stadtvertretung _____ (viele Entscheidungen treffen)

b Arbeitsbeginn im Bürgerbüro. Was muss alles gemacht werden?

1. den Computer hochfahren
2. Mails checken
3. Anträge genehmigen
4. Dokumente unterschreiben
5. den Termin mit der Kollegin verschieben
6. Formulare ausdrucken

1. Der Computer muss hochgefahren werden.

10 Informationen über die EU verstehen, Rückmeldung geben

9 Aussprache: Satzmelodie. Kontrastakzente in Fragen mit *oder*. Hören Sie die Sätze und ergänzen Sie die Wörter. Hören Sie dann zur Kontrolle und lesen Sie laut.

1. Arbeitest du heute am _____ oder am _____?
2. Liest du Mails lieber auf dem _____ oder auf dem _____?
3. Ist das ein _____ Projekt oder ein _____?
4. Soll ich den Kunden _____ oder ihm _____?

Europa

10 Die EU. Ergänzen Sie die Sätze.

Bürgerinnen und Bürger | Kritik | Land | Staaten | Vertrag | Währung

1. 1951 gründeten Politiker aus sechs _____ die Europäische Gemeinschaft.
2. 1992 entstand mit dem _____ von Maastricht die EU.
3. Heute können die _____ aus EU-Staaten in der Regel ohne Grenzkontrollen reisen.
4. Es ist auch problemlos möglich, in einem anderen _____ zu leben und zu studieren.
5. Seit 2002 verwenden viele Länder dieselbe _____, den Euro.
6. Die EU-Politik muss viele Kompromisse machen. Es gibt immer wieder Diskussionen und _____ an der EU und ihren Gesetzen.

11 Aus der Geschichte der EU. Was gehört zusammen? Ordnen Sie die Verben zu.

benutzen | beschließen | führen | gründen | reisen | schützen | unterschreiben | zusammenleben

1. engere Zusammenarbeit _____
2. die Europäische Union _____
3. einen Vertrag _____
4. keine Kriege _____
5. in Frieden _____
6. die Menschenrechte _____
7. dieselbe Währung _____
8. ohne Grenzkontrollen _____

12 a Höflich Kritik üben. Was ist positiver? Kreuzen Sie an.

1. Die Präsentation hat
   - a mir gut gefallen, sie war sehr interessant.
   - b ein paar interessante Punkte gehabt.
2. Das ist ein spannendes Thema,
   - a aber ich habe viele Punkte schon gekannt.
   - b manche Informationen waren neu für mich.
3. Deine/Ihre Präsentation wäre noch besser,
   - a wenn man dich/Sie besser verstanden hätte.
   - b wenn du/Sie lauter gesprochen hättest/hätten.
4. In deiner/Ihrer Präsentation hast du / haben Sie
   - a passende Beispiele und Bilder ausgewählt.
   - b auch Bilder und Beispiele gezeigt.

b Fragen zu einer Präsentation einleiten. Schreiben Sie.

1. eine Frage / zu / Ihr Thema / haben / Ich / noch
2. Ein Punkt / interessiert mich / Ihrer Präsentation / besonders
3. ich / möchten / Zu Ihrem letzten Punkt / fragen / noch etwas
4. Ich / nicht wissen, / ob / ich / haben / richtig verstanden / das

1. Ich habe noch ...

10 eine kurze Präsentation halten, Rückmeldung geben

P Z B1

c Sie sollen Ihren Zuhörerinnen/Zuhörern ein aktuelles Thema präsentieren. Dazu finden Sie hier fünf Folien. Folgen Sie den Anweisungen links und schreiben Sie Ihre Notizen und Ideen rechts daneben.

> **!** In der Prüfung hat jede/r Kandida[t] **zwei Themen zur Auswahl**, z. B.:
> Thema A: „Politik lernen, aber wie – **Politik als Schulfach?**
> Thema B: „Ich bin dann mal weg!" **Studienjahr im Ausland**

Arbeiten Sie zu zweit. Jede/r wählt **ein** Thema aus dem Kasten rechts.

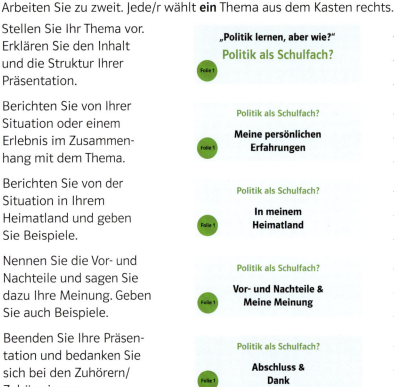

Stellen Sie Ihr Thema vor. Erklären Sie den Inhalt und die Struktur Ihrer Präsentation.

Berichten Sie von Ihrer Situation oder einem Erlebnis im Zusammenhang mit dem Thema.

Berichten Sie von der Situation in Ihrem Heimatland und geben Sie Beispiele.

Nennen Sie die Vor- und Nachteile und sagen Sie dazu Ihre Meinung. Geben Sie auch Beispiele.

Beenden Sie Ihre Präsentation und bedanken Sie sich bei den Zuhörern/Zuhörerinnen.

P Z B1

d Arbeiten Sie zu zweit. Beide halten ihre Präsentation, geben dem/der anderen Rückmeldung und stellen Fragen. Antworten Sie auf die Fragen Ihres Partners / Ihrer Partnerin.

> **!** In der Prüfung stellt Ihnen auch der/die Prüfer/in Fragen.

Wortbildung – Adjektive mit -los und -bar

A Adjektive mit **-bar**. Lesen Sie die Sätze und ergänzen Sie die Adjektive in der richtigen Form.

erreichbar | haltbar | machbar | recycelbar

1. Das ist kein großes Problem, das ist gut _____.
2. Viele Lebensmittel sind sehr lange _____.
3. Mein Arbeitsplatz ist auch zu Fuß _____.
4. Das Material ist zu 100 Prozent _____.

> **W** Adjektive mit **-bar** kommen von einem Verb. Oft drücken sie aus, dass man etwas machen kann:
> *Diesen Pilz kann man essen.*
> *Dieser Pilz ist **essbar**.*

B Adjektive mit **-los**. Bilden Sie Adjektive aus den Nomen.

1. Es gab keine Hilfe, das arme Tier war völlig *hilflos* _____.
2. Sie haben keine Kosten, die Reparatur ist _____.
3. Er hat schon lange keine Arbeit mehr, er ist _____.
4. Das geht ohne Probleme, wir können das schnell und _____ reparieren.

> **W** Adjektive mit **-los** kommen von Nomen. Sie drücken aus, dass e[s die] Bedeutung des Nomens nicht g[ibt]:
> *glücklos – ohne Glück*

Das kann ich nach Kapitel 10

R1 Ehrenamtliche erzählen. Hören Sie die drei Berichte. Für welche Organisation engagieren sich die Personen? Warum? Notieren Sie.

	1. Carsten Weber	2. Anita Nowak	3. Michael Turk
Organisation?	_____	_____	_____
Warum?	_____	_____	_____

	☺☺ ☺ ☺ ☹	KB	ÜB
Ich kann Texte über soziales Engagement verstehen und darüber sprechen.	☐ ☐ ☐ ☐	3	3a

R2 Wo möchten Sie lieber mitarbeiten? Jede/r wählt ein Angebot und begründet seine/ihre Auswahl.

Lernhilfe für Schülerinnen und Schüler
- Eltern können Nachhilfe nicht bezahlen
- gratis Unterstützung beim Lernen
- Erfolg für die Schülerinnen und Schüler
- Motivation: bessere Berufsaussichten geben

Umwelt reinigen
- Müll in der Natur sammeln
- Abfälle richtig entsorgen/recyceln
- gemeinsam den Wohnort sauber machen
- Bewusstsein gegen Wegwerfen schaffen

	☺☺ ☺ ☺ ☹	KB	ÜB
Ich kann eine Auswahl treffen und begründen.	☐ ☐ ☐ ☐	3c	3b

R3 Arbeiten Sie zu zweit. Sehen Sie die Bilder an. Beschreiben Sie abwechselnd, was sich verändert hat. Verwenden Sie das Passiv und kontrollieren Sie sich gegenseitig.

A

B

	☺☺ ☺ ☺ ☹	KB	ÜB
Ich kann Vorgänge beschreiben und über Veränderungen sprechen.	☐ ☐ ☐ ☐	4, 5, 8	4, 5, 8

Außerdem kann ich …	☺☺ ☺ ☺ ☹	KB	ÜB
… über die Gesellschaft sprechen.	☐ ☐ ☐ ☐	1, 2	1
… eine private E-Mail verstehen.	☐ ☐ ☐ ☐		2
… über ein soziales Projekt schreiben.	☐ ☐ ☐ ☐	6	
… eine Radiodiskussion verstehen.	☐ ☐ ☐ ☐		6a
… auf eine Anzeige antworten.	☐ ☐ ☐ ☐		6b
… über Institutionen und Projekte in einer Stadt sprechen.	☐ ☐ ☐ ☐	7a, e	7
… einen Artikel über ein Projekt verstehen.	☐ ☐ ☐ ☐	7b–c	
… Informationen über die EU verstehen.	☐ ☐ ☐ ☐	10, 11a–b	10, 11
… eine kurze Präsentation halten.	☐ ☐ ☐ ☐	11c, 12	12c–d
… Rückmeldung zu einer Präsentation geben.	☐ ☐ ☐ ☐		12a–b, d

Lernwortschatz

Miteinander

die Gemeinschaft, -en
die Gesellschaft, -en
das Zusammenleben (Sg.)
der Wert, -e
der Respekt (Sg.)
die Meinungsfreiheit (Sg.)
die Gleichberechtigung (Sg.)
die Würde (Sg.)
die Solidarität (Sg.)
die Gerechtigkeit (Sg.)
die Ehrlichkeit (Sg.)
die Fairness (Sg.)
die Zivilcourage (Sg.)
die Sicherheit (Sg.)
die Erziehung (Sg.)
das Recht, -e
regeln
die Minderheit, -en
das Vorurteil, -e
die Toleranz (Sg.)

Engagement

ehrenamtlich
die Hilfsbereitschaft (Sg.)
die Nachhilfe (Sg.)
bewältigen *(eine Aufgabe bewältigen)*
die Mühe, -n
das Vorhaben, -
der Pate, -n
die Patin, -nen
die Patenschaft (Sg.)
die Not, ⸚e *(in der Not helfen)*
bedürftig
die Berufsfeuerwehr, -en
die Erste Hilfe (Sg.)
spenden

Behörden und Arbeitswelt

das Amt, ⸚er
der Anspruch, ⸚e *(Sie haben Anspruch auf 30 Tage Urlaub.)*
die Vorschrift, -en
ab|melden
zu|lassen, er lässt zu, ließ zu, hat zugelassen
verantwortlich (für + A.)
zuverlässig
eine Entscheidung treffen
das Arbeitsamt, ⸚er
die Arbeitsstelle, -n
ein|nehmen, er nimmt ein, nahm ein, hat eingenommen *(Geld einnehmen)*
finanzieren
die Dienstleistung, -en

Politik

die Demokratie, -n
ab|stimmen
der Bundestag (Sg.)
der/die Abgeordnete, -n
die Regierung, -en
der Bundeskanzler, -
die Bundeskanzlerin, -nen
der Minister, -
die Ministerin, -nen
der Kandidat, -en
die Kandidatin, -nen
die Bürgerversammlung, -en
die EU / Europäische Union (Sg.)
der Mitgliedsstaat, -en
die Organisation, -en
die Vertretung, -en
der Sitz, -e *(Die politische Vertretung hat ihren Sitz im Rathaus.)*

Lernwortschatz 10

erfüllen *(eine wichtige Funktion erfüllen)* _____

schließen, er schließt, schloss, hat geschlossen *(einen Vertrag schließen)* _____

unterzeichnen _____

national _____

Migration und Flucht

die Flucht, -en _____
der Krieg, -e *(Krieg führen)* _____
die Aufnahme (Sg.) _____
die Integration (Sg.) _____
der Migrant, -en _____
die Migrantin, -nen _____

Lebensmittel

die Apfelsine, -n _____
die Orange, -n _____
die Aprikose, -n _____
die Pflaume, -n _____
die Zwetschge/Zwetschke, -n _____
die Konfitüre, -n _____
die Semmel, -n *(Süddeutsch)* _____
das Hörnchen, - _____
das Croissant, -s _____
die Margarine, -n _____
das Milchprodukt, -e _____
die Vollmilch (Sg.) _____
der Quark (Sg.) _____
die Schlagsahne (Sg.) _____
der Pudding, -e/-s _____

das Hackfleisch (Sg.) _____
das Hühnchen, - _____
der/das Ketchup, -s _____
die Soße, -n _____
das Gewürz, -e _____
würzen _____
die Lieferung, -en _____

andere wichtige Wörter und Wendungen

zunächst _____
im Lauf (+ G.) *(im Lauf der Zeit)* _____
übrig _____
das Ding, -e *(Das ist voll mein Ding.)* _____
verlassen, er verlässt, verließ, hat verlassen _____
der Vortrag, ⸚e _____
sichern *(Bildung sichert die Zukunft.)* _____
heraus|finden, er findet heraus, fand heraus, hat herausgefunden _____
körperlich _____
blind _____
der Humor (Sg.) _____
die Auswahl (Sg.) *(eine Auswahl treffen)* _____
endgültig _____
entsorgen _____
erscheinen, er erscheint, erschien, ist erschienen _____
werden *(Er wird in Erste Hilfe ausgebildet.)* _____
die Zone, -n _____

Wichtig für mich:

_____
_____

Was ist wichtig für eine Gemeinschaft? Ergänzen Sie je ein passendes Wort aus der Wortfamilie.

ehrlich _____   gerecht _____   aufnehmen _____

tolerant _____   fair _____   organisieren _____

11 über das Leben in der Stadt sprechen

Stadt, Land, Fluss

1 In der Stadt. Wählen Sie.

A Ergänzen Sie. Die Wörter unten helfen. Wie heißt die Lösung?

B Ergänzen Sie die Wörter. Wie heißt die Lösung?

1. In unserer Stadt sind viele verschiedene … unterwegs: Autos, Busse, Fahrräder, U-Bahnen, …
2. Hier ist es viel zu laut. Bei diesem … kann ich mich nicht entspannen.
3. Ich mag die … Dort gibt es viele Geschäfte und keine Autos.
4. Ich wohne direkt an einer großen Straße. Die Luft ist schlecht, weil es so viel … gibt.
5. Mit welcher … darf man in der Stadt fahren? 50 km/h, oder?
6. Die Viertel einer Stadt sind sehr verschieden. Jeder … sieht anders aus.
7. Alle Geschäfte waren geschlossen. Ich konnte mir nur die … ansehen.
8. Diese Straße ist aber schmutzig! Und wer macht den … weg?
9. Ich wohne in einem Hochhaus, im 12. Stock. Die … ist super.
10. Frau Dinkel von nebenan ist sehr hilfsbereit. Sie ist eine tolle …
11. So schön, direkt am Park! Die … der Wohnung ist echt toll.
12. Mein Arbeitsplatz ist mitten in der Stadt. In unserem … gibt es 1.000 Mitarbeiter.

Das braucht man auch in einer Stadt:

___ ___ ___ ___ ___ ___ ___ ___ ___ ___ ___ ___ ___ ___
1   2   3   4   5   6   7   8   9   10 11 12 13 14

Aussicht | Dreck | Fahrzeuge | Fußgängerzone | Geschwindigkeit | Lage | Lärm | Nachbarin | Schaufenster | Stadtteil | Unternehmen | Verkehr

2 a Was passt zusammen? Ordnen Sie zu.

finden | ~~kennen~~ | machen | renovieren | suchen | ziehen

1. alle Ecken der Stadt _kennen_
2. alte Häuser _____
3. dringend eine neue Wohnung _____
4. endlich einen Parkplatz _____
5. mit dem Motorrad Touren _____
6. durch ein paar Kneipen _____

126 einhundertsechsundzwanzig

11 Übersichtstafeln verstehen

b Stadtleben – Was bedeutet das für Sie? Ergänzen Sie passende Wörter und vergleichen Sie mit einem Partner / einer Partnerin.

```
S T A D T L E B E N
T
R
E
S
S
```

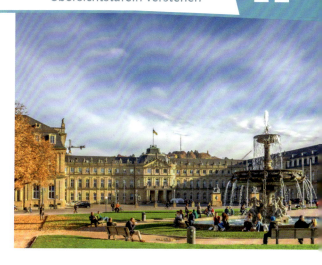

3 Sie sind im Rathaus Ihrer Stadt. Lesen Sie die Aufgaben 1 bis 5 und den Wegweiser. In welches Zimmer (a, b oder c) gehen Sie? Kreuzen Sie an.

Beispiel: Sie haben ein Auto und brauchen einen Anwohnerparkausweis.
- [a] Zimmer 202
- [x] Zimmer 203
- [c] anderes Zimmer

1 Sie haben gestern Ihre Jacke an der Bushaltestelle vergessen.
- [a] Zimmer 201
- [b] Zimmer 204
- [c] anderes Zimmer

2 Sie möchten wieder arbeiten und brauchen eine Betreuung für Ihr Kind.
- [a] Zimmer 113
- [b] Zimmer 114
- [c] anderes Zimmer

3 Sie haben geheiratet und wollen den Nachnamen Ihrer Frau annehmen.
- [a] Zimmer 111
- [b] Zimmer 112
- [c] anderes Zimmer

4 Sie sind wegen Ihrer neuen Stelle umgezogen und haben eine neue Adresse.
- [a] Zimmer 110
- [b] Zimmer 114
- [c] anderes Zimmer

5 Sie haben aus dem Tierheim einen Hund geholt und möchten ihn jetzt anmelden.
- [a] Zimmer 112
- [b] Zimmer 202
- [c] anderes Zimmer

Zimmer	Mitarbeiter/in	Zuständigkeiten
110	Sybille Kollmann	Gesundheitsberatung – Impfungen – Prävention – Untersuchungen für Kinder – meldepflichtige Krankheiten
111	Erkan Sahin	Geburten – Eheschließungen – Lebenspartnerschaften – Namensänderungen – Sterbebüro – Kirchenaustritte – Beglaubigungen
112	Celine Swerlowa	An-, Ab-, und Ummeldung einer Wohnung – Personalausweise – Reisepässe – Führerscheine – Kinderreisepässe – Meldebescheinigungen
113	Kevin Ebert	Schulen – Kinderkrippen – Kindergärten – Horte – Ferienprogramme – Elterngeld – Frauenbüro – Vereine – Veranstaltungen
114	Simona Misik	Einbürgerungen – Aufenthaltsgenehmigungen – Arbeitserlaubnis – Visumserteilung – Familiennachzug
201	Ralf Bönisch	Büchereien – Bibliotheken – Leseförderung – Städtepartnerschaften – Austauschprogramme – Befreiungen für öffentliche Verkehrsmittel
202	Hannah Diaz	Baugenehmigungen – Gartenbauamt – Hundesteuer – Parkanlagen – Stadtplanung – Denkmalschutz – Verkehrsplanung
203	Benjamin Krail	Kfz-Zulassungsstelle – Parkausweise – verkehrsberuhigte Zonen – Spielstraßen – Parkverbote
204	Susan Plath	Fundbüro – Behindertenparkplätze – Parkstrafen – Sicherheitsangelegenheiten

11 über bereits Genanntes sprechen

Bist du ein Stadtmensch?

4 a Artikelwörter als Pronomen. Mein neues Leben auf dem Land. Was ist richtig? Kreuzen Sie an.

Simon 23.03. | 15:33 Uhr
Seid ihr Stadtmenschen? Ich bin (1) ☐ keine ☐ keiner. Ich fühle mich auf dem Land wohler. Schon immer wollte ich einen Garten haben. Jetzt habe ich endlich (2) ☐ eins ☐ einen. Ich habe ein Haus gekauft. Es ist sehr klein, aber es ist (3) ☐ meins ☐ meine! Hier auf dem Land braucht man eigentlich ein Auto. Aber ich habe noch (4) ☐ keiner ☐ keins. Freunde fragen mich, ob es in dem Dorf auch Geschäfte gibt. Ja, zum Glück gibt es (5) ☐ welche ☐ welchen. Ich kenne schon ein paar Familien in der Nachbarschaft. Neben mir wohnt (6) ☐ einer ☐ eine, die drei Hunde hat. Wenn ihr mich besuchen kommt, dann gehen wir in ein schönes Gasthaus. Es gibt da (7) ☐ einer ☐ eins gleich in der Nähe.

b Welche Artikelwörter als Pronomen haben Sie in 4a angekreuzt? Markieren Sie in der Tabelle.

	der	das	die	die (Pl.)
Nom.	einer/keiner/meiner	eins/keins/meins	eine/keine/meine	welche/keine/meine
Akk.	einen/keinen/meinen	eins/keins/meins	eine/keine/meine	welche/keine/meine

c Was passt wo? Ergänzen Sie die Sätze.

eine | einen | einer | keine | keiner | keins | welche

1. ○ Wo sind die anderen Studenten? Warum ist noch _____ da? ● Na ja, wir sind zu früh.
2. ○ Morgen kaufe ich einen neuen Computer. ● Was? Du hast doch erst _____ gekauft.
3. ○ Entschuldigung, wo finde ich weiße T-Shirts? ● Da hinten auf dem Tisch liegen _____.
4. ○ Jetzt brauche ich nur noch einen Parkplatz. ● Schau mal da links, da ist _____!
5. ○ Ich suche eine Bäckerei. Gibt es _____ in der Nähe? ● Nein, hier ist _____.
6. ○ Haben Sie ein Buch über Zürich? Im Regal sehe ich _____. ● Kommen Sie mit, bitte.

d Wir räumen auf! Ergänzen Sie die Possessivpronomen.

1. ○ Wem gehört denn dieser Schlüssel? Ist das _deiner_, David? ● Nein, mir gehört der nicht.
2. ○ Hast du vielleicht meine Jacke gesehen? ● Ist das da hinten auf dem Stuhl nicht _____?
3. ○ Ist das hier der Rucksack von Ben? ● Ja, das ist _____.
4. ○ Sarah und David, wem gehören denn diese ganzen Sachen hier? Sind das _____?
   ● Nee, das sind nicht _____. Frag mal Ben.
5. ○ Oh, schau mal, der Kalender gehört doch Mama, oder? ● Ja, das ist _____.
6. ○ Du, Papa, mein Handy ist kaputt. Kann ich mal kurz _____ benutzen?
   ● Tut mir leid, ich habe _____ im Büro vergessen.
7. ○ Ben, leg bitte deinen Pullover in den Schrank.
   ● Das ist nicht _____. Der gehört David.

über das Leben in der Stadt sprechen — 11

5 Philipp ist neu in der Stadt und macht eine Party. Ergänzen Sie die passende Form von *irgendein/irgendeine/irgendwelche*.

Maja:
Ich möchte eine Party machen. Kennt ihr (1) _____ coole Location? Habt ihr (2) _____ Tipps? — Philipp

Bevor du (3) _____ teure Bar buchst: Du kannst gern in unserer Garage feiern. — Maja

Philipps Party:
Wir sollten Philipp nicht einfach (4) _____ Geschenk kaufen. Hat jemand eine gute Idee? — Maja

Wie wäre es mit Gutscheinen: Jede/r macht mit ihm eine Tour durch (5) _____ Viertel. — Matteo

Super Idee. Und dann suchen wir jeweils (6) _____ Kneipe aus. Und wer Zeit hat, kommt auch hin. — Sinan

Cool! Ich nehme gern Vorschläge entgegen und mache den Gutschein. — Maja

Wenn die Stadt erwacht

6 a Morgens um fünf. Ergänzen Sie die Endungen.

Ferdy ist (1) Angestellt____ im Allgemeinen Krankenhaus und arbeitet deshalb oft nachts. Auch die vier (2) Angestellt____ der Bäckerei sind schon früh auf den Beinen. Zu den Aufgaben der (3) Bäckereiangestellt____ Vera gehört es, das Brot zu den großen Kunden zu bringen. Auch für Max, den (4) Angestellt____ des Bauhofs, beginnt der Arbeitstag meistens sehr früh. Mit einem anderen (5) Angestellt____ fährt er schon um fünf Uhr morgens mit den Reinigungsfahrzeugen los.

! **Adjektive als Nomen** Achten Sie bei der Deklination dieser Nomen auf den Kasus.

b Ergänzen Sie die Nomen und achten Sie auf die Endungen.

der/die Angehörige | der/die Arbeitslose | der/die Bekannte | der/die Erwachsene | der/die Jugendliche | der/die Kranke

Für die Patienten im Krankenhaus sind die Tage oft lang. Deshalb freut sich jeder (1) _____, wenn er Besuch von Freunden oder guten (2) _____ bekommt. Gestern war ich bei meiner Freundin, sie liegt schon seit fünf Wochen im Krankenhaus. Ich wollte unbedingt mit dem Arzt sprechen, aber nur (3) _____ bekommen Informationen über die Patienten.

Viele (4) _____ sind gestresst und träumen von einem ruhigen Leben auf dem Land. Aber (5) _____ zwischen 14 und 17 langweilen sich oft schnell. Sie wollen lieber in der Stadt leben, wo es mehr Freizeitmöglichkeiten gibt. Auch die beruflichen Möglichkeiten sind in einer großen Stadt besser, (6) _____ finden schneller eine neue Stelle als auf dem Land.

11 Ansagen verstehen, über das Leben in der Stadt schreiben, etwas näher beschreiben

7 Sie hören nun fünf kurze Texte. Dazu sollen Sie fünf Aufgaben lösen. Sie hören jeden Text zweimal. Entscheiden Sie beim Hören, ob die Aussagen 1 bis 5 richtig oder falsch sind.

1. Der Film „Leben in der Stadt" beginnt um 17 Uhr. R F
2. Das Rathaus befindet sich in der Karlsstraße. R F
3. Das Bürgerbüro ist am Dienstagnachmittag geöffnet. R F
4. Der Zug nach Leipzig fährt von Gleis 3 ab. R F
5. Das Geschäft befindet sich am Schillerplatz. R F

> Im ZDÖ lesen Sie zu jeder Aussage eine Situationsbeschreibung, z. B.: *Sie hören eine Radioansage zu einem Filmfestival.*

Lebenswerte Städte

8 a Was bedeutet das? Markieren Sie sechs Wörter und ergänzen Sie sie im Text.

BARCARBEITSZEITVANCARBEITSBEGINNELOCOUURLAUBSTAGEVERN
ABILDUNGSANGEBOTSTOLGESUNDHEITSSYSTEMCKHNKINDERBETREUUNGKIO

Marcos Blog – So gelingt der Start in D-A-CH!

- Wie viele (1) _____ gibt es?
  In Österreich haben Arbeiter/innen und Angestellte mindestens 25 Arbeitstage pro Jahr frei, in der Schweiz nur 20, in Deutschland mindestens zwischen 20 und 24 Arbeitstage.
- Durchschnittlicher (2) _____
  In München fangen Angestellte im Durchschnitt um 8:46 Uhr an zu arbeiten, in Berlin um 9:53 Uhr.
- Infos zur (3) _____
  Vollzeit-Angestellte arbeiten in Österreich zwischen 38,5 und 40 Stunden pro Woche, in der Schweiz zwischen 38,5 und 42,5 Stunden, in Deutschland zwischen 35 und 42 Stunden.
+ Infos zur (4) _____: Zu welchen Zeiten und ab welchem Alter können Kinder in die Kita und den Kindergarten gebracht werden? [mehr …]
+ Infos zum (5) _____: Welche Schultypen gibt es? Was sind die Voraussetzungen für ein Studium? Wie hoch sind die Kosten? [mehr …]
+ Infos zum (6) _____: Haben alle Personen eine Krankenversicherung, die bei Krankheit die Kosten von Ärzten oder im Krankenhaus übernimmt? [mehr …]

b Wie lebenswert ist Ihre Stadt? Beantworten Sie die Fragen in einem kurzen Text.

- Wie viele Grünflächen gibt es?
- Wie groß ist das Kulturangebot?
- Was kann man in der Freizeit machen?
- Ist es schwer oder leicht, eine Wohnung zu finden?
- Gibt es viel Verkehr?
- Wie gut funktionieren die öffentlichen Verkehrsmittel?
- Kann man sich überall sicher bewegen?

9 a Streichen Sie das falsche Relativpronomen durch.

Städterankings interessieren mich nicht. Für mich sind die Menschen wichtig. Da gibt es z. B. meinen Nachbarn, (1) der / den im Urlaub meine Blumen gießt. Oder die Verkäuferin beim Bäcker, (2) für die / mit der ich jeden Morgen kurz spreche. Auch Herrn Korkmaz, (3) den / dem ich täglich an der Haltestelle sehe, würde ich vermissen. Wenn ich spazieren gehe, treffe ich oft Frau Jannis, (4) der / die mit ihrem Hund unterwegs ist. Jeden zweiten Tag gehe ich mit Moritz, (5) der / den ich schon lange kenne, zum Joggen. Donnerstags spiele ich Fußball mit Freunden, (6) mit denen / von denen ich viel Spaß habe. Und am Wochenende treffe ich Leon, (7) der / dem eine Kneipe gleich um die Ecke gehört. Es gibt natürlich noch mehr Menschen, (8) die / denen in meinem Leben wichtig sind.

11 etwas näher beschreiben, in einer Diskussion vermitteln

b *was* oder *wo*. Ergänzen Sie das richtige Relativpronomen.

> *Die Stadt, **in der** ich wohne.*
> *= Die Stadt, **wo** ich wohne.*

1. In Berlin kann man viel unternehmen, _____ super ist.
2. Alles, _____ man zum Leben braucht, gibt es hier.
3. Aber ich suche noch eine tolle Wohnung, _____ ich für ein paar Jahre bleiben kann.
4. Ich fand auch die Stadt gut, _____ meine Freunde und ich am Wochenende waren.
5. Für meine Freunde gab es dort aber fast nichts, _____ ihnen gefallen hat.
6. Das, _____ ich ihnen gezeigt habe, fanden sie langweilig.
7. Am Abend haben wir dann ein paar Clubs gefunden und gefeiert, _____ sie super fanden.
8. Den nächsten Ort, _____ wir ein Wochenende verbringen, sollen meine Freunde aussuchen.

c Genauer gesagt ... Schreiben Sie passende Relativsätze mit *wo*.

1. Der Park, *wo ich immer jogge* _____, ist nicht sehr groß.
2. Das Café, _____, ist im Zentrum.
3. Das Fitness-Studio, _____, ist sehr teuer.
4. Der Stadtteil, _____, ist sehr beliebt.
5. In der Straße, _____, gibt es viele Baustellen.

d Schreiben Sie zu zweit fünf Quiz-Fragen mit *wo*. Stellen Sie dann einem anderen Paar Ihre Fragen.

Wie heißt die Stadt, wo der Eiffelturm steht?   *Wie heißt der Ort, wo Mozart geboren ist?*

10 a Auf Standpunkte eingehen. Was gehört zusammen? Ordnen Sie zu.

1. Was Sie hier gesagt haben, ___
2. Das ist bestimmt wichtig für Sie. Sie vergessen aber, ___
3. Das sind zwar interessante Punkte, aber ___
4. Das ist ein wichtiger Aspekt, ja. Wir dürfen aber nicht außer Acht lassen, ___
5. Das ist ein Problem. Aber haben Sie auch daran gedacht, ___

A dass für viele Leute etwas anderes viel wichtiger ist.
B wie viele Leute ganz andere und größere Probleme haben?
C dass es noch zwei andere Aspekte gibt.
D ein wichtiger Punkt fehlt noch.
E das stimmt meiner Meinung nach nicht.

b In Diskussionen vermitteln. Ergänzen Sie die Ausdrücke. Achten Sie auf die Verbformen.

ausreden | haben | recht haben | sagen | sehen | vorschlagen

1. Ich glaube, du _____ nur eine Seite.
2. Wichtig ist doch auch, was Eva gerade _____.
3. Hast du eine Idee? Welche Lösung _____ du _____?
4. Ich denke, dass ihr beide zum Teil _____.
5. Bitte, lass doch Felice auch mal _____.
6. Das verstehe ich noch nicht. _____ du dafür auch ein konkretes Beispiel?

11 ein Programm für einen Stadtbesuch erstellen

11 a Aussprache: Texte vorlesen – Satzzeichen helfen. Hören Sie die Sätze. Wo sind die Pausen? Ergänzen Sie die Kommas.

1. Mir gefällt Köln besonders gut weil die Leute so nett sind.
2. Mein Freund studiert in Köln deshalb bin ich oft dort.
3. Viele Menschen sagen dass der Karneval in Köln toll ist.
4. Es gibt viele Sehenswürdigkeiten wie den Rhein die Altstadt einige Kunstmuseen das Schokoladenmuseum und natürlich den Dom. Der ist am bekanntesten.

> **Kommas zeigen, wo es beim Lesen eine Pause gibt.** Sie stehen bei Aufzählungen und vor Konnektoren (nicht vor *und, oder* und *sowie*):
> *Hier gibt es Kinos, Geschäfte und Museen.*
> *Ich glaube, dass Köln eine gute Stadt zum Leben ist.*

b Lesen Sie den Text. Ergänzen Sie Kommas und Punkte und korrigieren Sie die Satzanfänge. Hören Sie dann zur Kontrolle.

Es gibt viele Städte wie Augsburg Ulm Freiburg oder Wiesbaden in denen man gut leben kann diese und viele andere Städte kommen aber nie in Städterankings vor weil sie einfach zu klein sind in so einer Stadt lebe ich seit ich mit dem Studium begonnen habe hier in Tübingen gibt es nicht so viele Sehenswürdigkeiten aber das Leben ist angenehm die Stadt ist gemütlich die Leute sind ziemlich entspannt und es ist viel los weil es so viele Studierende gibt.

In Zürich

12 a Was man am Wochenende in einer Stadt machen kann. Ordnen Sie die Verben zu.

1. ein Fahrrad _____
2. im Fluss _____
3. auf den See _____
4. auf einen Turm _____
5. auf einen Berg _____
6. einen guten Ausblick _____
7. in einem Park _____
8. mit dem Boot _____

A steigen
B mieten
C schwimmen
D schauen
E haben
F entspannen
G fahren
H wandern

 b Ein Wochenende in Zürich planen. Was machen Sie wann? Wählen Sie vier Aktivitäten pro Tag. Verwenden Sie auch Ausdrücke aus 12a.

ein Denkmal anschauen • sich amüsieren • in den Zürichsee springen • an einer Rundfahrt teilnehmen • ein Museum besuchen • eine Kirche besichtigen • wandern • in die Oper gehen • einen Stadtbummel machen • in der Fußgängerzone shoppen • …

	Fr 14.9. Vormittag	Sa 15.9. Vormittag	So 16.9. Vormittag	Freitag	Samstag	Sonntag
Nachmittag						
	12 Grad	22 Grad	18 Grad			

132 einhundertzweiunddreißig

11 kurze Nachrichten verstehen

c Sie hören nun fünf kurze Texte. Sie hören jeden Text zweimal. Zu jedem Text lösen Sie zwei Aufgaben. Wählen Sie bei jeder Aufgabe die richtige Lösung. Lesen Sie zuerst das Beispiel. Dazu haben Sie 10 Sekunden Zeit.

Beispiel

01 Aylin und Marie wollen einen Ausflug nach Zürich machen.   [X] Richtig   [ ] Falsch

02 Wo möchte Aylin am liebsten übernachten?
  [a] im Hotel
  [X] bei einer alten Freundin
  [c] in der Jugendherberge

Text 1

1 Kamal ist krank geworden.   [ ] Richtig   [ ] Falsch

2 Annabell möchte am liebsten …
  [a] in eine Ausstellung gehen.
  [b] einen anderen Kurs machen.
  [c] zu Hause bleiben.

Text 2

3 Sie hören Informationen über ein Kinderfest.   [ ] Richtig   [ ] Falsch

4 Man soll zu dem Fest …
  [a] zu Fuß kommen.
  [b] mit dem Auto kommen.
  [c] mit dem Bus kommen.

Text 3

5 Das Wetter wird zum Wochenanfang wärmer.   [ ] Richtig   [ ] Falsch

6 Vorausgesagt werden sonnige Tage im …
  [a] Westen.
  [b] Norden.
  [c] Süden.

Text 4

7 Sie hören Informationen zu einer Veranstaltung.   [ ] Richtig   [ ] Falsch

8 Im Stadtzentrum Köln gibt es Stau wegen …
  [a] eines Unfalls.
  [b] einer Baustelle.
  [c] des Berufsverkehrs.

Text 5

9 Wegen des Wetters gibt es Flugänderungen.   [ ] Richtig   [ ] Falsch

10 Der Flug nach Genf …
  [a] ist pünktlich.
  [b] hat Verspätung.
  [c] fällt aus.

Meine Stadt

13 a Mit welchen Adjektiven kann man eine Stadt beschreiben? Ergänzen Sie die Buchstaben.

1. h __ k t __ s __ h
2. m __ d __ __ n
3. i n t __ r __ __ s a __ t
4. s a __ b __ __
5. r __ __ s __ g
6. t e __ __ r
7. l __ __ t
8. a t __ r __ __ t i v

b Suchen Sie für die Adjektive in 13a jeweils ein Gegenteil. Notieren Sie.

1. hektisch – gemütlich, …

11 eine formelle E-Mail schreiben

c E-Mail an eine/n Geschäftspartner/in. Welche Formulierungen passen wo? Ergänzen Sie.

Danach würden wir gerne | Gerne zeigen | Hoffentlich haben Sie Lust bekommen | Mit freundlichen Grüßen | Sehr geehrte | Wir freuen uns darauf, | wäre sehr schön.

(1) _____ Frau Lundin,

bald findet unser großes Jahrestreffen statt. (2) _____, Sie und Ihr Team kennenzulernen. Der erste Nachmittag des Treffens ist frei. (3) _____ meine Kollegen und Kolleginnen und ich Ihnen dann die wichtigsten Sehenswürdigkeiten. Wir könnten zuerst einen Stadtrundgang machen und anschließend eine Führung durch das Museum Ludwig. Auch ein Spaziergang am Rhein (4) _____.

(5) _____ mit Ihrem Team ein traditionelles Restaurant besuchen, um dort gemeinsam lokale Spezialitäten zu genießen. (6) _____, unsere Stadt kennenzulernen.

(7) _____

Lars Thoeme

Wortbildung – Adverbien mit -einander

A Was ist richtig? Kreuzen Sie das passende Wort an.

1. Mara und ihre Eltern sehen sich selten, aber sie denken oft ⓐ übereinander ⓑ aneinander.
2. Meine Freundin und ich lachen oft, wir haben viel Spaß ⓐ voneinander ⓑ miteinander.
3. Unser Team ist super, alle haben gute Ideen. Wir lernen viel ⓐ voneinander ⓑ beieinander.
4. Meine Großeltern führen eine gute Beziehung. Sie sind ⓐ untereinander ⓑ füreinander da
5. Meine Freundin und ich sehen uns oft, wir wohnen nicht weit ⓐ auseinander ⓑ ineinander.

B Ergänzen Sie die passende Form von -einander.

1. Die Teller stehen _____.

2. Er stellt die Teller _____.

3. Die Schuhe liegen _____ auf dem Boden.

4. Die Kinder spielen nicht allein, sondern _____.

5. In der Altstadt sehen die Häuser eng _____.

> **W**
> *einander* wird meistens mit einer Präposition gebraucht:
> *Der Stuhl steht **neben** dem Tisch.*
> → *Stuhl und Tisch stehen **neben**einander.*
> *Ich rede **mit** Diego.*
> → *Wir reden **mit**einander.*

Das kann ich nach Kapitel 11

R1 Arbeiten Sie zu zweit und sprechen Sie über die folgenden Fragen.

1. Was sind die Vorteile vom Stadtleben?
2. Was ist auf dem Land besser als in der Stadt?
3. Was gefällt Ihnen an Ihrem Kursort gut, was überhaupt nicht?
4. Wo würden Sie später gern leben?

	☺☺	☺	😐	☹	KB	ÜB
Ich kann über das Leben in der Stadt sprechen und schreiben.	☐	☐	☐	☐	1, 3, 4a–b	1, 2, 5, 6, 8

R2 Ergänzen Sie die Sätze.

1. Ich finde alles langweilig, was …
2. Ich möchte an einem Ort leben, wo …
3. Man findet immer etwas, was …
4. Mir gefallen Städte, wo …

	☺☺	☺	😐	☹	KB	ÜB
Ich kann etwas näher beschreiben.	☐	☐	☐	☐	9b–c	9

R3 Wählen Sie eine E-Mail und schreiben Sie eine Antwort.

A Liebe/r …,
jetzt haben wir uns so lange nicht gesehen und ich freue mich sehr, dass ich dich nächstes Wochenende endlich mal besuchen kann. Ich bin schon ganz gespannt, was du mir alles zeigen wirst. Hast du schon etwas geplant? Und holst du mich eigentlich vom Bahnhof ab oder treffen wir uns in der Stadt?
Herzliche Grüße
Andy

B Sehr geehrte/r …,
mein Team und ich freuen uns, dass wir nächste Woche zu dem Treffen in Ihre Firma kommen können. Wir werden zwei Tage bleiben und würden uns freuen, wenn Sie uns nach dem Seminar Ihre Stadt zeigen würden. Könnten Sie ein Programm für uns zusammenstellen?
Mit freundlichen Grüßen
Luisa Friedrichsen

	☺☺	☺	😐	☹	KB	ÜB
Ich kann unterschiedlichen Empfängern schreiben.	☐	☐	☐	☐	13b–c	13c

Außerdem kann ich …	☺☺	☺	😐	☹	KB	ÜB
… Übersichtstafeln verstehen.	☐	☐	☐	☐		3
… über bereits Genanntes sprechen.	☐	☐	☐	☐	4c–d	4
… einen Magazintext verstehen.	☐	☐	☐	☐	6	
… einen Bericht schreiben.	☐	☐	☐	☐	7	
… Ansagen verstehen.	☐	☐	☐	☐		7
… über lebenswerte Städte diskutieren.	☐	☐	☐	☐	8, 9a, 10	
… in einer Diskussion vermitteln.	☐	☐	☐	☐	10	10
… einen Blog über Zürich verstehen.	☐	☐	☐	☐	12	
… ein Programm für einen Stadtbesuch erstellen.	☐	☐	☐	☐	13a, c	12a–b
… kurze Nachrichten verstehen.	☐	☐	☐	☐		12c

11 Lernwortschatz

in der Stadt

der Fußgänger, -
der Stadtbummel, -
das Schaufenster, -
an|schauen
das Bürogebäude, -
das Reinigungsfahrzeug, -e
ab|biegen, er biegt ab, bog ab, ist abgebogen
das Tempo, Tempi
der Schmutz (Sg.)
der Dreck (Sg.)
der Stadtmensch, -en
der Landmensch, -en
der/die Obdachlose, -n
das Freizeitangebot, -e
der Rand, ¨-er
städtisch
das Garagentor, -e
herunter|fahren, er fährt herunter, fuhr herunter, ist heruntergefahren

im Krankenhaus

der Dienst, -e
der Nachtdienst, -e
die Schicht, -en
die Frühschicht, -en
die Übergabe, -n
unruhig
schwer *(Es gab einen schweren Unfall.)*
ein|liefern
der/die Verletzte, -n

in der Bäckerei

die Backstube, -n
der Korb, ¨-e *(ein Korb mit frischem Brot)*
laden, er lädt, lud, hat geladen
konzentriert

Städte-Ranking

das Ranking, -s
die Fachleute (Pl.)
im Vordergrund stehen
der Mittelpunkt, -e *(im Mittelpunkt stehen)*
ab|hängen (von + D.), er hängt ab, hing ab, hat abgehangen *(Das Ergebnis hängt von vielen Faktoren ab.)*
berücksichtigen
werten *(Das Wetter wird nicht gewertet.)*
betreffen, er betrifft, betraf, hat betroffen

Lebensqualität einer Stadt

die Work-Life-Balance (Sg.)
gesellschaftlich *(Welche gesellschaftlichen Werte gibt es?)*
die Gender-Gerechtigkeit (Sg.)
die Diversität (Sg.)
das Gesundheitssystem, -e
die Kinderbetreuung (Sg.)
die Elternzeit (Sg.)
die Intensität, -en *(die Intensität der Arbeit)*
die Arbeitslosigkeit (Sg.)
die Hochschule, -n
der Zugang, ¨-e
fest|legen *(Gesetze legen den Anspruch auf Urlaub fest.)*
rechtlich

Projekte für die Stadt

die Stadträtin, -nen
das Budget, -s
der Wohnbau (Sg.)
der Umbau, -ten
die Renovierung, -en

Lernwortschatz 11

die Initiative, -n
die Kita, -s

eine Diskussion führen

die Diskussion, -en
ein|gehen (auf + A.), er geht ein, ging ein, ist eingegangen
recht geben
außer Acht lassen
vermitteln
unterbrechen, er unterbricht, unterbrach, hat unterbrochen
aus|reden *(Lassen Sie mich bitte ausreden.)*
fort|setzen

eine Stadt kennenlernen

der Tourismus (Sg.)
die Rundfahrt, -en
rum|fahren, er fährt rum, fuhr rum, ist rumgefahren
das Wahrzeichen, -
das Denkmal, ⸚er
die Fassade, -n
die Gasse, -n
schmal
mittendrin
fern
um … herum *(Um die Altstadt herum gibt es …)*
fließen, er fließt, floss, ist geflossen

springen, er springt, sprang, ist gesprungen
steigen, er steigt, stieg, ist gestiegen *(auf einen Turm steigen)*
rauf|fahren, er fährt rauf, fuhr rauf, ist raufgefahren
rollen *(mit dem Fahrrad durch die Stadt rollen)*
der/die Einheimische, -n
der Dialekt, -e
das Billett, -s *(Schweizerdeutsch)*
das Velo, -s *(Schweizerdeutsch)*

andere wichtige Wörter und Wendungen

sich auf den Weg machen
hinein|gehen, er geht hinein, ging hinein, ist hineingegangen
hindern (an + D.) *(Niemand hindert ihn daran.)*
der Sozialarbeiter, -
der Flüchtling, -e
an|gehen, er geht an, ging an, ist angegangen *(Das geht keinen etwas an.)*
irgendein, irgendeine, irgendwelche *(Kennst du irgendein nettes Café?)*
anscheinend
eindeutig

Wichtig für mich:

Ergänzen Sie möglichst viele Wörter, die *Arbeit* enthalten.

12 über Kosten und Geld sprechen und schreiben

Geld regiert die Welt?

1 a Wie kann man noch sagen? Formulieren Sie die Sätze neu. Achten Sie auf die Tempus-Formen und den Kasus.

sich lohnen | Geld ausgeben | auf vieles verzichten müssen | richtig abschalten | gute Laune haben | ansteckend sein | zu Hause | ~~Zeit verbringen~~

> Hallo Selina,
> wie war dein Wochenende? Meins war super! (1) Ich habe mich mal ganz woanders aufgehalten: Ich war zwei Tage in einem Naturcamp im Wald. Das hat so gutgetan, (2) mal nicht in der Wohnung zu sitzen! (3) Natürlich hatten wir nur wenige Sachen dabei, (4) aber das war es absolut wert: (5) Ich konnte allen Stress und Ärger vergessen. Wir waren fünf Personen und allen hat es gut gefallen. Am Anfang war ich kurz genervt, weil ich immer etwas gesucht habe. (6) Aber die andern waren immer gut drauf (7) und das war ich dann auch. Wenn du Lust hast, können wir das mal zusammen machen. (8) Man muss dafür auch nicht viel bezahlen.
> Viele Grüße
> Helena

1. Ich habe mal ganz woanders Zeit verbracht.

b Rund ums Geld. Wählen Sie eine Aussage und kommentieren Sie sie in 3 bis 5 Sätzen.

> Es stimmt, dass Geld nicht glücklich macht. Allerdings meint man damit das Geld der anderen.
>
> 1   *George Bernhard Shaw*

> Ein Bankmanager ist ein Mensch, der seinen Schirm verleiht, wenn die Sonne scheint, und ihn sofort zurückhaben will, wenn es zu regnen beginnt.
>
> 2   *Mark Twain*

> Wie kommt es, dass am Ende des Geldes noch so viel Monat übrig ist?
>
> 3   *unbekannt*

Mir gefällt die erste Aussage, denn, wenn man kein Geld hat, …

2 Redewendungen rund ums Geld. Welche Bedeutung passt? Ordnen Sie zu.

1. „Im Moment bin ich leider knapp bei Kasse." ____
2. „Der wirft das Geld mit beiden Händen zum Fenster raus." ____
3. „Er hat richtig Kohle gemacht!" ____
4. „Das geht ganz schön ins Geld." ____
5. „Das kostet ja nicht die Welt." ____

A Etwas ist nicht besonders teuer.
B Jemand hat sehr viel Geld verdient.
C Dafür muss man viel ausgeben, das ist recht teuer.
D Die Person gibt sehr viel Geld aus, oft für ziemlich nutzlose Dinge.
E Die Person hat derzeit nicht viel Geld zur Verfügung, sie muss sparen.

Bankgeschäfte

3 a Wortpaare bilden. Ergänzen Sie das passende Verb oder Nomen mit Artikel. Wählen Sie.

A Ordnen Sie die Wörter unten zu.

1. eröffnen – _____
2. _____ – der Antrag
3. einzahlen – _____
4. _____ – der Verdienst

B Ergänzen Sie frei.

5. _____ – die Überziehung
6. überweisen – _____
7. _____ – der Wechsel
8. _____ – die Sperrung

beantragen | die Einzahlung | die Eröffnung | die Überweisung | überziehen | sperren | verdienen | wechseln

b Ergänzen Sie die Wörter in der richtigen Form.

die Ausgaben | die BIC | die Einnahmen | die Mahnung | versäumt | die IBAN | die Schulden | die Zahlung | die Zinsen | die Münzen | die Scheine

1. Wenn man sich Geld leiht, dann hat man _____.
2. Für einen Kredit muss man _____ bezahlen.
3. Das Geld, das eine Person oder Firma bekommt: _____
4. Das Geld, das eine Person oder Firma bezahlt: _____
5. Ich bezahle die Miete monatlich, am ersten ist die _____ fällig.
6. Wenn man die fristgerechte Zahlung _____, muss man Strafe zahlen.
7. Bitte überweisen Sie den Betrag. Die _____ ist DE8050 0700 4000 0691 9202.
8. Vergessen Sie nicht, bei der Überweisung ins Ausland die _____ anzugeben.
9. Wenn man eine Rechnung nicht rechtzeitig bezahlt, bekommt man eine _____.
10. An manchen Automaten können Sie sowohl _____ als auch _____ verwenden.

c Bilden Sie die Komparativ-Formen.

1. groß *größer*
2. früh _____
3. lang _____
4. hoch _____
5. wenig _____
6. cool _____
7. viel _____
8. teuer _____
9. sparsam _____

d Ergänzen Sie passende Komparative aus 3c.

1. ○ Sind die Zinsen immer gleich hoch? ● Nein, je _____ ein Kredit ist, desto _____ sind die Zinsen.
2. ○ Coole Jacke, war sie teuer? ● Na ja … Je _____ die Sachen, desto _____ sind sie leider oft.
3. ○ Warum bestellst du die Sachen nicht einfach online?
   ● Ich will nicht online einkaufen, denn je _____ Leute das machen, desto _____ Geschäfte wird es in Zukunft geben.
4. ○ Kommst du mit zum Essen? ● Nein, das ist mir zu teuer. Je _____ ich bin, desto _____ reicht mein Geld.

12 Bankgespräche verstehen und führen

e So ist es in der Wirtschaft! Schreiben Sie Sätze mit *je ..., desto/umso ...*

1. das Einkommen ist hoch – man muss viel Steuern zahlen
   Je höher das Einkommen ist, umso ...

2. jemand ist lang arbeitslos – er findet schwer eine neue Stelle

3. die Arbeitszeiten sind flexibel – die Mitarbeiter/innen sind zufrieden

4. die Arbeit ist langweilig – die Zeit vergeht langsam

5. eine Firma ist groß – sie bekommt von der Bank leicht einen Kredit

6. der Gewinn einer Firma ist gut – die Gehälter der Manager/innen sind hoch

4 Wählen Sie.

2.33–34

A Hören Sie die Gespräche in der Bank und ergänzen Sie.

B Ergänzen Sie die Gespräche in der Bank. Hören Sie dann zur Kontrolle.

1. ○ Guten Tag. Was kann ich für Sie (1) _____?

   ● Guten Tag, mein Name ist Hildebrand. Ich möchte ein Konto (2) _____.

   ○ Gerne, Herr Hildebrand.

   ● Also, ich habe noch Fragen zu den (3) _____. Wie hoch sind denn die (4) _____ für das Konto?

   ○ Ja, da (5) _____ wir Ihnen Online-Banking. Dann ist das Konto (6) _____.

   ● Ah, das klingt gut. Und wie bekomme ich dann einen (7) _____?

   ○ Die Auszüge können Sie bequem (8) _____ an Ihrem Computer ansehen.

   ● Gut, dann machen wir das so.

2. ○ Guten Tag, ich möchte gerne einen Kredit (1) _____.

   ● Guten Tag. (2) _____ soll der Kredit denn sein?

   ○ Ich habe an 4.000 Euro gedacht. Wie hoch sind denn da die (3) _____?

   ● Wie schnell möchten Sie denn den Kredit (4) _____?

   ○ Hm, ich weiß nicht ... Ich könnte (5) _____ 200 Euro zurückzahlen.

   ● Okay, dann würde das knapp zwei Jahre dauern.

   ○ Und wie und wann bekomme ich dann (6) _____?

   ● Das Geld können wir Ihnen innerhalb von zwei Tagen auf Ihr Konto überweisen.

12 Hinweise in einer Informationsbroschüre verstehen, Hinweise geben

5 a Lesen Sie den Text. Entscheiden Sie, ob die Aussagen 1 bis 3 richtig oder falsch sind.

Sicherheitstipps
Sicher bargeldlos zahlen und Bargeld abheben mit Ihrer neuen Karte

Ihre Hausbank

Ihre neue EC-Karte ist da. Beachten Sie bitte folgende Sicherheitshinweise.

Nutzung der neuen EC-Karte
Unterschreiben Sie Ihre neue Karte jetzt gleich mit einem Kugelschreiber auf dem Unterschriftsfeld auf der Rückseite Ihrer Karte. Mit dieser Karte können Sie die Serviceautomaten in unseren Filialen und in den Filialen unserer Partnerbanken kostenlos nutzen. Wenn Sie die neue Karte zum ersten Mal verwendet haben, ist Ihre alte Karte automatisch nicht mehr gültig. Beachten Sie, dass Sie dann nicht mehr mit Ihrer alten Karte bezahlen können. Bitte zerschneiden Sie die alte Karte und achten Sie darauf, dass der Chip dabei zerstört wird.

Ihre neue Geheimnummer
Ihre neue Geheimnummer wird Ihnen in einem zweiten Schreiben per Post zugeschickt. Bitte kontrollieren Sie den Umschlag und lassen Sie die Karte sofort sperren, sollte der Umschlag beschädigt sein. Die Geheimnummer ist nur für Sie persönlich bestimmt. Wenn Sie die Geheimnummer für sich notieren, dann bewahren Sie diesen Zettel aus Sicherheitsgründen nie zusammen mit der Karte auf. Geben Sie diese nie an andere weiter, auch nicht an Ihre Familie oder Freunde. Und achten Sie darauf, dass Ihnen am Geldautomaten niemand über die Schulter sieht.

Kartensperrung
In folgenden Fällen lassen Sie Ihre Karte sofort sperren:
→ Wenn Sie Ihre Karte verloren haben oder wenn sie Ihnen gestohlen wurde.
→ Wenn Ihre Karte nicht mehr aus dem Geldautomaten herausgekommen ist.
→ Wenn nur Ihre Karte aus dem Geldautomaten herauskommt, aber kein Geld.

Im Notfall: Bewahren Sie einen kühlen Kopf! Auf der beiliegenden Notfallkarte finden Sie alle wichtigen Angaben, um rasch und richtig reagieren zu können.

1. Die neue Geldkarte kann man mit der alten PIN verwenden. — Richtig / Falsch
2. Man darf seine Geheimnummer nicht aufschreiben, das ist zu gefährlich. — Richtig / Falsch
3. Wenn die Karte ohne erkennbaren Grund im Geldautomaten bleibt, sollte man die Karte sofort sperren lassen. — Richtig / Falsch

b Ergänzen Sie das Partizip II.

angegebene | ausgefüllten | gefundene | verschlossener | gewählte

1. Achtung, wir können nur Ihren vollständig _____ Antrag bearbeiten.

2. Die _____ Rufnummer ist im Moment leider nicht erreichbar.

3. Überweisen Sie den Betrag innerhalb von 14 Tagen auf das unten _____ Konto.

4. Wir haben eine gute Nachricht. Sie können die _____ Geldbörse bei uns abholen.

5. Wegen Renovierungsarbeiten kann es sein, dass Sie vor _____ Tür stehen. Nutzen Sie dann bitte unseren zweiten Eingang (⇐ 50 m links).

12 eine Umfrage über Globalisierung verstehen

c Markieren Sie das Partizip II im jeweils ersten Satz. Ergänzen Sie es dann im nächsten Satz in der richtigen Form.

1. ○ Wir haben Ihnen die EC-Karte **zugeschickt**. Haben Sie noch Fragen?
   ● Ja, kann ich die _zugeschickte_ EC-Karte mit der alten Geheimzahl verwenden?

2. ○ Ich habe mein Konto überzogen und brauche Bargeld.
   ● Sie können leider kein Geld von einem _____ Konto abheben.

3. ○ Meine Kreditkarte wurde gestohlen. Was soll ich machen?
   ● Bleiben Sie ganz ruhig. Wir werden als Erstes Ihre _____ Karte sperren.

4. ○ Sie haben bei uns bestellt. Wie zufrieden sind Sie?
   ● Leider habe ich die _____ Ware noch nicht erhalten.

5. ○ Ich habe die beiden Rechnungen schon bezahlt.
   ● Dann schicken Sie mir doch bitte einen Beleg über die _____ Rechnungen.

6. ○ Stimmt es, dass in dem neuen Imbiss das Essen frisch zubereitet wird?
   ● Ja, so lecker! Du musst die frisch _____ Speisen unbedingt probieren.

7. ○ Hast du den Wasserkocher schon reparieren lassen?
   ● Ja, das ist schon das _____ Gerät, aber es funktioniert immer noch nicht!

Total global

6 a Notieren Sie zehn Wörter zum Thema Globalisierung. Ergänzen Sie bei Nomen den Artikel.

REWELTMARKTTMKASVERNETZUNGTNGEPARBEITSPLATZIT
XOVERBRAUCHERONDIANGEBOTUMBALEGLOBALONTFLEXIBILITÄTINE
RSNÜTZENMIRZFORTSCHRITTLICHEOPROFITIEREN

b 🔊 2.35 Stichwort Globalisierung. Hören Sie die Umfrage. Zu wem passt welche Aussage? Kreuzen Sie an.

	Marco	Linn	Fr. Bucht
1. Die Globalisierung bringt auch gesundheitliche Risiken mit sich.	☐	☐	☐
2. Auslandsaufenthalte sind eine wichtige Erfahrung im Leben.	☐	☐	☐
3. Durch die Globalisierung sind viele Produkte günstiger geworden.	☐	☐	☐
4. Es ist gut, dass die Produktentwicklung schnell ist.	☐	☐	☐
5. Wegen der Globalisierung haben viele Menschen ihre Arbeit verloren.	☐	☐	☐
6. Die Globalisierung hat die Menschen flexibler gemacht.	☐	☐	☐
7. Manche Nachteile der Globalisierung hat man lange Zeit nicht bedacht.	☐	☐	☐

über Globalisierung sprechen, Argumente äußern

12

c Gespräch über ein Thema. Sprechen Sie mit Ihrem Partner / Ihrer Partnerin.

Sie haben in einer Zeitschrift etwas zum Thema „Arbeitswelt: mobil und flexibel" gelesen. Berichten Sie Ihrer Partnerin / Ihrem Partner darüber. Ihre Partnerin bzw. Ihr Partner hat eine andere Meinung dazu gelesen und berichtet Ihnen auch darüber. Unterhalten Sie sich danach über das Thema. Sagen Sie Ihre Meinung und erzählen Sie von persönlichen Erfahrungen, stellen Sie Fragen und reagieren Sie auf die Fragen Ihrer Partnerin bzw. Ihres Partners.

! Im ZDÖ lesen Sie und Ihr/e Partner/in drei Aussagen zum Thema und berichten sich gegenseitig darüber.

A
Marina Klasnić (36 Jahre, Grafikerin)

Mobilität und Flexibilität hört sich erst mal toll an, aber so einfach ist es nicht. Ich finde es sehr anstrengend, wenn man beruflich viel unterwegs ist und durch die Reisen geht viel (Lebens-)Zeit verloren. Und mit Familie ist es auch nicht so einfach umzuziehen. Die Kinder tun mir leid, wenn sie ihre Freunde verlieren und neue suchen müssen.

B
Tiago Weber-Lobo (31 Jahre, Arzt)

Mein Zuhause ist die Welt. Ich bin in Portugal zur Schule gegangen, habe in Madrid studiert und arbeite jetzt in Deutschland. Mal sehen, wo ich in ein paar Jahren bin. Ich mag die Flexibilität, mein Leben ist nie langweilig und ich lerne immer wieder viele interessante Leute kennen.

7 a Thema Globalisierung. Zu welcher Wortfamilie passen die Wörter aus dem Silbenrätsel? Schreiben Sie. Zweimal passen zwei Wörter.

BLE | DEN | ~~DU~~ | DUK | FOR | FOR | IN | KON | KRI | KRI | MA | MENT | MIE | POR | PRO | PRO | ~~PRO~~ | ~~REN~~ | REN | REN | SCHEI | SCHEN | SU | TRANS | TER | TIE | TIK | TION | TISCH | TISCH | UN | ~~ZIE~~

das Produkt, _produzieren_
konsumieren, _____
die Forschung, _____
die Information, _____

der Unterschied, _____
das Problem, _____
kritisieren, _____
der Transport, _____

b Argumente formulieren. Welcher Ausdruck passt? Markieren Sie. Die Texte im Kursbuch, Aufgabe 7a helfen.

1. Ich sehe / halte ... eher kritisch.
2. Ein weiterer Pluspunkt findet / ist auch, dass ...
3. Man muss auch denken / bedenken, dass ...
4. Das ist doch ein großer Vorteil / Argument.
5. Ich sehe / finde es gut, dass ...
6. Positiv / Nachteil ist auch, dass ...
7. Es ist wirklich Problem / problematisch, dass ...

12 Personen, Dinge und Situationen genauer beschreiben

8 a Wie heißt der markierte Ausdruck in Ihrer Sprache oder in anderen Sprachen? Notieren und vergleichen Sie.

Meine Sprache, andere Sprachen

1. a Die steigenden Mietkosten sind ein Problem.
   b Viele sind unzufrieden mit den gestiegenen Mieten.
2. a Aber die sinkenden Stromkosten helfen.
   b Die gesunkenen Stromkosten bleiben stabil.

b In der regionalen Bäckerei. Ergänzen Sie die Verben im Partizip I oder II.

1. Die Bäckerei kauft nur Produkte aus der Umgebung, alle _____ (verwenden) Zutaten sind regional.
2. Die _____ (arbeiten) Angestellten sind schon seit 2 Uhr morgens in der Backstube.
3. Am Morgen werden die _____ (backen) Brote und Brötchen noch warm in den Verkaufsraum gebracht.
4. Danach kommen die frisch _____ (zubereiten) Kuchen und Torten.
5. Die Bäckerei ist beliebt, oft sieht man _____ (warten) Kunden davor.
6. Viele kaufen einen lecker _____ (riechen) Kaffee und ein Stück Kuchen.

c Im Homeoffice! Schreiben Sie Sätze. Verwenden Sie das markierte Verb als Partizip I.

1. die Eltern – arbeiten, an Laptops sitzen
   Die arbeitenden Eltern sitzen an Laptops.
2. Kinder – schreien, im Wohnzimmer spielen
3. der Hund – bellen, spazieren gehen wollen
4. das Handy – klingeln, alle nerven
5. die Musik vom Nachbarn – stören, immer wieder an sein
6. die Nudeln – kochen, ausgeschaltet werden müssen

9 a Aussprache: Wortakzent. Hören Sie und markieren Sie den Wortakzent.

2.36

1. schr**ei**ben – beschr**ei**ben – die Beschr**ei**bung
2. gl**ei**ch – vergl**ei**chen – der Vergl**ei**ch
3. f**i**nden – erf**i**nden – die Erf**i**ndung
4. **a**rbeiten – m**i**tarbeiten – der M**i**tarbeiter
5. z**a**hlen – bez**a**hlen – die Bez**a**hlung
6. p**a**cken – verp**a**cken – die Verp**a**ckung

 Bei trennbaren Verben und davon abgeleiteten Wörtern ist die Betonung auf dem Präfix, z. B. **za**hlen – **ein**zahlen – die **Ein**zahlung

b Hören Sie noch einmal und sprechen Sie nach.

12 eine Geschichte schreiben und kommentieren

c Aussprache: Wortakzent bei Komposita. Hören Sie und markieren Sie den Wortakzent.

1. das **A**ngebot – der **A**ngebotstermin – das Prod**u**ktangebot
2. die Forschung – die Wirtschaftsforschung – das Forschungsgebiet
3. der Preis – das Preisschild – der Warenpreis
4. das Konto – die Kontogebühr – das Bankkonto
5. die Zeit – der Zeitraum – die Arbeitszeit
6. der Vertrag – der Vertragsabschluss – der Kaufvertrag

d Hören Sie noch einmal und sprechen Sie nach.

Mit gutem Gewissen

10 a Sehen Sie die Bilder an. Was denken die Personen? Schreiben Sie eine Geschichte und überlegen Sie sich auch einen Schluss. Verwenden Sie die Ausdrücke.

die Geldbörse verlieren | fragen, ob … | nichts merken | weitergehen | überlegen | den Inhalt ansehen | zum Fundbüro gehen | die Geldbörse (nicht) zurückbekommen

An einem schönen Tag im Mai …

b So geht die Geschichte weiter – drei Möglichkeiten. Schreiben Sie zu jedem Ende (1–3) einen Satz und Ihre Meinung. Wählen Sie passende Ausdrücke.

Ich finde es (nicht) in Ordnung, wenn/dass … | Für mich ist es okay, … | Ich habe ein/kein Problem damit, dass … | Man muss das akzeptieren, wenn/dass … | Ich finde es wirklich (nicht) gut, wenn … | So ein Verhalten lehne ich ab, weil … | Ich finde es schlimm/falsch, wenn … | …

12 einen informativen Text verstehen

Gutes tun mit Geld

11 Lesen Sie die beiden Texte. Zu jedem Text gibt es zwei Aufgaben. Entscheiden Sie bei jedem Text, ob die Aussage richtig oder falsch ist und welche Antwort (a, b oder c) am besten passt.

> In der Prüfung lösen Sie zu drei Tex jeweils zwei Aufgaben wie diese.

Hilfsprojekt braucht Hilfe

Das nach Ute Bock benannte Hilfsprojekt hilft Flüchtlingen und Personen, die in Österreich Asyl gesucht haben. Wie jedes Jahr wird auch heuer wieder auf dem Wiener Weihnachtsmarkt um Geld oder Spenden gebeten. Am Stand des Vereins können Sie selbstgemachten Punsch trinken – und Sie bezahlen, so viel Sie wollen! Mit Ihrer frei gewählten Spende tun Sie etwas für andere, die Ihre Hilfe brauchen.
Gerne können Sie uns unterstützen und selbst Punsch und Tee servieren. Wir sind auch dankbar, wenn Sie Kuchen oder Kekse vorbeibringen.
Eröffnung ist am 18. November. Sie finden den Stand auf der Mariahilfer Straße.

1. Auf dem Weihnachtsmarkt verkaufen Flüchtlinge Getränke. ☐ Richtig ☐ Falsch

2. Das Hilfsprojekt sucht Menschen, die
   a) für den Weihnachtsmarkt Werbung machen.
   b) auf dem Weihnachtsmarkt mitarbeiten.
   c) auf dem Markt Kuchen und Kekse backen.

Hilfe für vier Pfoten

Die Münchner Tiertafel ist eine soziale Organisation. Sie hilft Hundebesitzern, die sich nicht mehr um ihre Tiere kümmern können, weil sie in finanzielle Schwierigkeiten geraten sind. Besonders in Notlagen sind die vierbeinigen Freunde eine große Hilfe und schenken ihren Besitzern nicht nur Trost, sondern oft auch Kraft für einen Neuanfang. Deshalb sollten Geldsorgen kein Grund sein, für das Haustier einen neuen Besitzer zu suchen. Die Tiertafel hilft mit Futter und Sachspenden und übernimmt außerdem einen Teil der Kosten für den Besuch beim Tierarzt. Helfen Sie mit! Die Münchner Tiertafel freut sich über Geld- oder Sachspenden.

3. Die Münchner Tiertafel kümmert sich um alle Haustiere von Menschen in sozialer Not. ☐ Richtig ☐ Falsch

4. Die Tiertafel freut sich über Leute, die
   a) mit den Tieren zum Tierarzt geht.
   b) den Tieren ein neues Zuhause geben.
   c) finanziell oder mit nützlichen Dingen helfen.

Wortbildung – Verben mit *her-* und *hin-*

A Wer sagt das? Notieren Sie F für die Frau oder M für den Mann.

1. _____ Komm **her**auf, dann müssen wir nicht so laut reden.
2. _____ Ich kann nicht **hin**aufkommen, die Tür ist zu.
3. _____ Willst du nicht **her**unterkommen?
4. _____ Ich kann nicht **hin**unterkommen, ich arbeite gerade.
5. _____ Machst du bitte die Tür auf? Ich kann nicht ins Haus **hin**ein.
6. _____ Einen Moment bitte, ich lasse dich gleich **her**ein.

> Die Präfixe *hin-* und *h* zeigen die Richtung a
> Oft kommt noch eine Präposition dazu: *her*
> *hin*unter.
>
>
>
> Oft sagt man nur *rau* runter, rein …

146 einhundertsechsundvierzig

Das kann ich nach Kapitel 12

R1 Welches Wort passt nicht? Streichen Sie es durch.

1. leihen — ausgeben — einzahlen — sperren
2. gratis — günstig — kostenlos — umsonst
3. das Gehalt — die Mahnung — das Einkommen — die Einnahmen
4. der Arbeitgeber — der Beleg — das Formular — der Antrag

Ich kann Ausdrücke zum Thema Geld, Wirtschaft und Banken verstehen.   KB 3a   ÜB 3

R2 Ergänzen Sie das Partizip in der richtigen Form.

1. Bewahren Sie Ihre _____ EC-Karte sicher auf. (unterschreiben)
2. Sie finden wichtige Hinweise auf der _____ Notfallkarte. (beiliegen)
3. Achten Sie darauf, dass hinter Ihnen _____ Personen die Geheimzahl nicht sehen. (stehen)
4. Rufen Sie sofort an, damit wir die _____ EC-Karte sperren können. (verlieren)

Ich kann Informationen auf einer Webseite und Hinweise in einer Informationsbroschüre verstehen und Hinweise geben.   KB 5a–c   ÜB 5

R3 Günstige T-Shirts: pro oder contra? Hören Sie und notieren Sie je zwei positive und negative Argumente.

2.38

pro	contra

Ich kann Argumente verstehen und äußern.   KB 6, 7   ÜB 7b

Außerdem kann ich ...

	KB	ÜB
... über Kosten und Geld sprechen und schreiben.		1, 2
... Bankgespräche verstehen und führen.	3b–c, 4a	4
... nach Tätigkeiten fragen.	5d	
... eine Umfrage über Globalisierung verstehen.		6a
... über Globalisierung sprechen.		6b, 7a
... Personen, Dinge und Situationen genauer beschreiben.	8	8
... über Verhalten diskutieren und schreiben.	10c, e	10b
... eine schwierige Situation beschreiben und eine Geschichte schreiben und kommentieren.	10d	10
... einen informativen Text verstehen.	11b–d	11
... über etwas berichten.	11e	

12 Lernwortschatz

Geld und Finanzen

die Ausgabe, -n
die Einnahme, -n
die Zahlung, -en
die Schulden (Pl.)
das Bargeld (Sg.)
der Schein, -e
die Münze, -n
das Kleingeld (Sg.)
der Geldbetrag, ¨-e
der Beleg, -e
gering *(Es fallen nur geringe Kosten an.)*
pauschal
monatlich *(die monatlichen Kosten)*
fällig *(Die Rechnung ist sofort fällig.)*
die Rate, -n
versäumen
regieren *(Geld regiert die Welt?)*

Bankgeschäfte

das Bankgeschäft, -e
der/die Bankangestellte, -n
die BIC, -s
die IBAN, -s
die Kontoeröffnung, -en
die Kontodaten (Pl.)
die Kontoführungs-gebühr, -en
der Kontoauszug, ¨-e
der Dauerauftrag, ¨-e
der Kredit, -e
auf|nehmen, er nimmt auf, nahm auf, hat aufgenommen *(einen Kredit aufnehmen)*
fristgerecht
abhängig *(Die Zinsen sind von der Höhe des Kredits abhängig.)*

an|fallen, er fällt an, fiel an, ist angefallen *(Es fallen Gebühren an.)*
an|geben, er gibt an, gab an, hat angegeben *(Bitte geben Sie Ihren Namen an.)*
ein|tragen, er trägt ein, trug ein, hat eingetragen
ein|zahlen
gut|schreiben, er schreibt gut, schrieb gut, hat gutgeschrieben *(einen Betrag gutschreiben)*
überziehen, er überzieht, überzog, hat überzogen *(ein Konto überziehen)*
der Zins, -en
der Verlust, -e *(Melden Sie den Verlust Ihrer Bankkarte sofort.)*
die Kopie, -n

Online-Banking

das Online-Banking (Sg.)
der Benutzername, -n
sich ein|loggen
der Log-in, -s
die Fotoüberweisung, -en
die Ansicht, -en *(Die Ansicht können Sie auf der Webseite ändern.)*
das Menü, -s *(Klicken Sie im Menü auf „Start".)*

Globalisierung

die Globalisierung (Sg.)
global
fortschrittlich
der Konsument, -en
die Konsumentin, -nen
der Verbraucher, -
die Verbraucherin, -nen
der Weltmarkt, ¨-e
das Produktangebot, -e

Lernwortschatz 12

verlegen *(die Produktion ins Ausland verlegen)* ___
der Wohlstand (Sg.) ___
die Forschung, -en ___
die Wissenschaft, -en ___
nützen *(Nützt die Globalisierung allen?)* ___
profitieren (von + D.) ___
problematisch ___
pro ___
contra *(Bist du pro oder contra Globalisierung?)* ___
der Pluspunkt, -e ___

Gewissensfragen

das Gewissen, - ___
befürworten ___
tolerieren ___
merken *(Er merkte, dass er nicht alles bezahlt hatte.)* ___
bedenken, er bedenkt, bedachte, hat bedacht ___
betrügen, er betrügt, betrog, hat betrogen ___
die Sicht, -en *(aus meiner Sicht)* ___
der Vorwurf, ⸚e ___

die Schuld (Sg.) ___
geraten *(Sie ist ohne Schuld in finanzielle Not geraten.)* ___
das Versprechen, - ___
wünschenswert ___
der Zustand, ⸚e ___

andere wichtige Wörter und Wendungen

aus|ziehen, er zieht aus, zog aus, ist ausgezogen ___
fort *(Er wohnt mehr als 400 km weit fort.)* ___
drin sein *(Im Portemonnaie ist nichts drin.)* ___
zu Wort kommen ___
stammen (aus + D.) ___
überleben ___
irgendwo ___
nirgendwo ___
je …, desto/umso … ___
der Kasten, ⸚ ___
der Staub (Sg.) ___
teilweise ___
zusätzlich ___
beten ___

Wichtig für mich:

___
___
___

Was kann man mit Geld alles machen? Wofür würden Sie Geld sparen? Notieren Sie zehn Dinge.

Alphabetische Wortliste

So geht's:
Hier finden Sie alle Wörter aus den Kapiteln 1–12 von „Netzwerk neu" B1.
Die **fett** markierten Wörter sind besonders wichtig. Sie brauchen sie für die Prüfungen „Zertifikat Deutsch", „Zertifikat B1" oder „Deutsch-Test für Zuwanderer". Diese Wörter müssen Sie also gut lernen.
Ein Strich unter einem Vokal zeigt: Sie müssen den Vokal lang sprechen.
Ein Punkt bedeutet: Der Vokal ist kurz.
Hinter unregelmäßigen Verben finden Sie auch die 3. Person Singular, das Präteritum und das Perfekt.
Für manche Wörter gibt es auch Beispiele oder Beispielsätze.

In der Liste stehen keine Namen von Personen oder Städten.

So sieht's aus:

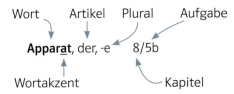

alltäglich	8/13a
akzeptieren	7/8a
abhängig	12/3c
ab|biegen, er biegt ab, bog ab, ist abgebogen	11/12b
Anspruch, der, ⸚e (Die Angestellten haben Anspruch auf 30 Tage Urlaub.)	10/8b

ab|biegen, er biegt ab, bog ab, ist abgebogen 11/12b
Abenteuer, das, - 1/9a
Abfall, der, ⸚e 5/1a
Abgas, das, -e 5/2b ÜB
Abgeordnete, der/die, -n 10/1c ÜB
ab|hängen (von + D.), er hängt ab, hing ab, hat abgehangen 11/8b
abhängig 12/3c
ab|melden 10/7a
Abneigung, die, -en 1/k&k
ab|räumen 10/8b
Absatz, der, ⸚e 5/8a
abschließend 10/12b
ab|schreiben, er schreibt ab, schrieb ab, hat abgeschrieben 4/8b
Absicht, die, -en 4/6d
absolut 4/13b
Absprache, die, -n 4/12a
ab|stimmen 10/7b
abwärts 3/3c
ab|ziehen, er zieht ab, zog ab, hat abgezogen 10/7b
Adjektivendung, die, -en 9/7c
Adverb, das, -ien 2/k&k
Affe, der, -n 6/5b
Afrika 3/3c
aggressiv 4/13b
Akademie, die, -n 6/7c ÜB
Akkusativobjekt, das, -e 8/4a
Akte, die, -n 4/1a ÜB
Aktion, die, -en 5/9b
Aktiv, das (Sg.) 10/4a
akzeptieren 7/8a
Alarmanlage, die, -n 2/6b
alarmieren 10/3b
Alarmknopf, der, ⸚e 8/5b
allein (18 Millionen Tonnen Lebensmittel werfen wir allein in Deutschland jährlich weg.) 5/8a
allerdings 5/4b
alltäglich 8/13a
Alm, die, -en 1/13a
Almaufenthalt, der, -e 1/13b
Almsommer, der, - 1/13a
Almurlaub, der, -e 1/13a
Alte, der/die, -n (wieder der/die Alte sein) 3/5a
Altenheim, das, -e 6/7c ÜB
Alternative, die, -n 5/6a
Altersgruppe, die, -n 8/13a

Alzheimer, der (Sg.) 8/6b
amerikanisch 8/6b
Amt, das, ⸚er (Sie übernimmt das Amt einer Abgeordneten.) 10/1c ÜB
amüsieren (sich) (über + A.) 7/11a ÜB
Analyse, die, -n 4/1b
an|bauen 4/1a ÜB
andererseits 8/6b
Anfahrt, die, -en 4/13b
an|fallen, er fällt an, fiel an, ist angefallen 12/5a
Anfrage, die, -n 10/4c
an|geben, er gibt an, gab an, hat angegeben (Bitte geben Sie Ihren Namen an.) 12/3b ÜB
angeblich 7/11a ÜB
an|gehen, er geht an, ging an, ist angegangen (Was ich mache, das geht keinen was an.) 11/4b
Angeklagte, der/die, -n 4/1a ÜB
angenehm 1/2
an|haben, er hat an, hatte an, hat angehabt 2/5a ÜB
Anhang, der, ⸚e 4/8b
an|kommen (auf + D.), es kommt an, kam an, ist angekommen 4/8b
Anlage, die, -n 4/1a ÜB
Anlass, der, ⸚e 6/3a
Anleitung, die, -en 2/3a
Anliegen, das, - 3/3c
anonym 6/7b
an|passen (an + A.) 2/6d
an|regen (zu + D.) 9/1b
an|schaffen (sich) 2/3a
an|schalten 2/5a ÜB
an|schauen 11/12b ÜB
anscheinend 11/4b
an|schließen (1), er schließt an, schloss an, hat angeschlossen (Er schließt den Lautsprecher an den Laptop an.) 2/1b ÜB
an|schließen (2) (sich), er schließt an, schloss an, hat angeschlossen (Beim Plogging kann man sich einer Gruppe anschließen.) 5/13c
Ansicht (1), die, -en (Ich bin der Ansicht, dass …) 5/10
Ansicht (2), die, -en (Die Ansicht können Sie auf der Webseite ändern.) 12/5a
an|sprechen, er spricht an, sprach an, hat angesprochen (Werbung spricht sehr oft Gefühle an.) 2/10b
ansprechend 2/9c

Anspruch, der, ⸚e (Die Angestellten haben Anspruch auf 30 Tage Urlaub.) 10/8b
an|strengen (sich) 8/1a
Anteil, der, -e 6/7d
an|wenden 9/7a ÜB
anwesend 3/10b
Apfelmus, das (Sg.) 8/1a
Apfelsine, die, -n 10/3c ÜB
Apparat, der, -e 8/5b
Aprikose, die, -n 10/3c ÜB
Aquarell, das, -e 9/7b
Arbeiter, der, - 3/1a
Arbeiterin, die, -nen 3/1a
Arbeitnehmer, der, - 4/10a
Arbeitnehmerin, die, -nen 4/10a
Arbeitsamt, das, ⸚er 10/7b
Arbeitslosigkeit, die (Sg.) 11/8b
Arbeitsort, der, -e 6/7c
Arbeitsstelle, die, -n 10/1c ÜB
Arbeitssuche, die (Sg.) 10/3b
Architekturbüro, das, -s 10/7b
Argument, das, -e 5/10
arm, ärmer, am ärmsten 7/11b
Asien 12/7a
Aspekt, der, -e 3/9a
atmen 8/2a ÜB
Atomkraft, die (Sg.) 10/11a
auf (Ohren auf!) 1/11a
auf|bauen 1/9a
auf|bewahren 8/5b
auf|führen 9/7a ÜB
auf|geben, er gibt auf, gab auf, hat aufgegeben 3/6d
auf|halten (1), er hält auf, hielt auf, hat aufgehalten (Es ist höflich, anderen Menschen die Tür aufzuhalten.) 3/10b
auf|halten (2), er hält auf, hielt auf, hat aufgehalten (Wir müssen die Klimaerwärmung aufhalten!) 5/2b ÜB
auf|halten (3) (sich), er hält auf, hielt auf, hat aufgehalten (Sie hält sich viel in der Küche der WG auf.) 6/7b
auf|heben, er hebt auf, hob auf, hat aufgehoben 5/13
auf|klären 5/13a
auf|laden, er lädt auf, lud auf, hat aufgeladen 2/1b ÜB
auf|lösen 8/2a ÜB
aufmerksam 2/10b
Aufmerksamkeit, die (Sg.) 4/13b

alphabetische Wortliste

Aufnahme, die (Sg.) *(die Aufnahme in ein Team)* 10/1c ÜB
auf|nehmen, er nimmt auf, nahm auf, hat aufgenommen *(Ich möchte gern einen Kredit aufnehmen.)* 12/4a
auf|regen (sich) (über + A.) 7/9a
Aufregung, die (Sg.) 4/13b
auf|teilen 8/5b
auf|treten, er tritt auf, trat auf, ist aufgetreten 9/7a ÜB
Auftritt, der, -e 4/13b
auf|wachen 3/5b
aufwändig 5/13c
Augenblick, der, -e 4/1c
Auktion, die, -en 9/3b
Auktionsbesucher, der, - 9/3b
Auktionsbesucherin, die, -nen 9/3b
aus den Augen verlieren *(Meine Freunde aus der Kindheit habe ich leider aus den Augen verloren.)* 7/2b
aus|bilden 10/3b
aus|breiten (sich) 8/13a
aus|denken (sich), er denkt aus, dachte aus, hat ausgedacht 8/12a
Ausflugstipp, der, -s 8/13a
Ausgabe (1), die, -n *(Lesen Sie den spannenden Artikel in der Juli-Ausgabe.)* 7/2b
Ausgabe (2), die, -n *(Ich habe jeden Monat viele Ausgaben und am Ende fast kein Geld mehr.)* 12/3b ÜB
Ausgabestelle, die, -n 10/3b
aus|gehen (von + D.), er geht aus, ging aus, ist ausgegangen *(Experten gehen davon aus, dass …)* 6/7b
ausgezeichnet 2/9d
aus|halten, er hält aus, hielt aus, hat ausgehalten 4/3
aus|lösen 8/6b
Ausnahme, die, -n 2/6b
Ausrede, die, -n 6/3b
aus|reden *(jemanden ausreden lassen)* 11/10
ausreichend 8/1a
aussagekräftig 4/8b
ausschließlich 3/2 ÜB
Außenseite, die, -n 5/8a
außer Acht lassen 11/10
außerhalb (+ G.) 3/5b
Aussicht, die, -en 1/2
Aussichtsturm, der, ⸚e 8/13a
Ausstieg, der, -e 10/10b
aus|suchen 3/9c
aus|tragen, er trägt aus, trug aus, hat ausgetragen *(Post austragen)* 4/1b
Auswahl, die (Sg.) *(eine Auswahl treffen)* 10/3c
Auswertung, die, -en 8/1b
Auszeichnung, die, -en 6/10a
aus|ziehen, er zieht aus, zog aus, ist ausgezogen *(Wann zieht ihr aus der Wohnung aus?)* 12/11b
Autofahrer, der, - 5/1a
Autofahrerin, die, -nen 5/1a
automatisch 2/10b
automatisiert 3/1a
autonom 6/7b
Autoverkauf, der, ⸚e 9/11a
Autowerkstatt, die, ⸚en 11/12b
Backofen, der, ⸚ 9/11a
Backstube, die, -n 11/6b
Bademantel, der, ⸚ 8/5b
Badewanne, die, -n 1/8b
Bahnradfahrer, der, - 3/3c
Bahnradfahrerin, die, -nen 3/3c
Bankangestellte, der/die, -n 12/3e
Bankgeschäft, das, -e 12/3a
Bargeld, das (Sg.) 12/3e
barrierearm 8/13a
basieren (auf + D.) 12/10a
Bass, der, ⸚e 6/9 ÜB
Bauhof, der, ⸚e 11/6b
Baustein, der, -e 3/9b
Bedarf, der (Sg.) 5/4b
bedenken, er bedenkt, bedachte, hat bedacht 12/7a
bedienen 2/1b ÜB
Bedienungsanleitung, die, -en 8/5b
Bedingung, die, -en 3/1a
Bedingungssatz, der, ⸚e 4/5a
Bedürfnis, das, -se 10/1c ÜB
bedürftig 10/3b

beeinflussen 2/10b
Beerdigung, die, -en 8/6b
befinden (sich), er befindet, befand, hat befunden 6/7b
befragen 6/3b
befriedigend 4/9c
befürchten 10/10b
befürworten 12/10c
begegnen 6/7b
begeistern 3/4d
begeistert 1/13a
begrenzt 9/3b
Begriff, der, -e 5/3
begrüßen 3/10a
Begrüßung, die, -en 3/10b
behandeln 9/7a ÜB
Behandlung, die, -en 3/1a
behaupten 7/11a ÜB
Behauptung, die, -en 7/11a ÜB
Behördengang, der, ⸚e 10/3b
beim Alten bleiben *(Früher dachte ich, dass immer alles beim Alten bleibt.)* 7/2b
beinahe 1/13a
beißen, er beißt, biss, hat gebissen 7/12b
bei|treten, er tritt bei, trat bei, ist beigetreten 10/10b
bekämpfen 5/2b ÜB
Bekämpfung, die (Sg.) 12/7a
Beleg, der, -e 12/3a
Belgien 10/11a
bemerken 2/6b
Benehmen, das (Sg.) 3/10a
Benimmbuch, das, ⸚er 3/10b
benötigen 2/1a
Benutzername, der, -n 12/5a
beobachten 5/2b ÜB
berechnen 5/3
Bereich, der, -e 4/12b
bereit sein (zu + D.) 7/8a
bereits 2/6b
berücksichtigen 11/8b
Berufsfeuerwehr, die, -en 10/3b
Berufssoldat, der, -en 3/3c
Berufssoldatin, die, -nen 3/3c
berufstätig 7/2b
beruhigend 8/6b
berühren 2/6b
beschädigen 9/3b
beschädigt 5/8a
beschäftigen (sich) (mit + D.) 4/1a ÜB
beschäftigt sein (mit + D.) 7/11a ÜB
Bescheinigung, die, -en 4/8b
beschildert 8/5b
beschließen, er beschließt, beschloss, hat beschlossen 7/2b
Besonderheit, die, -en 10/10b
besprechen, er bespricht, besprach, hat besprochen 9/7a ÜB
Besteck, das, -e 4/6a ÜB
bestehen (aus + D.), er besteht, bestand, hat bestanden 9/7b
Besuchszeit, die, -en 8/5a
beteiligen (sich) (an + D.) 5/13a
beten 12/11b
Betonwand, die, ⸚e 9/1b
betragen, er beträgt, betrug, hat betragen 8/5b
betreffen, er betrifft, betraf, hat betroffen 11/8b
betrügen, er betrügt, betrog, hat betrogen 12/10a
Beurteilung, die, -en 4/13b
Beute, die (Sg.) 7/12b
Bevölkerung, die, -en 5/13a
bevor 7/6c
bewältigen 10/3b
bewegen *(Die Musik bewegt mich, sie macht mich traurig.)* 9/7b
beweisen, er beweist, bewies, hat bewiesen 7/11a ÜB
Bewerber, der, - 4/13b
Bewerberin, die, -nen 4/13b
Bewerbungsfoto, das, -s 4/8b
Bewerbungsportal, das, -e 4/8b
Bewerbungsschreiben, das, - 4/8b
Bewerbungstraining, das, -s 4/8b
Bewerbungsunterlagen, die (Pl.) 4/12b
bewerten 6/9d
bewusst 3/2 ÜB
bezeichnen 6/k&k
Bezeichnung, die, -en 6/k&k

beziehen (sich) (auf + A.), er bezieht, bezog, hat bezogen 4/9c
Beziehung, die, -en 3/10b
beziehungsweise *(bzw.)* 3/10b
BIC, die, -s 12/3b ÜB
Biene, die, -n 9/10d
Bild-Geschichte, die, -n 1/9a
Bildung (1), die (Sg.) *(Eine gute Bildung hilft für das ganze Leben.)* 6/8d
Bildung (2), die, -en *(Wie ist die Bildung des Plusquamperfekts?)* 7/3a
Bildunterschrift, die, -en 6/1a
Billett, das, -s *(Schweizerdeutsch)* 11/12b
Bio 5/2b
Bio- *(Bio-Produkte)* 5/1a
Biografie, die, -n 6/10a
biologisch 3/2 ÜB
Bioprodukt, das, -e 5/2a
bisher 8/1b
blass 8/2a ÜB
Blickkontakt, der, -e 12/10c
blind 10/1c ÜB
Blinde, der/die, -n 10/1c ÜB
Blitz, der, -e 5/11a
blitzen 5/11a
Blogeintrag, der, ⸚e 3/9a
bloß 2/3a
blutig 8/1a
Bock (Sg. ohne Artikel, ugs.) *(keinen Bock mehr auf etwas haben)* 1/9a
Boot, das, -e 1/8b
Bootstour, die, -en 11/12b
Botschaft, die, -en 3/6c ÜB
Branche, die, -n 4/13b
Brand, der, ⸚e 8/5b
brasilianisch 9/7b
brauchen *(Sie brauchen mich nur zu rufen, wenn ich Ihnen helfen soll.)* 8/2c
brennen, er brennt, brannte, hat gebrannt 1/9a
Breze, die, -n 10/7b
Briefmarke, die, -n 9/10d
Briefträger, der, - 4/1b
Briefträgerin, die, -nen 4/1b
Broschüre, die, -n 9/7a ÜB
brüllen 7/12b
Brunnen, der, - 9/1b
Brust, die, ⸚e 8/2a ÜB
Buchautor, der, -en 3/3c
Buchautorin, die, -nen 3/3c
Budget, das, -s 11/10
Büfett, das, -s 9/7a ÜB
Bundeskanzler, der, - 10/1c ÜB
Bundeskanzlerin, die, -nen 10/1c ÜB
Bundestag, der (Sg.) 10/1c ÜB
Bundeswehrzeit, die, -en 3/3c
bundesweit 10/5a
Bürger, der, - 5/13a
Bürgerin, die, -nen 5/13a
Bürgermeister, der, - 6/8c
Bürgermeisterin, die, -nen 6/8c
Bürgerversammlung, die, -en 10/7b
Büroangestellte, der/die, -n 3/8a
Bürogebäude, das, - 11/1b
Bürste, die, -n 4/6a ÜB
Bushaltestelle, die, -n 1/12b
ca. 1/7
Camping, das (Sg.) 3/8b
Casting-Show, die, -s 6/10a
chaotisch 9/8c
Charts, die (Pl.) 6/10a
Chat, der, -s 1/4a
Chemiker, der, - 4/1b
Chemikerin, die, -nen 4/1b
Chip, der, -s 6/1a
Chipkarte, die, -n 8/5b
clever 9/3b
Clique, die, -n 7/2b
contra 12/7a
Couch, die, -s 9/10d
Coversong, der, -s 6/10a
Croissant, das, -s 10/3c ÜB
da *(Da Rothenburg so bekannt ist, kommen viele Touristen in die Stadt.)* 1/8b
dabei *(Werbung hilft dabei, dass Kunden bestimmte Produkte kaufen.)* 2/10b

alphabetische Wortliste

dabei sein (für + A.) (Im Urlaub am Meer ist für jeden etwas dabei.) 1/2
dabei|haben 2/5a ÜB
dagegen 5/8a
daher 2/4b
dahin 6/9c
damalig 12/11b
damit (Damit nicht so viel Müll entsteht, gibt es Pfandbecher.) 5/8a
danach (Die freie Stelle? Ja, Frau Markovic hat sich danach erkundigt.) 4/9c
dankbar 9/8a
daran 4/1c
Darstellung, die, -en 9/7a ÜB
darüber 4/9b
darum (1) (Max' Lautsprecher geht nicht, darum lässt er ihn reparieren.) 2/4b
darum (2) (Könntest du dich darum kümmern, dass unser Kunde pünktlich zum Flughafen kommt?) 4/8b
Daten-Chip, der, -s 6/1a
Dauerauftrag, der, ⸚e 12/5a
dauernd 6/3b
davon 2/10a
davon|gehen, er geht davon, ging davon, ist davongegangen 7/12b
davor 2/k&k
decken (den Tisch decken) 7/1a ÜB
deklinieren 5/k&k
Demokratie, die, -n 10/1a
Denkmal, das, ⸚er 11/12b ÜB
derselbe, dasselbe, dieselbe 1/3b
deswegen 2/4b
Detektiv, der, -e 9/10d
Detektivin, die, -nen 9/10d
Diagnose, die, -n 3/1a
Dialekt, der, -e 11/4b
Diät, die, -en 3/2 ÜB
Diät-Assistent, der, -en 8/5b
Diät-Assistentin, die, -nen 8/5b
diätisch (diätische Ernährung) 8/5b
Dieb, der, -e 9/10d
dienen (als + N.) 5/13a
Dienst, der, -e 11/6b
Dienstleistung, die, -en 10/10b
Dienstleistungsbereich, der, -e 6/7b
diesmal 2/5a ÜB
digital 5/1a
diktieren 1/10c
Ding, das, -e (In der Not zu helfen ist mein Ding.) 10/3b
diplomatisch 7/8a
Diskussion, die, -en 11/10
Diversität, die (Sg.) 11/8b
Doktorand, der, -en 6/k&k
Doktorandin, die, -nen 6/k&k
dokumentieren 7/11c
Donner, der, - 5/11a
donnern 5/11a
Download, der, -s 4/8b
Dreck, der (Sg.) 11/1b
drehen 5/13a
drin sein 12/10a
Drogerie, die, -n 8/5b
Drohne, die, -n 6/1a
drüben 1/2
Dur, das (Sg.) 8/6b
durcheinander 9/5c
durch|führen 10/7b
Durchschnitt, der (Sg.) 5/1a
durch|setzen 5/2b ÜB
durch|streichen, er streicht durch, strich durch, hat durchgestrichen 5/2b ÜB
Duschzeit, die, -en 5/4b
duzen 3/10b
ebenfalls 2/10b
EC-Karte, die, -n 2/5a ÜB
effizient 5/4b
Ehegatte, der, -n 7/11a ÜB
Ehegattin, die, -nen 7/11a ÜB
eher (Insgesamt ist es eher einsam hier auf der Alm.) 1/13a
ehren 3/3c
ehrenamtlich 10/3b
Ehrlichkeit, die (Sg.) 10/1a
eigen 7/11a ÜB

Eigenschaft, die, -en 9/7c
eignen (sich) (für + A.) 4/8b
Eimer, der, - (Es regnet! Der ganze Ausflug ist im Eimer!) 1/9a
ein|bauen 8/1a
Einbruch, der, ⸚e 2/6b
ein|cremen 8/1a
eindeutig 11/4b
Eindruck, der, ⸚e (Mach einen guten Eindruck auf den Arbeitgeber.) 4/10a
eine Entscheidung treffen 10/10b
einerseits ..., andererseits ... 8/6b
einfach so 6/3b
Einfall, der, ⸚e 1/8b
Einfluss, der, ⸚e 7/11a ÜB
ein|gehen (auf + D.), er geht ein, ging ein, ist eingegangen (auf einen Standpunkt eingehen) 11/10
eingespannt sein (Meine Freunde und ich sind alle beruflich stark eingespannt.) 7/2b
Einheimische, der/die, -n 11/12b
einigen (sich) (auf + A.) 7/8a
einigermaßen 8/1b
Einkaufsliste, die, -n 2/7c
Einkommen, das, - 4/1a ÜB
ein|leiten 12/k&k
ein|liefern 11/6b
ein|loggen (sich) 12/5a
Einnahme, die, -n 12/3b ÜB
ein|nehmen (1), er nimmt ein, nahm ein, hat eingenommen (Medikamente einnehmen) 8/2a ÜB
ein|nehmen (2), er nimmt ein, nahm ein, hat eingenommen (Geld einnehmen) 10/7b
Einsamkeit, die (Sg.) 1/13a
ein|schalten 2/6d
einschließlich 8/5b
Einschränkung, die, -en 8/7a
ein|setzen (1) (eine Batterie ins Handy einsetzen) 2/1b ÜB
ein|setzen (2) (sich) (für/gegen + A.) (sich für den Schutz der Wildtiere einsetzen) 3/3c
ein|sperren 9/13b
ein|stecken 2/1b ÜB
Einstellung, die, -en 4/13b
ein|tragen, er trägt ein, trug ein, hat eingetragen 12/5a
Einwegflasche, die, -n 5/4b
ein|werfen, er wirft ein, warf ein, hat eingeworfen 12/10a
Einwohnermeldeamt, das, ⸚er 10/7a
ein|zahlen 12/3a
Einzelheit, die, -en 7/11a ÜB
einzig 9/12b
eiskalt 8/1a
Elefant, der, -en 6/5b
Elektroingenieur, der, -e 4/1a ÜB
Elektroingenieurin, die, -nen 4/1a ÜB
Elektronik, die (Sg.) 4/1b
elektronisch 5/9c
Elterncafé, das, -s 10/7b
elternfrei 10/7b
Elternzeit, die (Sg.) 11/8b
Empfang, der (Sg.) (Hier auf dem Berg gibt es keinen Empfang für Handys.) 1/13a
empfinden, er empfindet, empfand, hat empfunden 8/6b
endgültig 10/10b
Energiekosten, die (Pl.) 5/6b
Engagement, das, -s 5/13a
engagieren (sich) (für/gegen + A.) 5/13e
engagiert sein 3/3c
Ente, die, -n 7/12 ÜB
entfallen, er entfällt, entfiel, ist entfallen 5/k&k
Entfernung, die, -en 1/3b
entgegen (+ G.) 7/2b
enthalten, er enthält, enthielt, hat enthalten 4/8b
enthalten sein (in + D.) 1/7
Entlassung, die, -en 8/5b
entschließen (sich) (zu + D.), er entschließt, entschloss, hat entschlossen 1/13a
entsorgen 10/7b
entspannend 1/5a
entspannt 4/13b
entsprechen, er entspricht, entsprach, hat entsprochen 2/7b

entsprechend 11/4c
entstehen, er entsteht, entstand, ist entstanden 5/8a
Entstehungszeit, die, -en 12/11b
enttäuscht 1/8b
entweder ... oder ... 8/6b
Entwicklung, die, -en 4/1c
entzwei 9/13b
erarbeiten 9/7b
erben 3/3a
Erde, die (Sg.) 5/2b ÜB
ereignen (sich) 3/3c
erfahren, er erfährt, erfuhr, hat erfahren 1/5c
erfinden, er erfindet, erfand, hat erfunden 9/8d
erforschen 5/2b ÜB
erfüllen (eine wichtige Funktion erfüllen) 10/3b
ergreifen, er ergreift, ergriff, hat ergriffen 5/2b ÜB
erhalten sein (Die Briefe sind alt, aber gut erhalten.) 7/11c
erhältlich 5/8a
Erhöhung, die, -en 7/1a ÜB
erholen (sich) 1/4a
erholt 1/13a
Erholungsmöglichkeit, die, -en 6/7b
Erinnerung, die, -en (in Erinnerung bleiben) 2/10b
erkälten (sich) 1/13a
erkundigen (sich) (nach + D.) 4/8b
Erlebnis, das, -se 1/2
erleichtern 7/8a
ernähren (sich) 3/2 ÜB
Ernährung, die (Sg.) 3/2 ÜB
ernst nehmen, er nimmt ernst, nahm ernst, hat ernst genommen 4/1c
Ernte, die, -n 5/2b ÜB
ernten 5/2b ÜB
Eröffnung, die, -en 9/7a ÜB
erraten, er errät, erriet, hat erraten 9/3b
Ersatz, der (Sg.) 7/11a ÜB
erscheinen, er erscheint, erschien, ist erschienen (Die Zeitschrift erscheint einmal im Monat.) 10/7b
erschießen, er erschießt, erschoss, hat erschossen 9/13b
erschöpft 7/6c
ersetzen 9/10a
Erste Hilfe, die (Sg.) 10/3b
erstellen 3/5a
erwachen 11/6a
erwärmen 5/4b
Erwartung, die, -en 7/2b
Erziehung, die (Sg.) 10/1a
Espressokanne, die, -n 9/1b
Espresso-Kanne, die, -n 3/8b
essbar 1/1a ÜB
Ethnologe, der, -n 9/3b
Ethnologin, die, -nen 9/3b
EU, die (Sg.) 10/10a
europäisch 5/1a
Europäische Union, die (Sg.) (= EU) 10/10b
eventuell 6/5a
Ewigkeit, die, -en 7/2b
exakt 4/1b
extra 5/13a
extrem 5/2b
Fabel, die, -n 7/12b
Fach, das, ⸚er (Meine Tasche hat viele kleine Fächer.) 3/9a
-fach (zehnfach) 3/3c
Fachleute, die (Pl.) 11/8b
Faden, der, ⸚ (den Faden verlieren) 10/11b
Fähigkeit, die, -en 4/13b
Fahrschein, der, -e 11/12b
Fahrzeit, die, -en 1/7
fair 4/1a ÜB
Fairness, die (Sg.) 10/1a
Fake News, die (Pl.) 7/11a ÜB
Faktor, der, Faktoren 4/13b
Fall, der, ⸚e (in jedem Fall) 5/4b
fällig 12/3b ÜB
falls 1/13a
familienfreundlich 8/13a
Familienleben, das (Sg.) 7/11a ÜB
fantasievoll 8/12a
färben 4/6a ÜB
Farbstift, der, -e 9/8a
Fassade, die, -n 11/12b
fassen (einen Vorsatz fassen) 6/3b
faulenzen 1/1a ÜB

152 einhundertzweiundfünfzig

alphabetische Wortliste

Favorit, der, -en   11/12b
Favoritin, die, -nen   11/12b
feierlich   8/6b
Feind, der, -e   7/12b
Feindin, die, -nen   7/12b
Ferienclub, der, -s   1/13c
Ferienhaus, das, ¨er   1/3b
fern   11/12b
Fernbedienung, die, -en   8/5b
Ferne, die (Sg.)   8/13a
Fernsehgerät, das, -e   8/5b
Fernsehkrimiserie, die, -n   7/11b
Fernsehsender, der, -   4/1a ÜB
fest machen   1/9c
fest|legen   11/8b
Festnetz, das (Sg.)   8/5b
fest|stellen   7/2b
feucht   5/11a
Feuerwehrleute, die (Pl.)   10/3b
Filmbranche, die, -n   8/6b
Finalsatz, der, ¨e   5/k&k
finanzieren   10/7b
Fingerabdruck, der, ¨e   2/1a
Finnland   2/11
finster   9/13b
Fitness, die (Sg.)   3/2 ÜB
Fleischkonsum, der (Sg.)   5/1a
Fliege, die, -n   7/12 ÜB
fließen, er fließt, floss, ist geflossen   11/12b
Flöte, die, -n   6/9 ÜB
Flucht, die (Sg.)   10/1c ÜB
Flüchtling, der, -e   11/12b
Flussbad, das, ¨er   11/12b
Flüssigkeit, die, -en   8/1a
föhnen   4/6a ÜB
fördern   5/2b ÜB
Forderung, die, -en   7/1a ÜB
Form, die, -en   3/2 ÜB
formen   8/13a
Forscher, der, -   8/6b
Forscherin, die, -nen   8/6b
Forschung, die, -en   12/7a
fort   12/10d
Fortbildung, die, -en   4/8b
Fortschritt, der, -e   5/2b ÜB
fortschrittlich   12/11b
fort|setzen   11/9c
Forumsname, der, -n   11/4b
Forumstext, der, -e   1/8b
Fotoüberweisung, die, -en   12/5a
Frage, die, -n (vor einer Frage stehen)   2/3a
frech   2/9d
Freigelände, das, -   8/13a
frei|nehmen, er nimmt frei, nahm frei, hat freigenommen   4/5a
Freizeitangebot, das, -e   11/2a
fressen, er frisst, fraß, hat gefressen   7/12c
Freundschaftsgeschichte, die, -n   7/2b
Frieden, der (Sg.)   9/7a ÜB
frisch (1) (Ich bin frisch verliebt.)   3/5b
frisch (2) (Ich genieße die Ruhe und die frische Luft.)   6/3b
fristgerecht   12/3b ÜB
Frisur, die, -en   9/8a
Frucht, die, ¨e   3/2 ÜB
Fruchtsaft, der, ¨e   8/1a
frühere   4/8b
Frühschicht, die, -en   11/6b
Fuchs, der, ¨e   7/12a
führen (1) (zu + D.) (Welche Ereignisse können zu Veränderungen führen?)   3/3b
führen (2) (Krieg führen)   10/10b
Fundbüro, das, -s   6/7c ÜB
Fünftel, das, -   6/7b
Funkkopfhörer, der, -   2/1a
Funktion, die, -en (eine wichtige Funktion erfüllen)   10/3b
fürchten   7/11a ÜB
Fußabdruck, der, ¨e   5/3
Fußgänger, der, -   11/1b
Fußgängerin, die, -nen   11/1b
Fußgängerzone, die, -n   6/7c ÜB
Fußweg, der, -e   6/7b
Futur, das (Sg.)   6/3d
Galerie, die, -n   9/3b
Garagentor, das, -e   11/6b

Garantie, die, -n   2/5b
Gasse, die, -n   11/12b
Gästehaus, das, ¨er   1/7
Gastgeber, der, -   3/10b
Gastgeberin, die, -nen   3/10b
Gaststätte, die, -n   4/6a ÜB
Gebirge, das, -   1/13a
Gebrauchsanweisung, die, -en   2/5a ÜB
Gedächtnis, das (Sg.)   5/12a
Gedächtnisleistung, die, -en   8/10a
Gedanke, der, -n (Mach dir mal keine Gedanken.)   9/13b
gedruckt   5/4b
Geduld, die (Sg.)   4/8b
geeignet (für + A.)   8/13a
Gefahr, die, -en   2/7d
gegen (Wir treffen uns gegen 8 Uhr, okay?)   1/13a
Gegend, die, -en   5/8a
Gegensatz, der, ¨e   3/1b
Gegenwart, die (Sg.)   7/3a
geheim   7/11a ÜB
Geheimzahl, die, -en   2/5a ÜB
Gehirn, das, -e   8/1a
gehören (zu + D.)   7/8a
Geist, der, -er   8/1a
gelähmt   3/3c
Gelände, das, -   7/1a ÜB
gelangen   8/6b
Geldautomat, der, -en   2/5a ÜB
Geldbetrag, der, ¨e   12/9c
Gelegenheit, die, -en   2/1a ÜB
gelingen, es gelingt, gelang, ist gelungen   6/4a
gell   10/7d
gemacht sein (für + A.) (Ich freue mich, wenn ich Klamotten finde, die wie für mich gemacht sind.)   3/5b
Gemeinschaft, die, -en (die Europäische Gemeinschaft)   10/10b
Gender-Gerechtigkeit, die (Sg.)   11/8b
genügen   2/10b
Genuss, der (Sg.)   1/2
Gepäckband, das, ¨er   1/12c
geraten, er gerät, geriet, ist geraten   12/11b
gerecht   4/1a ÜB
Gerechtigkeit, die (Sg.)   10/1a
geregelt   4/1b
Gericht (1), das, -e (Ich bin Anwältin und oft am Gericht.)   4/1a ÜB
Gericht (2), das, -e (vor Gericht gehen)   7/11b
Gerichtsverhandlung, die, -en   4/1a ÜB
gering   12/3e
gesamt   4/13b
Geschäftsfrau, die, -en   3/10b
Geschäftsidee, die, -n   5/8a
Geschäftsmann, der, ¨er   3/10b
Geschäftspartner, der, -   11/13b
Geschäftspartnerin, die, -nen   11/13b
geschehen, er geschieht, geschah, ist geschehen   2/7a
Geschirrspüler, der, -   5/4a
Geschmack, der (Sg.)   9/7a ÜB
geschützt   5/13a
Geschwindigkeit, die, -en   5/13c
gesellschaftlich   11/8b
gesetzlich   11/8b
Gespräch, das, -e (ins Gespräch kommen)   7/2b
gesucht   4/12a
Gesundheitssystem, das, -e   11/8b
Gewissen, das, -   12/10a
Gewissensfrage, die, -n   12/10a
Gewohnheit, die, -en   3/10b
gewohnt   3/3b
Gewürz, das, -e   10/3c ÜB
giftig   1/1a ÜB
Giraffe, die, -n   7/12 ÜB
Girokonto, das, -konten   2/5a ÜB
Glasflasche, die, -n   5/4a
glatt   8/3c
Gleichberechtigung, die (Sg.)   10/1a
gleichzeitig   2/6b
global   12/6a
Globalisierung, die (Sg.)   12/6a
Goldwaage, die, -n (Leg doch nicht jedes Wort auf die Goldwaage!)   7/8a
grad   6/9c
Graffito, das, Graffiti   9/1b
gratis   2/5a ÜB

Grenzkontrolle, die, -n   10/10b
Grill, der, -s   7/1a ÜB
Großbritannien   10/10b
Gründer, der, -   9/10b
Gründerin, die, -nen   9/10b
Grundform, die, -en   12/3d
gründlich   1/3b
grundsätzlich   8/5b
Grünfläche, die, -n   6/7b
Gruppenarbeit, die, -en   3/1a
gucken   3/9a
Gummiwanne, die, -n   9/3b
gut|schreiben, er schreibt gut, schrieb gut, hat gutgeschrieben (einen Betrag auf dem Konto gutschreiben)   12/5c
gut|tun, er tut gut, tat gut, hat gutgetan   7/2b
Gymnastik, die (Sg.)   8/1a
Hackfleisch, das (Sg.)   10/3c ÜB
hageln   5/11a
halbformell   11/k&k
Halbpension, die (Sg.)   1/7
Hallenbad, das, ¨er   6/7c ÜB
haltbar   5/8a
halten (1), er hält, hielt, hat gehalten (Diät halten)   3/2 ÜB
halten (2), er hält, hielt, hat gehalten (Unsere Freundschaft hält schon seit 20 Jahren.)   7/2b
Hammer, der, -   4/6a ÜB
Handarbeit, die, -en   3/1a
handeln (sich) (um + A.)   9/3b
Handyakku, der, -s   2/1a
Handyhersteller, der, -   12/7a
Handyladen, der, ¨   2/3a
Harmonie, die, -n   7/8a
hassen   7/1a ÜB
Hauptbahnhof, der, ¨e   1/12c
Haupteingang, der, ¨e   8/5b
Hauptgrund, der, ¨e   11/12b
Hauptmahlzeit, die, -en   8/5b
Hauptproblem, das, -e   6/4a
Hausbewohner, der, -   6/7b
Hausbewohnerin, die, -nen   6/7b
Hausfassade, die, -n   6/7b
Hauskatze, die, -n   5/13a
Hausschuh, der, -e   8/5b
Haustür, die, -en   2/6b
Hauswand, die, ¨e   9/1b
Haut, die, ¨e   6/1a
Heavy Metal (Sg.) (ohne Artikel)   8/6b
Heilung, die, -en   8/6c
heim|fahren, er fährt heim, fuhr heim, ist heimgefahren   1/13a
heimlich   9/12b
Heimweh, das (Sg.)   1/13a
Held, der, -en   3/3c
Heldin, die, -nen   3/3c
her sein (Es ist lange her, dass ich im Chor gesungen habe.)   9/12b
heran|kommen (an + A.), er kommt heran, kam heran, ist herangekommen   9/13b
heraus|finden, er findet heraus, fand heraus, hat herausgefunden   10/7b
Herausforderung, die, -en   3/3c
heraus|suchen   4/13b
Herbststurm, der, ¨e   5/12a
Herkunft, die, ¨e   5/2b
herrlich   1/2
her|stellen   4/1a ÜB
herum|springen, er springt herum, sprang herum, ist herumgesprungen   9/7a ÜB
herunter|fahren, er fährt herunter, fuhr herunter, ist heruntergefahren   11/6b
herunter|fallen, er fällt herunter, fiel herunter, ist heruntergefallen   2/3a
hervor|heben, er hebt hervor, hob hervor, hat hervorgehoben   7/2a
heutig (Heutige Fahrzeuge können noch nicht fliegen.)   6/7b
hierarchisch   3/10b
hierher   1/13a
Hightech (Sg. ohne Artikel)   2/6d
hilflos   5/13a
Hilfsbereitschaft, die (Sg.)   10/1a
Himmel, der, -   1/1a ÜB
hinauf   9/1b

alphabetische Wortliste

hindern (an + D.) 11/6b
hinein|gehen, er geht hinein, ging hinein, ist hineingegangen 11/6b
hin|gehen, er geht hin, ging hin, ist hingegangen 10/7d
hin|sehen, er sieht hin, sah hin, hat hingesehen 2/6b
Hirsch, der, -e 7/12b
historisch 3/4d
Hochschule, die, -n 11/8b
höchstens 1/7
Hochwasser, das, - 10/3b
Höhepunkt, der, -e 3/3c
Homeoffice, das (Sg.) 6/7b
Hörnchen, das, - 10/3c ÜB
Huhn, das, ¨er 5/1a
Hühnchen, das, - 10/3c ÜB
Humor, der (Sg.) (Nimm die Situation mit Humor und mach einfach weiter.) 10/11b
humorvoll 10/1c ÜB
Hürde, die, -n 6/9c
Hütte, die, -n 1/13a
Hygiene, die (Sg.) 3/1a
IBAN, die, -s 12/3b ÜB
ICE, der, -s 1/11a
Ich-Aussage, die, -n 7/8a
Idee, die, -n (auf eine Idee kommen) 5/13a
ignorieren 3/10b
im Freien 1/1a ÜB
im Lauf (+ G.) (Im Lauf der Zeit hat sich viel geändert.) 10/10b
Imbiss, der, -e 4/6a ÜB
immer wieder 5/13a
Immobilie, die, -n 12/11b
Impro-Theater, das, - 9/10b
improvisieren 9/10a
in der Lage sein (Ich bin grade nicht in der Lage, mich zu bewegen.) 6/9c
Industrie, die, -n 4/1a ÜB
Industrieviertel, das, - 11/12b
Infoblatt, das, ¨er 8/5b
Infomaterial, das, -ien 5/13a
inhaltlich 4/13c
Initiative, die, -n (eine soziale Initiative) 11/12b
Inland, das (Sg.) 9/3b
innerhalb (+ G.) 3/5b
ins Stocken kommen 10/11b
Insekt, das, -en 1/1a ÜB
Inserat, das, -e 4/12a
Inspiration, die, -en 7/11c
Installation, die, -en 9/1b
installieren 2/1b ÜB
Institut, das, -e 7/1a ÜB
Institution, die, -en 4/8b
Integration, die (Sg.) 10/1c ÜB
Intensität, die, -en 11/8b
interaktiv 8/13a
Interessent, der, -en 4/12b
Interessentin, die, -nen 4/12b
interessiert 2/10b
Internationalismus, der, Internationalismen 6/k&k
irgendein, irgendeine, irgendwelche 11/4b
irgendeins 11/5
irgendetwas 2/3a
irgendwann 6/1a
irgendwo 12/7a
irreal 4/5a
irren (sich) (in + D.) 4/6c
Irrsinn, der (Sg.) 12/7a
italienisch 2/11
Jagd, die, -en 7/12b
Jäger, der, - 9/13b
Jägerin, die, -nen 9/13b
jahrelang 3/9a
Jahresmiete, die, -n 12/11b
Jalousie, die, -n 2/6b
Jazz, der (Sg.) 8/7b
je ..., desto ... 12/3c
je ..., umso ... 12/3c
jedenfalls 1/8b
jederzeit 5/8a
jedoch 4/8b
jetzig 3/6a
jeweilig 11/8b
Jobsuche, die, -n 4/8b
Jugendgruppe, die, -n 10/3b

Jury, die, -s 6/10a
Kabine, die, -n 7/1a ÜB
Kaffeebecher, der, - 5/8a
Kamm, der, ¨e 4/6a ÜB
kämmen (sich) 8/4b
kämpfen (für/gegen + A.) 3/3c
Kandidat, der, -en 10/1c ÜB
Kandidatin, die, -nen 10/1c ÜB
kaputt|gehen, er geht kaputt, ging kaputt, ist kaputtgegangen 2/3a
Karotte, die, -n 3/2 ÜB
Karton, der, -s 4/6a ÜB
Käsekuchen, der, - 8/6b
Käserei, die, -en 1/13a
Kasten, der, ¨ 12/10a
Kasus, der (Sg.) 6/8b
katholisch 12/11b
Katzenfreund, der, -e 5/13a
Katzenfreundin, die, -nen 5/13a
Käufer, der, - 9/3b
Käuferin, die, -nen 9/3b
Kaufmannsfamilie, die, -n 12/11b
Kaufverhalten, das, - 2/10b
Kausalsatz, der, ¨e 1/k&k
Kerker, der, - 9/13b
Ketchup, der/das, -s 10/3c ÜB
Kinderbetreuung, die (Sg.) 11/8b
Kinderprodukt, das, -e 2/11
Kindertagesstätte, die, -n 6/7c ÜB
Kiosk, der, -e 6/7c ÜB
Kita, die, -s 11/10
kitschig 6/9d
klagen 3/10b
Klang, der, ¨e 8/13a
klären 7/1a ÜB
Klassik, die (Sg.) 8/6b
klassisch 8/7b
Klebefilm, der, -e 2/10a
kleben 8/2a ÜB
Kleiderschrank, der, ¨e 12/4a
Kleingeld, das (Sg.) 12/10a
klein|machen 4/10a
klicken (auf + A.) 7/11a ÜB
Klima, das (Sg.) 5/13a
Klimaerwärmung, die (Sg.) 5/2b ÜB
Klimawandel, der (Sg.) 5/2b ÜB
Klinik, die, -en 6/7c ÜB
Klinikaufenthalt, der, -e 8/5b
Klinikum, das, Kliniken 3/6a
Knödel, der, - 8/1a
Knopf, der, ¨e 2/4a
Kofferraum, der, ¨e 1/9a
kommen (1), er kommt, kam, ist gekommen (auf den Markt kommen) 2/3a
kommen (2), er kommt, kam, ist gekommen (zu Besuch kommen) 2/6c
kommen (3) (zu + D.), er kommt, kam, ist gekommen (Die Diskussion kam leider zu keinem Ergebnis.) 5/4b
kommen (4) (auf + A.), er kommt, kam, ist gekommen (Ich komme gerade nicht auf die Lösung.) 8/10a
kommerziell 7/11b
kommunikativ 4/12a
komponieren 7/11b
Komponist, der, -en 7/11b
Komponistin, die, -nen 7/11b
Kompromiss, der, -e 1/4a
Konfitüre, die, -n 10/3c ÜB
Konflikt, der, -e 7/2b
Konfliktgespräch, das, -e 7/k&k
Konfliktsituation, die, -en 7/6a
Konjunktivform, die, -en 4/4d
konkret 6/4b
Konkurrenz, die (Sg.) 3/1a
Konnektor, der, -en 8/7a
Konsekutivsatz, der, ¨e 2/k&k
konservativ 4/13b
Konsulat, das, -e 3/6c ÜB
Konsument, der, -en 12/7a
Konsumentin, die, -nen 12/7a
konsumieren 9/1b
Kontoauszug, der, ¨e 12/3a
Kontodaten, die (Pl.) 12/5a
Kontoeröffnung, die, -en 12/5c
Kontoführungsgebühr, die, -en 12/3c
Kontoübersicht, die, -en 12/5a

Kontrastakzent, der, -e 10/9a
Kontrastwort, das, ¨er 10/9a
Konzentration, die (Sg.) 7/11c
konzentriert 11/6b
Konzeption, die, -en 12/11b
Konzertreise, die, -n 7/11c
Konzessivsatz, der, ¨e 1/k&k
Kopf, der, ¨e (Was geht dir durch den Kopf?) 8/8
Kopfhörer, der, - 2/4a
Kopie, die, -n 12/5c
Korb, der, ¨e 11/6b
Körperhaltung, die, -en 4/13b
körperlich 10/1c ÜB
Körpersprache, die (Sg.) 4/13b
korrekt 5/4b
Kostüm, das, -e 9/7a ÜB
kräftig 7/2b
kraftlos 7/12b
Krankenbesuch, der, -e 8/5c
Krankenkasse, die, -n 7/1a ÜB
Krankenwagen, der, - 8/2a ÜB
Krankenzimmer, das, - 8/2b
krank|schreiben, er schreibt krank, schrieb krank, hat krankgeschrieben 8/2a ÜB
Krieg, der, -e (Krieg führen) 10/10b
Kriegswaffe, die, -n 10/11a
Krimireihe, die, -n 7/11c
Krise, die, -n 3/6b
Krisensituation, die, -en 3/3b
Kritik, die, -en 7/8a
Krokodil, das, -e 7/12 ÜB
krumm 5/8a
Küchenteam, das, -s 8/5b
kühlen 8/1a
Kuli, der, -s 9/8a
Kulturfest, das, -e 11/4b
Kunstblog, der, -s 9/1b
Kunsthistoriker, der, - 9/3b
Kunsthistorikerin, die, -nen 9/3b
künstlerisch 9/7b
Kunstobjekt, das, -e 9/2b
Kunstsammler, der, - 9/11a
Kunstsammlerin, die, -nen 9/11a
Kunststoff, der, -e 5/8a
Kunststück, das, -e 9/1a
Kunstsupermarkt, der, ¨e 9/3b
Kunstwerk, das, -e 9/1b
Kursabschluss, der, ¨e 9/7a ÜB
Kursstunde, die, -n 8/10a
kürzlich 4/6e
Kuss, der, ¨e 3/10b
Küste, die, -n 1/2
Ladekabel, das, - 2/4a
laden (1), er lädt, lud, hat geladen (Mein Handy ist fast leer, ich muss es laden.) 2/5b
laden (2), er lädt, lud, hat geladen (Die Bäckerin lädt Körbe mit Brot ins Auto.) 11/6b
Lagerfeuer, das, - 7/1a ÜB
landen (Es landen viel zu viele Kaffeebecher im Abfall.) 5/8a
ländlich 5/13a
Landmensch, der, -en 11/4b
Landwirtschaft, die (Sg.) 4/1a ÜB
längst 6/7b
Lastenfahrrad, das, ¨er 2/1a
lauten 6/7b
lauter (Vor lauter Aufregung habe ich die Frage der Prüferin nicht verstanden.) 4/13b
Lebensgeschichte, die, -n 3/3b
Lebenslauf, der, ¨e 4/8b
Lebensqualität, die (Sg.) 6/7b
Lebensweg, der, -e 3/3b
Lebensweisheit, die, -en 7/12b
Lebenswende, die, -n 3/3c
lebenswert 6/7b
Lehrling, der, -e 3/9a
leiden (an + D.), er leidet, litt, hat gelitten 8/6b
leidenschaftlich 7/11b
leisten (sich) 2/7a
Lerncoach, der, -s 8/11a
Lernplakat, das, -e 9/7c
Lerntipp, der, -s 8/11b
Lerntyp, der, -en 8/11b
Lernzeit, die, -en 8/11b
Leser, der, - 6/3b
Leserin, die, -nen 6/3b

154 einhundertvierundfünfzig

alphabetische Wortliste

lieb haben   3/6b
Liebesgeschichte, die, -n   3/6d
Liebesszene, die, -n   8/6b
liebevoll   3/5b
Liedzeile, die, -n   6/9c
liefern   5/8a
Lieferung, die, -en   10/8b
liegen (1), er liegt, lag, hat gelegen (In Umfragen liegen meistens große Städte vorn.)   1/8b
liegen (2), er liegt, lag, hat gelegen (Der Marktanteil von Bio-Fleisch liegt nur bei zwei Prozent.)   5/1a
Lift, der, -e   3/10b
literarisch   3/4b
loben   7/12c
locker   4/13b
Log-in, der, -s   12/5a
lohnen (sich)   2/3a
lokal   3/3c
Löwe, der, -n   6/5b
lügen, er lügt, log, hat gelogen   7/12b
Luxemburg   10/11a
machen (zu + D.) (Wir haben die Wohnung zu einem Smart Home gemacht.)   2/6b
Magazin, das, -e   2/6b
Magazinbericht, der, -e   11/6b
Mahnung, die, -en   7/1a ÜB
Margarine, die, -n   10/3c ÜB
Mark, die, - (Vor dem Euro war die Währung in Deutschland Mark.)   3/9a
Marke, die, -n   5/2b
Markenname, der, -n   2/10a
Markierung, die, -en   7/13b
Marktanteil, der, -e   5/1a
Mars, der (Sg.)   6/1a
Maßnahme, die, -n   5/2b ÜB
Mauer, die, -n   9/13b
Mechatroniker, der, -   4/1b
Mechatronikerin, die, -nen   4/1b
Medizin, die (Sg.) (Musik kann wie Medizin wirken.)   8/6b
medizinisch   3/1a
mehrfach   1/9a
Mehrheit, die, -en   7/11a ÜB
Mehrwegflasche, die, -n   5/4b
meinetwegen   1/4a
Meinungsfreiheit, die (Sg.)   10/2a
Meister, der, -   9/12b
Meisterin, die, -nen   9/12b
melken   1/13a
Melodie, die, -n   6/9b
Menschenkenntnis, die (Sg.)   4/1a ÜB
menschlich   4/13b
Menü, das, -s (Klicken Sie im Menü „Start" an.)   12/5a
merken (Er merkt nach dem Einkaufen, dass die Milch nicht berechnet wurde.)   12/10d
Merkmal, das, -e   2/10c
merkwürdig   2/9d
messen, er misst, maß, hat gemessen   5/2b ÜB
Metal (Sg.) (ohne Artikel) (Ich höre gern Metal.)   8/6b
Metall, das, -e   4/1b
Migrant, der, -en   10/1c ÜB
Migrantin, die, -nen   10/1c ÜB
Mikro-Wohnen, das (Sg.)   6/7b
Milchprodukt, das, -e   10/3c ÜB
mild   5/11a
Minderheit, die, -en   10/1c ÜB
minimal   3/1b
Minister, der, -   10/1c ÜB
Ministerin, die, -nen   10/1c ÜB
Missgeschick, das, -e   9/3b
Missverständnis, das, -se   9/11a
mit|arbeiten   1/13b
miteinander   6/7b
Mitfahrbank, die, ⸚e   5/13a
Mitgliedsstaat, der, -en   10/11a
mithilfe (von + D.)   8/6b
mit|organisieren   10/7c
mit|rechnen   5/1a
mit|schicken   4/8b
mit|singen, er singt mit, sang mit, hat mitgesungen   6/10b
Mittelpunkt, der, -e (im Mittelpunkt stehen)   11/12b
mittendrin   11/12b
mittlerweile   3/3c
Mobilität, die (Sg.)   6/1a
Modalpartikel, die, -   7/10a

Mode, die, -n (aus der Mode kommen)   9/12b
Moderator, der, -en   8/11c
Moderatorin, die, -nen   8/11c
möglicherweise   6/8d
möglichst   4/13b
Moll, das (Sg.)   8/6b
momentan   1/13a
monatlich   12/3b ÜB
Monitor, der, -en   2/6b
monoton   3/1a
Moral, die (Sg.)   7/12a
Motivation, die (Sg.)   8/11a
motiviert   8/11c
Motto-Party, die, -s   9/8d
Mücke, die, -n   7/12 ÜB
Mühe, die, -n   10/3b
Müllberg, der, -e   5/8a
Mülleimer, der, -   5/8a
Müllproblem, das, -e   5/7b
Münze, die, -n   12/3b ÜB
Musikgeschichte, die (Sg.)   7/11b
Musikgeschmack, der (Sg.)   8/6b
Musikinstrument, das, -e   6/9 ÜB
Musikinteressierte, der/die, -n   8/13a
Musikstudium, das, -studien   8/6b
musizieren   9/12b
Muster, das, -   3/9b
Mut, der (Sg.) (Mark möchte anderen Mut machen, für ihre Ziele zu kämpfen.)   3/3c
Nachbardorf, das, ⸚er   5/13a
Nachbarschaft, die (Sg.)   9/12b
nachdem   7/2b
nach|denken, er denkt nach, dachte nach, hat nachgedacht   6/9c
Nachfrage, die, -n   4/8/9a
nach|geben, er gibt nach, gab nach, hat nachgegeben   7/8a
nachhaltig   5/8a
nachher   3/9c
Nachhilfe, die (Sg.) (Nachhilfe geben)   10/3b
nach|prüfen   12/10a
nach|sehen, er sieht nach, sah nach, hat nachgesehen   2/5a ÜB
Nachtdienst, der, -e   11/6c
Nachthemd, das, -en   8/5b
Nachtisch, der, -e   3/5b
nächtlich   9/13b
Nachtportier, der, -s/-e   4/12a
Nachttisch, der, -e   8/5b
Nachtwächter, der, -   12/11b
Nachtwächterin, die, -nen   12/11b
Nachtzeit, die, -en   10/3b
nähen   2/3e
Nahrungsmittel, das, -   3/2 ÜB
Namibia   3/3c
national   10/10b
Naturfreund, der, -e   5/13a
Naturfreundin, die, -nen   5/13a
n-Deklination, die, -en   6/5a
neblig   5/11a
Neffe, der, -n   9/12b
Netz, das, -e (Er hat nachts ein Netz vor dem Zelt.)   1/1a ÜB
Netzwerk, das, -e   7/4c
Neubau, der, -ten   2/6b
Neugründung, die, -en   5/8a
Neuigkeit, die, -en   1/13a
nicht …, sondern …   9/3b
nicht nur …, sondern auch …   8/6b
Niederlande, die (Pl.)   10/11a
niemals   3/6d
nieseln   5/11a
niesen   3/10b
nirgendwo   12/12b
nominal   9/7c
Normalfall, der, ⸚e   10/10b
Not, die, ⸚e   10/3b
Notaufnahme, die, -n   8/2a ÜB
Notausgang, der, ⸚e   8/5b
Notruf, der, -e   8/2a ÜB
nützen (Die Globalisierung nützt allen.)   12/7a
Nutzung, die, -en   2/6b
Obdachlose, der/die, -n   11/6b
obere   8/5b
Oberkörper, der, -   3/3c
obwohl   1/8b

offen (Jeder Arbeitgeber freut sich über offene und engagierte Mitarbeiter.)   4/13b
offenbar   1/8b
Öffentlichkeit, die (Sg.)   4/1a ÜB
Ökobilanz, die, -en   5/4b
Öko-Duell, das, -e   5/4a
ökologisch   5/2b ÜB
Ökostrom, der (Sg.)   5/8a
Ökovergleich, der, -e   5/5a
Ölfarbe, die, -n   9/7b
Olivenbaum, der, ⸚e   1/13c
Olympiasieger, der, -   3/3c
Olympiasiegerin, die, -nen   3/3c
Online-Banking, das (Sg.)   12/3d
Online-Redaktion, die, -en   10/7b
Online-Shop, der, -s   5/8a
Open-Air-Arena, die, -Arenen   11/10
operieren   3/1a
Optimismus, der (Sg.)   3/3c
optimistisch   4/13b
Orange, die, -n   10/3c ÜB
Organisation, die, -en   10/3b
Organisator, der, Organisatoren   10/7c
Organisatorin, die, -nen   10/7c
original   9/3b
Original, das, -e   9/3b
Originalzustand, der, ⸚e   12/11b
Outfit, das, -s   4/13b
Pädagoge, der, -n   6/5b
Pädagogin, die, -nen   6/5b
Palette, die, -n   9/7b
Papierverbrauch, der (Sg.)   5/1a
Parade-Rolle, die, -n   7/11c
parkieren (Schweizerdeutsch)   11/12b
Partei, die, -en   4/1a ÜB
Partikel, die, -   10/7d
Passagier, der, -e   6/1a
Passagierin, die, -nen   6/1a
Passiv, das (Sg.)   10/4a
Passivform, die, -en   10/4b
Passivsatz, der, ⸚e   10/4a
Pate, der, -n   10/3b
Patenschaft, die (Sg.)   10/3b
Patin, die, -nen   10/3b
pauschal   12/7a
PDF-Dokument, das, -e   4/8b
Personal, das (Sg.)   3/10b
Personalabteilung, die, -en   4/8b
Personalchef, der, -s   4/8b
Personalchefin, die, -nen   4/8b
Personalien, die (Pl.)   4/8b
Persönlichkeit, die, -en   4/13b
Perspektive, die, -n   1/9c
Pfad, der, -e   8/13a
Pfand, das (Sg.)   5/8a
Pfandbecher, der, -   5/9a
Pfandflasche, die, -n   5/6a
Pfannkuchen, der, -   8/1a
Pfennig, der, -e (Vor dem Cent hieß die Währung in Deutschland Pfennig.)   3/9a
pflanzen   5/13a
Pflaume, die, -n   10/3c ÜB
Pflegekraft, die, ⸚e   3/1a
Pfleger, der, -   8/3a
Pflegerin, die, -nen   8/3a
Pflicht, die, -en   7/1a ÜB
Pianist, der, -en   7/11b
Pianistin, die, -nen   7/11b
Piano, das, -s   6/9 ÜB
Pilz, der, -e   1/1a ÜB
Pinguin, der, -e   7/12 ÜB
Planet, der, -en   6/1a
Planung, die, -en   4/13b
Plastikflasche, die, -n   5/4a
Plogging, das (Sg.)   5/13c
Pluspunkt, der, -e   12/7a
Plusquamperfekt, das (Sg.)   7/3a
politisch   3/3c
Portemonnaie, das, -s   2/5a ÜB
Powerbank, die, -s   2/4a
Powerfrau, die, -en   3/3c
Praktikant, der, -en   6/5a
Praktikantin, die, -nen   6/5a
Präpositionalergänzung, die, -en   9/4a
Präsident, der, -en   7/1a ÜB
Präsidentin, die, -nen   7/1a ÜB

alphabetische Wortliste

Preis, der, -e 6/10a
Preiskategorie, die, -n 9/3b
Presse, die (Sg.) 7/11a ÜB
Prinzip, das, -ien 6/7b
prinzipiell 8/5b
Privatauto, das, -s 6/7b
Privatleben, das (Sg.) 3/3c
pro (Sind Sie pro oder contra Globalisierung?) 12/7a
problematisch 12/7a
Produktangebot, das, -e 12/7a
produziert (ökologisch produzierte Ware) 3/2 ÜB
Prof, der, -s (= Professor/in) 7/1a ÜB
Profi, der, -s 4/8b
profitieren (von + D.) 12/7a
Prognose, die, -n 6/1b
Programmankündigung, die, -en 8/11a
Promi, der/die, -s 7/11a ÜB
Pronominaladverb, das, -ien 4/9b
Prozess, der, -e 3/3b
Pudding, der, -e/-s 10/3c ÜB
Puls, der (Sg.) 8/6b
Pulver, das, - 8/2a ÜB
Putzfirma, die, -firmen 9/4b
Putzfrau, die, -en 9/3a
Putzmann, der, ̈-er 9/3a
Qualifikation, die, -en 9/7a ÜB
qualifiziert 4/10c
qualitativ 10/3b
Quark, der (Sg.) 10/3c ÜB
Quittung, die, -en 2/5b
Rabatt, der, -e 2/5a ÜB
Rabe, der, -n 7/12c
radikal 3/3c
Radiobericht, der, -e 11/8d
Radioumfrage, die, -n 9/2a
Rand, der, ̈-er 11/10
Ranking, das, -s 11/9a
Rate, die, -n 12/3a
raten (zu + D.), er rät, riet, hat geraten (Ich rate dir, auf deine Gesundheit zu achten.) 8/1a
Ratgeber, der, - 4/8b
Rätsel, das, - 8/1a
rauf|fahren, er fährt rauf, fuhr rauf, ist raufgefahren 11/12b
raus 3/3b
räuspern (sich) 12/10c
realisieren 6/4a
Rechner, der, - 4/6a ÜB
Recht, das, -e 10/1c ÜB
recht geben 11/10
rechtlich 11/8b
Rechtsanwalt, der, ̈-e 4/1a ÜB
Rechtsanwältin, die, -nen 4/1a ÜB
rechtzeitig 1/3b
recycelbar 5/8a
Recycling, das (Sg.) 5/2a
Rede, die, -n 7/13a
Referat, das, -e 9/10a
regeln 10/11a
Regentag, der, -e 3/5e
regieren 12/1a
Regierung, die, -en 10/1c ÜB
Region, die, -en 5/2a
regional 5/2a
regnerisch 5/11a
reichen (Das reicht schon.) 2/10b
reif 1/2
Reihe, die, -n (der Reihe nach) 3/10b
rein (Es war reines Glück, dass ich mein Handy wieder gefunden habe.) 2/5a ÜB
reinigen 2/3e
Reinigungsfahrzeug, das, -e 11/6b
Reinigungsfirma, die, -firmen 9/3b
Reinigungspersonal, das (Sg.) 9/3b
Reisebüro-Mitarbeiter, der, - 1/7
Reisebüro-Mitarbeiterin, die, -nen 1/7
Reisepass, der, ̈-e 3/6c ÜB
Reklame, die, -n 8/6b
reklamieren 2/5b
Rekord, der, -e 5/1a
relativ 3/9a
relativieren 9/k&k
relevant 4/8b
rennen, er rennt, rannte, ist gerannt 9/7a ÜB
Renovierung, die, -en 11/10
Reportage, die, -n 4/1a ÜB

Reporter, der, - 4/1a ÜB
Reporterin, die, -nen 4/1a ÜB
Respekt, der (Sg.) 10/1a
Ressource, die, -n 5/2b ÜB
Rest, der, -e 8/2a ÜB
Resultat, das, -e 5/4b
retten 5/9a
Rhythmus, der, Rhythmen 6/9b
Richter, der, - 4/1a ÜB
Richterin, die, -nen 4/1a ÜB
Riesen- (Ole und Valerie wohnen in einem Riesenhaus.) 8/13a
Rind, das, -er 5/1a
roh 8/1a
Rolle, die, -n (Geld spielt für viele eine wichtige Rolle im Leben.) 6/7b
rollen 11/12b
Rose, die, -n 9/10d
Rückblick, der, -e 1/13a
Rückkehr, die (Sg.) 3/3c
Rücksicht, die (Sg.) (Bitte nehmen Sie bei Partys Rücksicht auf Ihre Nachbarn.) 8/5b
ruhig (Sagen Sie ruhig, wenn Sie etwas nicht verstanden haben.) 4/13b
rum|fahren, er fährt rum, fuhr rum, ist rumgefahren 11/12b
rum|liegen, er liegt rum, lag rum, hat/ist rumgelegen 9/8a
rund (Ein Ball ist rund.) 9/1b
Rundfahrt, die, -en 11/12b ÜB
Salsa (Sg.) (ohne Artikel) 8/6b
sammeln (Als Fotograf hat er schon viel Erfahrung gesammelt.) 3/3c
Sammlung, die, -en 7/11d
sämtlich 4/8b
Sand, der 1/2
Satzanfang, der, ̈-e 5/9d
Satzteil, der, -e 7/13a
Satzverneinung, die, -en 9/4a
Satzzeichen, das, - 5/7a
schaden 5/13a
schädlich 5/2b ÜB
schalten (das Handy stumm schalten) 2/1b ÜB
scharf, schärfer, am schärfsten (Vorsicht, das Messer ist scharf.) 7/12b
Schatten, der, - 8/1a
Schatz, der, ̈-e (Hallo, mein Schatz!) 7/1a ÜB
schätzen (1) (Ich schätze, so tolle Nachbarn findet man selten.) 7/1a ÜB
schätzen (2) (an + D.) (An meinem Chef schätze ich vor allem seine Ruhe und Freundlichkeit.) 7/2a
Schaufenster, das, - 11/1b
Schauspielkarriere, die, -n 7/11b
Scheidung, die, -en 7/11a ÜB
Schein, der, -e 12/3b ÜB
scheinbar 9/3b
Schere, die, -n 4/6a ÜB
Schicht, die, -en 11/6b
schick 1/3b
schief|gehen, es geht schief, ging schief, ist schiefgegangen 1/9a
Schifffahrt, die, -en 1/6a
Schildkröte, die, -n 7/12 ÜB
Schlafanzug, der, ̈-e 8/5b
Schlagsahne, die (Sg.) 10/3c ÜB
Schlagzeile, die, -n 7/11a ÜB
Schlagzeug, das, -e 6/9 ÜB
schließen (1), er schließt, schloss, hat geschlossen (Freundschaft schließen) 9/12b
schließen (2), er schließt, schloss, hat geschlossen (einen Vertrag schließen) 10/11a
Schließfach, das, ̈-er 8/5b
schließlich 3/3c
schmal 11/12b
Schmerzmittel, das, - 8/2a ÜB
Schmerztablette, die, -n 2/10a
schminken (sich) 9/7a ÜB
Schmutz, der (Sg.) 11/1b
Schnabel, der, ̈- 7/12c
Schneesturm, der, ̈-e 5/12a
Schönheit, die, -en 8/1a
Schranke, die, -n 9/13b
schrecklich (Es tut mir schrecklich leid!) 4/6d
schreien, er schreit, schrie, hat geschrien 9/7a ÜB
Schreiner, der, - 4/1a ÜB
Schreinerin, die, -nen 4/1a ÜB

Schulbildung, die (Sg.) 3/1a
Schulchor, der, ̈-e 9/12b
Schuld, die (Sg.) (Sie ist ohne Schuld in Not geraten.) 12/11b
Schulden, die (Pl.) (Er hat hohe Schulden bei der Bank.) 12/3b ÜB
Schülerjob, der, -s 7/6d
Schulter, die, -n 8/2a ÜB
schütten (Peinlich, heute habe ich einem Kollegen aus Versehen Kaffee über das Hemd geschüttet.) 4/6c
Schutz, der (Sg.) 1/1a ÜB
schützen (vor + D.) 5/2a
Schutzprojekt, das, -e 3/3c
schwach, schwächer, am schwächsten 3/5b
schweben 6/9c
schweigen, er schweigt, schwieg, hat geschwiegen 7/8a
Schweinebraten, der, - 8/1a
schweizerdeutsch 11/12b
schwer (Auf der Autobahn gab es einen schweren Unfall.) 11/6b
Schwerpunkt, der, -e 9/7b
Schwiegereltern, die (Pl.) 3/5b
Schwierigkeit, die, -en 5/13a
schwindelig/schwindlig 8/3c
schwül 5/11a
Sehnsucht, die, ̈-e 3/3c
seit (Seit ich dich kenne, bin ich glücklich.) 7/6c
seitdem (1) (Sie hatte einen Unfall. Seitdem ist sie gelähmt.) 3/3c
seitdem (2) (Seitdem du den Job gewechselt hast, bist du immer gestresst.) 7/6c
Seite (1), die, -n (Mit einer Spülmaschine sind Sie ökologisch auf der sicheren Seite.) 5/4b
Seite (2), die, -n (Geh mal zur Seite.) 8/9a
selbe (Inga und ich wohnen im selben Haus.) 7/2b
selber (ugs. für selbst) 6/9c
Selbsthilfe, die (Sg.) 12/11b
Selbstständigkeit, die (Sg.) 3/3c
selbstverständlich 4/8b
seltsam 2/9d
Semmel, die, -n (Süddeutsch) 10/7b
seriös 4/8b
Shampoo, das, -s 8/5b
sicher (Durch die Alarmanlage fühlen sich die Bewohner sicher.) 2/6b
sichern 10/2c
Sicht, die (Sg.) (Aus meiner Sicht ist der heutige Konsum echter Irrsinn.) 12/7a
sichtbar 8/5b
Siedlung, die, -en 12/11b
siezen 3/10b
Signal, das, -e 8/1b
signalisieren 4/13b
Silbe, die, -n 2/k&k
Silvester, - (ohne Artikel) 6/3a
Singularform, die, -en 11/5
sinken, er sinkt, sank, ist gesunken 8/6b
Sitz, der, -e (Die politische Vertretung hat ihren Sitz im Rathaus.) 10/7b
Skeptiker, der, - 10/10b
Skeptikerin, die, -nen 10/10b
Skibus, der, -se 1/7
Skigebiet, das, -e 1/7
Skilift, der, -e 1/7
Slogan, der, -s 2/1b
smart 2/6b
Smart Home, das, -s 2/6b
Snack, der, -s 9/7a ÜB
sodass 2/4b
sogenannt 5/8a
Solarpanel, das, -e 5/8a
Solarzelle, die, -n 6/7b
solche, solchen 1/8b
Solidarität, die (Sg.) 10/11a
Sommerprojekt, das, -e 10/7b
Sonderangebot, das, -e 2/3a
Song, der, -s 6/10a
Songtitel, der, - 6/10b
Songwriter, der, - 6/10a
Songwriterin, die, -nen 6/10a
Sonnabend, der, -e 3/5b
Sonnenaufgang, der, ̈-e 1/13a
Sonnenenergie, die (Sg.) 5/8a
Sorge, die, -n (Ich mache mir so viele Sorgen um meine Kinder.) 2/7a

alphabetische Wortliste

W

sorry (ugs.) 1/4a
Soße, die, -n 10/3c ÜB
sowie 11/8b
sowohl ... als auch ... 8/6b
Sozialarbeiter, der, - 11/6d
Sozialarbeiterin, die, -nen 11/6d
Sozialsiedlung, die, -en 12/11b
sparsam 2/7c
Spätschicht, die, -en 7/1a ÜB
spazieren 1/8b
Speise, die, -n 3/2 ÜB
spenden 10/3b
Spezialist, der, -en 4/1a ÜB
Spezialistin, die, -nen 4/1a ÜB
speziell 4/13d
Spiegel, der, - 9/10d
spielen *(Geld spielt für viele eine wichtige Rolle im Leben.)* 6/7b
Spielstadt, die, ¨e 10/7b
Spieß, der, -e 9/1b
Sporthalle, die, -n 11/10
Sportsachen, die (Pl.) 11/4d
Sportteam, das, -s 9/8d
Sprachassistent, der, -en 2/1a
springen, er springt, sprang, ist gesprungen 11/12b ÜB
Spruch, der, ¨e 2/10b
spüren 8/1a
Stadtatmosphäre, die (Sg.) 1/8b
Stadtbummel, der, - 11/12b ÜB
Stadtfest, das, -e 3/4d
Stadtinformation, die, -en 10/7a
städtisch 11/6b
Stadtmauer, die, -n 12/11b
Stadtmensch, der, -en 11/4a
Stadtrat (1), der, ¨e *(Sie ist Mitglied im Stadtrat.)* 3/3c
Stadtrat (2), der, ¨e *(Er ist Stadtrat für Verkehr.)* 11/10
Stadträtin, die, -nen 11/10
Stadtteil, der, -e 9/1b
Stadtviertel, das, - 6/7b
stammen (aus + D.) 12/11b
Stand, der (Sg.) *(Der Chef fragt mich oft nach dem Stand der Dinge in meinem Projekt.)* 4/8b
Standardübersicht, die, -en 12/5a
Standpunkt, der, -e 5/10
stapeln 6/9c
stärken 8/1a
Start-up, das, -s 5/8a
Statue, die, -n 9/1b
Staub, der (Sg.) 12/10a
staubsaugen 6/1a
Staubsauger, der, - 2/3a
Steak, das, -s 8/1a
Steckdose, die, -n 5/8a
stecken (in + D.) 7/12b
stehen (1), er steht, stand, hat gestanden *(vor einer Frage stehen)* 2/3a
stehen (2), er steht, stand, hat gestanden *(Ich stehe auf dem Standpunkt, dass ...)* 5/10
stehlen, er stiehlt, stahl, hat gestohlen 7/12c
Steh-Sitz-Tisch, der, -e 2/1a
steif 4/13b
steigen, er steigt, stieg, ist gestiegen 11/12b
steil 9/1b
stellen *(den Wecker stellen)* 4/13b
Stellung, die, -en 9/4a
Stern, der, -e 6/9b
steuern 2/6b
Stick, der, -s 2/4b
Stiftungsvermögen, das, - 12/11b
stoppen 5/2b ÜB
Strafe, die, -n 3/1a
Strandpromenade, die, -n 1/8b
Strandurlaub, der, -e 1/8c
Straßenlampe, die, -n 10/8b
Strauch, der, ¨er 5/13a
streichen, er streicht, strich, hat gestrichen 2/3e
streiken 7/1a ÜB
Streit, der, -e 7/8a
Streitgespräch, das, -e 7/9a
Stromverbrauch, der (Sg.) 5/9c
Struktur, die, -en 3/9b
Stück, das, -e *(Ich spiele ein Stück von Mozart am Klavier.)* 8/6b
Studienplatz, der, ¨e 7/2b
Studiogast, der, ¨e 8/11a

Stufe, die, -n 9/10d
stumm *(das Handy stumm schalten)* 2/1b ÜB
Stundenlohn, der, ¨e 4/12a
Sturm, der, ¨e 5/12a
stürmen 5/12a
stürmisch 5/11a
stürzen 3/3c
Süßes *(Papa, bringst du uns was Süßes aus dem Supermarkt mit?)* 6/3b
Süßstoff, der, -e 2/10a
symbolisch 12/11b
Tagesablauf, der, ¨e 2/6b
talentiert 9/12b
Taschentuch, das, ¨er 2/10a
Taste, die, -n 2/1b
tätig sein 3/3c
technisch 2/3a
Technologie, die, -n 2/6a
Teilnahme, die (Sg.) 7/1a ÜB
Teilnehmende, der/die, -n 9/7d
Teilnehmer, der, - 5/13e
Teilnehmerin, die, -nen 5/13e
teilweise 12/7a
Teilzeitjob, der, -s 4/12a
Tempo, das, Tempi 11/1b
Temporalsatz, der, ¨e 7/k&k
Tempus, das, Tempora 7/k&k
Tempusform, die, -en 3/9b
Terminkalender, der, - 1/13a
testen 2/5c
Theaterabenteuer, das, - 9/7a ÜB
Theatermacher, der, - 9/7b
Theatermacherin, die, -nen 9/7b
Theaterstück, das, -e 9/8c
Themenwoche, die, -n 5/13a
theoretisch 3/10b
Tiefe, die, -n 6/9c
Tiergarten, der, ¨ 1/12b
tierisch 9/3a
Tierpark, der, -s 6/7c ÜB
Tod, der, -e 7/11c
Todesfall, der, ¨e 3/3b
tolerant 3/1a
Toleranz, die (Sg.) 10/11a
tolerieren 12/10c
Ton, der, ¨e 8/6b
Tonart, die, -en 8/6b
Tonne, die, -n 5/8a
Topf, der, ¨e 9/10d
Tourismus, der (Sg.) 11/13a
touristisch 12/11b
Tradition, die, -en 9/12b
traditionell 9/12b
tragen, er trägt, trug, hat getragen *(Gepäck zum Auto tragen)* 1/9a
tragisch 8/6b
Trainingsanzug, der, ¨e 8/5b
Transport, der, -e 2/1b
Transportweg, der, -e 5/2a
Traube, die, -n 1/2
traumhaft 8/13a
Traumwetter, das (Sg.) 5/11a
treffen, er trifft, traf, hat getroffen *(eine Wahl treffen)* 5/4b
Treffen, das, - 9/12b
Trend, der, -s 3/2 ÜB
Trendviertel, das, - 11/12b
Trennung, die, -en 3/3b
Treppenhaus, das, ¨er 9/10d
Trinkwasser, das (Sg.) 5/1a
trotz (+ G.) 2/7a
Türöffner, der, - 2/1a
Typ, der, -en 1/3b
überfragt sein 8/10a
Übergabe, die, -n 11/6b
überleben 12/7a
übernehmen, er übernimmt, übernahm, hat übernommen 6/1a
überprüfen 8/12a
überqueren 3/6c ÜB
überrascht 2/10b
übertreiben, er übertreibt, übertrieb, hat übertrieben 7/9a
überzeugen (von +) 4/10a
überzeugend 12/7a
überzeugt sein (von + D.) 5/10

überziehen, er überzieht, überzog, hat überzogen *(Ich hoffe, ich muss mein Konto nie überziehen.)* 12/3a
üblich 3/10b
übrig 10/3b
um (+ A.) *(die Gegend um Leipzig)* 7/11c
um ... herum (+ A.) 11/7
um ... zu 5/8a
umarmen 3/10b
Umbau, der, -ten 11/10
um|formulieren 6/8a
Umgang, der (Sg.) 10/11a
umgehend 12/5c
umgekehrt 3/10b
Umleitung, die, -en 9/10d
Umschlag, der, ¨e 4/6a ÜB
Umschreibung, die, -en 6/9c
um|setzen 9/7b
umsonst 5/10
Umweltaktion, die, -en 5/k&k
Umweltproblem, das, -e 12/7a
Umweltschutz, der (Sg.) 5/2b ÜB
Umwelttipp, der, -s 5/9c
Umweltverschmutzung, die (Sg.) 5/2b ÜB
unbequem 8/3c
uncool 9/12b
undiplomatisch 7/9a
unfreundlich 4/7a
ungesund 2/11
ungewöhnlich 8/12a
Uniform, die, -en 9/7a ÜB
Uni-Mensa, die, -Mensen 5/10
Union, die, -en *(die Europäische Union)* 10/10a
unmodern 2/9c
unmöglich 10/10c
unruhig 11/6b
unsicher 3/10b
Unsicherheit, die, -en 8/9a
unter (+ D.) *(Unter Studierenden gibt es eigentlich kein Siezen mehr.)* 3/10b
unterbrechen, er unterbricht, unterbrach, hat unterbrochen 11/10
Unternehmen, das, - 2/10b
Unternehmer, der, - 4/13b
Unternehmerin, die, -nen 4/13b
Unterrichtsform, die, -en 3/1a
untersagt sein 8/5b
unterscheiden, er unterscheidet, unterschied, hat unterschieden 5/4b
unterstützen 5/2b ÜB
unterzeichnen 10/11a
unverändert 3/3c
unverständlich 2/9c
Upcycling, das (Sg.) 9/7b
Urgroßvater, der, ¨ 12/11b
Urlaubsgruß, der, ¨e 1/2
Urlaubsplanung, die, -en 1/4a
Urlaubstyp, der, -en 1/3b
Urlaubsziel, das, -e 1/3b
Ursache, die, -n 5/2b ÜB
ursprünglich 4/1c
Urteil, das, -e 4/1a ÜB
Variante, die, -n 4/7a
Vase, die, -n 9/7b
vegan 3/2 ÜB
vegetarisch 3/2 ÜB
Velo, das, -s *(Schweizerdeutsch)* 11/12b
veranstalten 9/8d
verantwortlich (für + A.) 10/7a
verarbeiten 8/6b
verbieten, er verbietet, verbat, hat verboten 2/11
Verbindung, die, -en 4/13b
verbrauchen 5/1a
Verbraucher, der, - 12/7a
Verbraucherin, die, -nen 12/7a
Verbrechen, das, - 4/1a ÜB
verbreiten 10/5a
Verbteil, der, -e 9/4a
Vereinsmitglied, das, -er 10/3b
Vergangene, das (Sg.) 3/4b
Vergangenheitsform, die, -en 3/4b
vergeblich 9/13b
Vergnügen, das, - 4/12a
vergrößern 6/7b
Verhalten, das, - 2/10b
verhalten (sich), er verhält, verhielt, hat verhalten 3/10b

alphabetische Wortliste

Verhältnis, das, -se 3/6b
verhindern 7/11b
Verkaufsraum, der, ⸚e 9/3b
Verkehrssituation, die, -en 6/8d
verkehrt 3/10b
verlangen 5/9a
verlassen, er verlässt, verließ, hat verlassen 10/1c ÜB
verlegen *(die Produktion ins Ausland verlegen)* 12/7a
verleihen, er verleiht, verlieh, hat verliehen 5/8a
verlieben (sich) (in + A.) 3/5b
verlieren, er verliert, verlor, hat verloren *(aus den Augen verlieren)* 7/2b
Verlust, der, -e 12/5c
vermeiden, er vermeidet, vermied, hat vermieden 5/8a
vermitteln (1) *(Es ist wichtig, in den Schulen auch Lerntechniken zu vermitteln.)* 8/11a
vermitteln (2) *(Die Diskussion ist sehr emotional. Der Moderator sollte vermitteln.)* 11/10
vermutlich 8/6b
verneinen 9/4a
vernichten 5/2b ÜB
veröffentlichen 3/9a
Verpackungsmüll, der (Sg.) 5/1a
verraten, er verrät, verriet, hat verraten 2/5a ÜB
verringern 5/2b ÜB
Versammlung, die, -en 7/1a ÜB
versäumen 12/3b ÜB
verschmutzen 5/9c
verschreiben, er verschreibt, verschrieb, hat verschrieben 8/2a ÜB
verschwenden 5/2b ÜB
Verschwendung, die (Sg.) 5/8a
verschwinden, er verschwindet, verschwand, ist verschwunden 3/5b
Versehen, das, - *(aus Versehen)* 4/6c
Versichertenkarte, die, -n 8/2a ÜB
verspäten (sich) 7/1a ÜB
Versprechen, das, - 12/9a
verständlich 6/9d
Verständnis, das (Sg.) *(Verständnis haben für + A.)* 7/1a ÜB
verstehen (sich) (mit + D.), er versteht, verstand, hat verstanden *(Ich verstehe mich nicht so gut mit meinem Mitbewohner.)* 7/2b
verteilen 5/13a
vertrauen 2/10b
vertraut 3/10b
Vertretung, die, -en 10/7b
verursachen 3/3c
verwechseln 4/6c
verzeihen, er verzeiht, verzieh, hat verziehen 4/6d
verzweifelt 1/9a
Videonachricht, die, -en 2/6b
Villa, die, Villen 8/13a
Violine, die, -n 6/9 ÜB
Virus, das, Viren 9/12b
visuell 8/13a
Vitamin, das, -e 3/2 ÜB
Vokaländerung, die, -en 3/k&k
Vokallänge, die, -n 6/6a
Volkshochschule, die, -n 6/7c ÜB
Volkslied, das, -er 9/12b
völlig 5/10
Vollmilch, die (Sg.) 10/3c ÜB
Vollpension, die (Sg.) 1/7
vollständig 10/1c ÜB
von … aus *(Ich arbeite viel von zu Hause aus.)* 6/2a
von … auf *(Von einem Tag auf den anderen veränderte sich ihr Leben radikal.)* 3/3c
von Hand 2/7c
Voraussetzung, die, -en 4/8b
voraussichtlich 6/7b
vorbei sein 1/13a
vorbei|fliegen, er fliegt vorbei, flog vorbei, ist vorbeigeflogen 9/13b
vorbei|kommen, er kommt vorbei, kam vorbei, ist vorbeigekommen 4/12b
Vordergrund, der (Sg.) *(im Vordergrund stehen)* 11/8b
Vorfreude, die (Sg.) 6/9a
vorgeschrieben sein 11/8b
Vorgesetzte, der/die, -n 3/10b
Vorhaben, das, - 10/7b
Vorhersage, die, -n 5/11c
Vorlage, die, -n 4/8b

vor|nehmen (sich), er nimmt vor, nahm vor, hat vorgenommen 6/3a
Vorort, der, -e 5/13a
Vorsatz, der, ⸚e *(einen Vorsatz fassen)* 6/3b
Vorschrift, die, -en 10/10b
vor|singen, er singt vor, sang vor, hat vorgesungen 7/12c
Vorstellung (1), die, -en *(Hast du eine Vorstellung, wie eine smarte Wohnung aussieht?)* 2/6a
Vorstellung (2), die, -en *(Kommst du zur Vorstellung der neuen Präsidentin?)* 7/1a ÜB
Vorstellung (3), die, -en *(Das Theater gibt nächste Woche drei Vorstellungen.)* 9/10f
Vortrag, der, ⸚e 10/11b
Vorurteil, das, -e 10/1c ÜB
Vorvergangenheit, die (Sg.) 7/3a
Vorwurf, der, ⸚e *(Niemand kann mir einen Vorwurf machen, oder?)* 12/10a
vor|ziehen, er zieht vor, zog vor, hat vorgezogen 4/13b
wachsen, er wächst, wuchs, ist gewachsen 6/7b
Wahl (1), die, -en *(Sie gewann eine lokale Wahl und ist nun im Stadtrat aktiv.)* 3/3c
Wahl (2), die, -en *(eine Wahl treffen)* 5/4b
während (1) (+ G.) *(Während der Arbeit lachen mein Team und ich oft.)* 3/5b
während (2) *(Ich putze, während ich telefoniere.)* 7/6c
Wahrheit, die, -en 6/3e
Wahrzeichen, das, - 11/12b
Wand, die, ⸚e 2/6b
Wange, die, -n 8/10a
warnen (vor + D.) 8/2c
Wasserflasche, die, -n 8/1a
Weblog, der, -s 10/7b
Wecker, der, - *(den Wecker stellen)* 4/13b
weder … noch … 8/6b
Weg (1), der, -e *(Meiner besten Freundin bin ich zufällig über den Weg gelaufen.)* 7/2b
Weg (2), der, -e *(Es ist schon spät. Wir sollten uns auf den Weg machen.)* 11/6b
weg sein 1/8b
wegen (+ G.) 2/7a
Wegwerfbecher, der, - 5/9a
weg|ziehen, er zieht weg, zog weg, ist weggezogen 3/6d
weich 9/1b
Weihnachtsferien, die (Pl.) 1/13c
weiter|entwickeln 9/1b
weiter|verschenken 12/10a
Wellness-Bereich, der, -e 1/7
Wellnesshotel, das, -s 1/6a
Weltkrieg, der, -e 10/10b
Weltmarkt, der (Sg.) 12/7a
Weltmeister, der, -e 3/3c
Weltmeisterin, die, -nen 3/3c
Wendepunkt, der, -e 3/5b
Werbeanzeige, die, -n 2/9b
Werbesprache, die (Sg.) 2/10b
Werbetrieb, der, -s 2/10b
werden (1) *(Was wird sich in der Zukunft ändern?)* 6/3b
werden (2), er wird, wurde, ist worden *(Er wird in Erster Hilfe ausgebildet.)* 10/3b
Wert, der, -e *(Welche Werte sind in einer Gesellschaft wichtig?)* 10/1a
werten 11/9a
Wertsachen, die (Pl.) 8/5a
wesentlich 3/3c
weshalb 3/3a
wessen 2/6c
Wetterbesserung, die (Sg.) 5/11c
Wettervorhersage, die, -n 5/11b
widersprechen, er widerspricht, widersprach, hat widersprochen 5/10
Wiese, die, -n 1/9a
wieso 1/4a
Wildhüter, der, - 3/3c
Wildhüterin, die, -nen 3/3c
Wildkatze, die, -n 5/13a
Wildtier, das, -e 3/3c
Wildtierstation, die, -en 3/3c
Windturbine, die, -n 6/7b
Winterurlaub, der, -e 1/7
Wirbelsäule, die, -n 3/3c
wirken (auf + A.) 2/9d
Wirkung, die, -en 8/10b
wirtschaftlich 10/10b

Wirtschaftsbeziehung, die, -en 10/11a
Wissenschaft, die, -en 12/7a
Wohlstand, der (Sg.) 12/7a
wohltätig 12/11e
Wohnanlage, die, -n 6/1a
Wohnbau, der (Sg.) 11/10
Wohnraum, der, ⸚e 6/8d
wolkig 5/11a
woran 8/10a
Work-Life-Balance, die (Sg.) 11/8b
Workout, das, -s 3/2 ÜB
Wort (1), das, ⸚er *(Leg doch nicht jedes Wort auf die Goldwaage!)* 7/8a
Wort (2), das, -e *(etwas mit einfachen Worten erklären)* 8/6d
Wort (3), das, -e *(Lass doch auch die anderen zu Wort kommen!)* 12/10c
Wortakzent, der, -e 12/9a
Wortspiel, das, -e 2/10b
Wortstamm, der, ⸚e 12/9a
wundern (sich) (über + A.) 8/13a
wundervoll 7/11a ÜB
Wunschberuf, der, -e 4/3
wünschenswert 12/7a
Würde, die (Sg.) 10/11a
würzen 10/3c ÜB
würzig 9/6b
zählen (1) (zu + D.) *(Pünktlichkeit zählt zu den wichtigsten Eigenschaften eines Bewerbers.)* 4/13b
zählen (2) *(Kannst du auf Arabisch bis zehn zählen?)* 5/13a
zahlreich 4/13b
Zahlung, die, -en 12/3b ÜB
Zahnbürste, die, -n 8/5b
Zahnpasta, die, -pasten 8/5b
Zeichen, das, - 5/13a
Zeiteinteilung, die, -en 4/12a
zeitlos 9/12b
Zeitpunkt, der, -e 1/13a
Zeitschriftenartikel, der, - 3/3b
Zeitungsartikel, der, - 3/4b
Zeitungskasten, der, ⸚ 12/10a
Zeitungstext, der, -e 9/3a
zelten 1/1a ÜB
Zentrale, die, -n 2/6b
zerreißen, er zerreißt, zerriss, hat zerrissen 9/13b
zerstören 5/2b ÜB
Zeug, das (Sg.) 1/9a
Zimmernachbar, der, -n 8/5b
Zimmernachbarin, die, -nen 8/5b
Zins, der, -en 12/3a
Zirkus, der, -se 6/7c ÜB
Zitat, das, -e 6/5a
Zivilcourage, die (Sg.) 10/1a
Zoll, der, ⸚e 3/6c ÜB
Zone, die, -n 10/7b
Zoodirektor, der, -en 9/3b
Zoodirektorin, die, -nen 9/3b
zornig 4/13b
zu (1) *(Ich habe keine Lust, lange nach einer Ferienwohnung zu suchen.)* 1/4a
zu (2) *(Danke, aber du brauchst mir nicht zu helfen.)* 8/2c
zu Besuch kommen 2/6c
zu Ende sein 7/8a
zu tun haben (mit + D.) *(Was haben diese Ideen mit der Umwelt zu tun?)* 5/8a
zudem 12/5c
zufällig 3/3c
Zugang, der, ⸚e 11/8b
Zugnummer, die, -n 1/11a
zukünftig 4/8b
zu|lassen, er lässt zu, ließ zu, hat zugelassen 10/7b
zunächst 10/10b
Zuneigung, die (Sg.) 3/6b
Zunge, die, -n *(Wie heißt das Wort noch mal? Mir liegt es auf der Zunge.)* 8/10a
zur Verfügung stehen 8/5b
zurück|bekommen, er bekommt zurück, bekam zurück, hat zurückbekommen 5/8a
zurück|bringen, er bringt zurück, brachte zurück, hat zurückgebracht 5/8a
zurück|brüllen 7/12b
zurück|gehen, er geht zurück, ging zurück, ist zurückgegangen 2/5a ÜB

158 einhundertachtundfünfzig

alphabetische Wortliste / Quellenverzeichnis

zurück|zahlen 2/5a ÜB
Zusammenleben, das (Sg.) 10/7b
zusammen|sitzen, er sitzt zusammen, saß zusammen, ist zusammengesessen 4/6c
zusammen|stellen 4/13b
zusammen|stoßen, er stößt zusammen, stieß zusammen, ist zusammengestoßen 7/2b
zusammen|wohnen 7/2b
zusammen|zählen 8/1b

zusätzlich 12/11b
zu|sehen, er sieht zu, sah zu, hat zugesehen 9/12b
Zustand, der, ⸚e (eine Wohnung im Originalzustand) 12/11b
zuständig (für + A.) 8/5b
zu|stellen 4/1b
zuverlässig 10/7b
zwar …, aber … 8/6b
Zweck, der, -e 4/8b

Zweifel, der, - 4/13b
zweimonatig 3/3c
zweiteilig 8/7a
Zwetschge/Zwetschke, die, -n 10/3c ÜB
zwingen, er zwingt, zwang, hat gezwungen 7/11b
zwischendurch 8/1a
Zwischenmahlzeit, die, -en 8/5b
zwischenmenschlich 7/1a

Quellenverzeichnis

Cover Dieter Mayr, München; **4.1** Shutterstock (Sina Ettmer Photography), New York; **4.2** Shutterstock (Goran Jakus), New York; **4.3** Shutterstock (Syda Productions), New York; **4.4** Shutterstock (PHOTOCREO Michal Bednarek), New York; **4.5** Shutterstock (Smileus), New York; **4.6** Shutterstock (andrey_l), New York; **5.1** Shutterstock (Jacob Lund), New York; **5.2** Shutterstock (moreimages), New York; **5.3** HNRX (HNRX), Inzing; **5.4** Shutterstock (Prostock-studio), New York; **5.5** Robin Kunz Fotografie (Robin Kunz Fotografie), Chemnitz; **5.6** Shutterstock (Lukas Gojda), New York; **6.1** Shutterstock (svsumin), New York; **6.2** Shutterstock (Ina Meer Sommer), New York; **7.1** Shutterstock (Aleksandr Ozerov), New York; **7.2** Shutterstock (Daxiao Productions), New York; **7.3** Shutterstock (Olga Danylenko), New York; **8.1** Anke Mielitz (leuchtturm-anke), Usedom; **8.2** Shutterstock (WAYHOME studio), New York; **8.3** Shutterstock (fizkes), New York; **9.1; 21.2-3; 48.1; 78.1; 78.3; 90.4-5; 108.1** Shutterstock (pixelliebe), New York; **11.1** Shutterstock (Bildagentur Zoonar GmbH), New York; **11.2** Shutterstock (canadastock), New York; **11.3** Shutterstock (travelview), New York; **11.4** Shutterstock (Natali Glado), New York; **18.1** Shutterstock (5 second Studio), New York; **18.2** Shutterstock (GaudiLab), New York; **18.3** Shutterstock (ESB Professional), New York; **21.1** Shutterstock (N_Dmitriy), New York; **22.1** Getty Images (Peathegee Inc), München; **25.1** Shutterstock (Pavel Chagochkin), New York; **26.1** Shutterstock (Vladislav Gajic), New York; **30.1** Shutterstock (Everett Collection), New York; **30.2** Shutterstock (wavebreakmedia), New York; **30.3** Shutterstock (Rawpixel.com), New York; **31.1** Shutterstock (zjuzjaka), New York; **31.2** Sebastian Hilpert – animalperson.org; **32.1** picture-alliance (Joerg Carstensen/dpa), Frankfurt; **33.1** Getty Images (Hannes Magerstaedt), München; **34.1** Getty Images (Matthias Nareyek), München; **34.2** Shutterstock (alya_inside), New York; **35.1** Shutterstock (Monkey Business Images), New York; **36.1** Shutterstock (Jer123), New York; **36.2** Shutterstock (Alexandros Michailidis), New York; **36.3** INSADCO Photography / Alamy Stock Foto; **37.1** Shutterstock (Halfpoint), New York; **37.2** Shutterstock (Mariyana M), New York; **39.1** Shutterstock (pikselstock), New York; **39.2** Shutterstock (Clare Louise Jackson), New York; **43.1** Shutterstock (goodluz), New York; **44.1** Shutterstock (mentatdgt), New York; **46.1** Shutterstock (Dusan Petkovic), New York; **46.2** Shutterstock (GaudiLab), New York; **46.3** Shutterstock (fizkes), New York; **47.1** Shutterstock (Ranta Images), New York; **49.1** Shutterstock (fizkes), New York; **50.1** Shutterstock (stockfour), New York; **54.1** Shutterstock (frank60), New York; **55.1** Plattform Footprint, Erik Pekny; **57.1** Shutterstock (Jacob Lund), New York; **57.2** Shutterstock (ESB Professional), New York; **57.3** Shutterstock (Chayantorn Tongmorn), New York; **58.1** Shutterstock (Senata), New York; **60.1** Shutterstock (WAYHOME studio), New York; **61.1** Shutterstock (Anna Frajtova), New York; **62.1** Shutterstock (Dzmitrock), New York; **62.2** Shutterstock (Jack Hong), New York; **62.3** Shutterstock (Alexey Fursov), New York; **62.4** Shutterstock (Maridav), New York; **65.1** Shutterstock (Balifilm), New York; **65.2** Shutterstock (ssuaphotos), New York; **65.3** Shutterstock (jarrow153), New York; **66.1** Shutterstock (WR Studios), New York; **66.2** Shutterstock (Dmitry Kalinovsky), New York; **66.3** Shutterstock (Alex_Traksel), New York; **66.4** Shutterstock (HQuality), New York; **66.5** Shutterstock (Anton Gvozdikov), New York; **67.1** Shutterstock (sebra), New York; **67.2** Shutterstock (fizkes), New York; **67.3** Shutterstock (WAYHOME studio), New York; **69.1** Shutterstock (Billion Photos), New York; **69.2** Shutterstock (Daisy Daisy), New York; **71.1** Shutterstock (Rainer Pauschert), New York; **74.1** Shutterstock (Dmytro Vietrov), New York; **74.2** Shutterstock (Wolfgang Filser), New York; **78.2** Shutterstock (WorldWide), New York; **78.4** Shutterstock (Dmytro Sheremeta), New York; **79.1** Shutterstock (MilanMarkovic78), New York; **79.2** Shutterstock (Makistock), New York; **79.3** Shutterstock (Dmitry Molchanov), New York; **79.4** Shutterstock (wavebreakmedia), New York; **80.1** Shutterstock (Flamingo Images), New York; **81.1** Shutterstock (Jacob Lund), New York; **82.1** Dieter Mayr, München; **82.2** Dieter Mayr, München; **85.1** Shutterstock (sirtravelalot), New York; **90.1** Shutterstock (fizkes), New York; **90.2** Shutterstock (Thomas Andreas), New York; **90.3** Shutterstock (Zoran Zeremski), New York; **90.6** Shutterstock (Rido), New York; **91.1** Shutterstock (Michal Sanca), New York; **92.1** Shutterstock (Africa Studio), New York; **92.2** Shutterstock (stockfour), New York; **92.3** Shutterstock (takasu), New York; **92.4** Shutterstock (narikan), New York; **92.5** Shutterstock (Ralf Liebhold), New York; **94.1** Shutterstock (Roman Samborskyi), New York; **96.1** Shutterstock (Artem Varnitsin), New York; **97.1** Shutterstock (insta_photos), New York; **97.2** Shutterstock (goodluz), New York; **97.3** Shutterstock (Stokkete), New York; **102.1** Alamy (travelstock44.de / Juergen Held), Abingdon, UK; **103.1** Shutterstock (AJR_photo), New York; **103.2** Shutterstock (Tom Wang), New York; **103.3** Shutterstock (Olena Yakobchuk), New York; **104.1** Shutterstock (Pixel-Shot), New York; **105.1** Shutterstock (lisima), New York; **108.2** Shutterstock (ESB Professional), New York; **109.1** Volker Derlath; **114.1** 123RF.com (Jozef Polc), Nidderau; **115.1** Shutterstock (Pixel-Shot), New York; **116.1** Shutterstock (Martin Kucera), New York; **116.2** Shutterstock (Artem Kutsenko), New York; **116.3** Shutterstock (Vasil Plugchiev), New York; **116.4** Shutterstock (VITTO-STUDIO), New York; **116.5** Shutterstock (MaraZe), New York; **116.6** Shutterstock (Pixel-Shot), New York; **116.7** Shutterstock (Andrey Starostin), New York; **116.8** 123RF.com (rybak), Nidderau; **116.9** Shutterstock (spline_x), New York; **116.10** Shutterstock (Andrey Burstein), New York; **116.11** Shutterstock (Alinute Silzeviciute), New York; **116.12** Shutterstock (Thaiview), New York; **116.13** Shutterstock (Robert Kneschke), New York; **116.14** Shutterstock (Iakov Filimonov), New York; **118.1** Shutterstock (Anna Nahabed), New York; **126.1** Shutterstock (Jack Krier), New York; **126.2** Shutterstock (NadyGinzburg), New York; **126.3** Shutterstock (Michaelpuche), New York; **126.4** Shutterstock (Bjoern Wylezich), New York; **126.5** Shutterstock (VOJTa Herout), New York; **127.1** Shutterstock (Sina Ettmer Photography), New York; **128.1** Shutterstock (Tatyana Andreyeva), New York; **131.1** Shutterstock (Antonio Guillem), New York; **132.1-6** Shutterstock (Anna Frajtova), New York; **133.1** Shutterstock (engel.ac), New York; **138.1** Shutterstock (Rawpixel.com), New York; **139.1** Shutterstock (ekaterinapoplavska), New York; **141.1** Shutterstock (www_logo_expert), New York; **142.1** Shutterstock (Rido), New York; **142.2** Shutterstock (My Agency), New York; **142.3** Shutterstock (Grigvovan), New York; **143.1** Shutterstock (Natalia Deriabina), New York; **143.2** Shutterstock (AJR_photo), New York; **149.1** Shutterstock (MVelishchuk), New York; **149.2** Shutterstock (Carina-Foto), New York

S. 35 © Radio Bremen / Thorsten Reinhold

Audios
Aufnahme und Postproduktion: Plan 1, Christoph Tampe, München
Sprecherinnen und Sprecher: Tobias Baum, Berenike Beschle, Julia Cortis, Kerstin Dietrich, Marco Diewald, Lukas Gröbl, Lotta Immler, Louis Kübel, Sofia Lainović, Felice Lembeck, Florian Schwarz, Hans-Jürgen Stockerl, Anja Straubhaar, Helge Sturmfels, Peter Veit, Julian Wenzel, Ulrike Arnold, Margot Eisele, Angelika Fink, Vanessa Jeker, Crock Krumbiegel, Detlef Kügow, Johanna Liebeneiner, Monika Lüthi, Saskia Mallison, Kelvyn Marte, Donato Miroballi, Verena Rendtorff, Jakob Riedl, Leon Romano, Gerd Schmitz, Heinz Staufer, Käthi Staufer-Zahner, Anja Straubhaar, Louis Thiele, Martin Walch, Judith Wiesinger, Andreas Wolf, Laura Worsch

Prüfungsvorbereitung

In jedem Kapitel im Übungsbuch von „Netzwerk neu" B1 gibt es mindestens eine Aufgabe, die Ihnen hilft, sich auf die Prüfungen *Zertifikat B1 (Z B1)*, *Zertifikat Deutsch* bzw. *Zertifikat Deutsch Österreich (ZD/ZDÖ)* und *Deutsch-Test für Zuwanderer (DTZ)* vorzubereiten. Jede Prüfungsaufgabe wird in „Netzwerk neu" B1 mindestens einmal geübt. Wenn Prüfungsaufgaben sehr ähnlich sind, gibt es nur eine Aufgabe dazu.
Im Übungsbuch finden Sie folgende Aufgaben im Prüfungsformat:

	Zertifikat B1 (Z B1)	Zertifikat Deutsch (ZD/ZDÖ)	Deutsch-Test für Zuwanderer (DTZ)
Lesen			
Teil 1	K10, 2a	K1, 3	K11, 3
Teil 2	K4, 4a	K4, 4a	K9, 7d
Teil 3	K9, 7d	K9, 7d	K12, 11
Teil 4	K5, 4d		K12, 5a
Teil 5	K8, 1d		K7, 8a
Sprachbausteine			
Teil 1		K7, 8a	
Teil 2		K9, 6	
Hören			
Teil 1	K11, 12c	K3, 3a	K2, 3a
Teil 2	K6, 7e	K9, 12	K5, 8b
Teil 3	K4, 6c	K11, 7	K7, 11b
Teil 4	K10, 6a		K1, 13
Schreiben			
Teil 1	K7, 1d	K5, 11b	K2, 5d
Teil 2	K6, 4b K8, 1c		
Teil 3	K8, 5b		
Sprechen			
Teil 1	K3, 6b	K8, 8b	K8, 8b
Teil 2	K10, 12c	K12, 6c	K6, 10
Teil 3	K10, 12d	K3, 6b	K3, 6b